# 你所不知的袁世凱

高有鵬——著

# 自序

我們有一句俗語，叫「說不完的莎士比亞」。套用來，叫「說不完的袁世凱」。為何如此說不完？有話要說即見仁見智，東說東有理，西說西有理。袁世凱被言說，總是一個特殊的話題。

袁世凱是一個傳說。用現在的話題講，他能夠從一個鄉村少年，逐步成為顯赫一時的北洋大臣、直隸總督，後來一躍而為內閣總理大臣，到中華民國大總統，這是奮鬥者成功的典範。再想一想，人家沒有高學歷，也沒有留洋，尤其是家境也並非多麼繁盛，卻能夠改變社會歷史，應該說絕不是一個簡單的人物。確實，歷史評價給了他許多惡名，諸如竊國大盜、賣國賊、出賣革命黨、鎮壓義和團、稱帝等，似乎沒有一處值得人正眼看的地方。人常說，歲月無情，歷史是最公正的。但是，歷史如何表現公正呢？如果歷史失卻了公正，那麼又意味著什麼呢？

二〇一一年是辛亥革命一百周年。一百年前，中華民族被列強所欺凌，人民大眾身處水深火熱之中，苦不堪言，終於激發了以「排滿」為重要內容的辛亥起義。此時，充滿罪惡的封建專制

錦袍袁世凱

政治被畫上一個句號，民主事業拉開新的帷幕。當時的社會政治力量最強大的仍然是朝廷，其次是具有新思想的南北新軍，再次才是革命黨等社會革命力量。這三種力量不斷較量，終於清帝被逼退位，中華民國建立，袁世凱趁勢而起，成為政壇上執牛耳者。這是改天換地的大事件。用當世的流行語說，就是非袁莫屬。槍桿子裏出政權，如果沒有以袁世凱為代表的新軍勢力對共和事業的支持，清朝根本不會輕易退場。從這種意義上講，袁世凱未必徹頭徹尾地反動，若我們堅持說袁世凱就是壞，就是反動透頂，那就不是對歷史的尊重了。

這些年來，歷史文化研究形成多元化趨勢，用事實說話的原則並沒有改變。尤其是中國啟動了清史工程項目，大量原始史料被發掘、整理。如《袁世凱全集》，洋洋灑灑三千多萬字，保存了袁世凱親手書寫的奏議、政論等原始文獻，為我們認識和理解歷史真相、重新評說歷史，提供了有力的證據。白紙黑字，固然是鐵證如山的證明表現，但歷史絕非只有一個面孔。認識歷史的本來面目，需要多種材料，任重而道遠。

一九一二年，中華民國建立。中華民國的建立是時代的選擇，是人民大眾的嚮往。共和、民主、文明，這些新的理念成為時代的選擇。至五四新文化運動時期，科學和民主的旗幟被高高舉起。理念是文化認同的重要基礎，但是，其付諸實踐的過程卻是漫長而曲折、極其複雜而艱難的。許多事業是幾代人努力才得以實現的，共和事業、民主事業也是如此。回首歷史，從一八四〇年到一九四九年，中華人民共和國建立，這中間充滿多少悲壯！其間，中國人是了不起的，孫中山與他的三民主義也是可歌可泣的，尤其是抗日戰爭中各族人民團結奮戰，都值得我們頌揚。同樣，袁世凱對日本人的抗爭，其強烈的態度，並不是完全妥協退讓而無原則地出賣國家和民族利益，倒是在許多事情上不乏悲壯之舉。更不用說因練新軍，興辦鐵路、電話、電報和郵政等實業，廢科舉而舉新學，包括員警制度等，他對社會發展是有積極推動意義的。如果我們尊重歷史的事實，應該說，袁世凱若不稱帝，他確實像一些人所說的那樣，甚至可以與華盛頓比肩。當然，這都是見仁見智的。

一九九八年，戊戌變法一百周年時，我的長篇歷史小說《袁世凱》（一、二、三）得以出版。我沒有像前人那樣一味詛咒、辱罵這樣一個複雜的歷史人物，也沒有神化他，而是在長期研究歷史文化的基礎上，力爭還原歷史。的確，人們常重視文獻的價值，講究蓋棺論定，而常常難以論定。在我的家鄉，父老鄉親們述說袁世凱總是用能力、本事這樣的字眼來評價。這真的是陳伯達之流就那麼了不起嗎？真的是我的鄉親們如此沒有覺悟嗎？幾十年過去了，一切都發生了巨大變化，歷史評價方式和研究方法也發生了重要變化。袁世凱又被人們不斷提起。我無意於為其正名或翻案，或危言聳聽，而只是追求堅持歷史的真實，給人以啟發，思索更廣泛的內容。

在這本書的寫作中，我非常感激北京、天津、南京、武漢、廣州、項城等地的朋友對我的幫助。尤其是駱寶善先生，我多次與其交談，得益甚多。評說歷史文化，需要尊重史料，但史料不是唯一的，諸如民眾的情感等內容，都應該尊重。走進歷史文化，走進千百萬民眾，才能更清晰地看到歷史的蹤影吧。

牡丹的芬芳與絢麗還未褪去，榴花如火，已在古色古香的樓前閃放。歷史文化研究，應和著實現中華民族偉大復興事業的熱切呼喚，所以，不斷呈現出盎然生機！

# 目次

# 歷史上的袁世凱
## ——香港陽光衛視系列訪談

香港陽光衛視主持人莊婧（以下簡稱「莊」）：晚清重臣，民國元首，他是中國近代史上跨越兩個時代的風雲人物；竊國大盜，亂世奸雄，他身上有著根深蒂固的百年罵名。於亂世安天下，於治世起波瀾。到底是長袖善舞，還是首鼠兩端？是弄權小人，還是務實機變？今天《陽光書坊》聚焦一代梟雄袁世凱，撥開歷史迷霧，拂去歲月塵煙，帶你走近一個真實的袁世凱。

莊：觀眾朋友們大家好，我是莊婧。提到袁世凱這個名字，可能我們腦海當中會先浮現出竊國大盜、賣國賊這樣的詞彙。二〇〇三年有一部歷史劇叫做《走向共和》，裏邊呢又把袁世凱描述成一位有著濃重的人文色彩的共和英雄。那袁世凱到底是位什麼樣的人呢？今天《陽光書坊》的客人就是來自河南大學的高有鵬教授（以下簡稱「高」），讓他為我們解讀一下他的袁世凱。高教授，你好。

（高有鵬，著名民俗學家，河南大學教授，歷史學博士，著有三卷本歷史小說《袁世凱》，因其獨特手法和角度，被稱為姚雪垠、二月河之後我國第三代長篇歷史小說的代表作家。在眾多的歷史人物之中，他為何對頗多爭議的袁世凱情有獨鍾，以百萬餘字為其著書立傳、品鑒評說呢？）

高：你好！我在少年時代就聽說過袁世凱。我的家鄉在項城，就是現在河南省的項城市，我和歷史人物袁世凱是同鄉。記得我小時候，家鄉的人對袁世凱的理解和我們對於歷史資料的理解有很大的出入。在當時歷史的評說資料中間，（他）是竊國大盜袁世凱，是一個反面的典型，所以當時最典型的就是毛澤東對他的一句評語，說「搬起石頭砸了自己的腳」，這是對他的一個最深刻的印象。

莊：大家都很熟悉這句話。

高：而我的鄉親們，他們都說袁世凱是個了不起的人物：說他打高麗武功非凡；說他非常聰明，是一個能力非常強的人；說他改變了中國的命運；又說他是什麼真龍天子，對於民族是什麼什麼貢獻。特別是說他對家鄉有很深厚的感情，說他一來到項城縣，就不再騎馬也不再坐轎，而是要步行。他對待家鄉的老人，都充滿了一種敬重。

（一八五九年九月十六日，袁世凱出生在河南項城一個官宦世家，生父袁保中是地方豪紳，叔父袁保慶曾任江南鹽巡道。袁世凱因為自幼過繼給叔父袁保慶，所以少年時代便隨養父先後到濟南、南京等地讀書巡訪。這種早經世事的歷練，深刻地影響了他日後的為人處世。遺憾的是，沒等真正提攜他建功立業，家族的兩大支柱，養父袁保慶、伯父袁保恆就先後死於任上，家道也漸呈衰微之勢。剛剛長大成人的袁世凱無奈之下，欲通過科考求取功名，但一八七六年和一八七九年，他先後兩次鄉試都未中第，從此決計棄文從武。在叔父袁保齡的推薦下，一八八一年五月，袁世凱來到山東登州投靠養父袁保慶的結拜兄弟吳長慶，從此他的命運開始出現轉機。）

高：當年，他的養父和吳長慶曾經有很好的交往。在剿匪的時候，吳長慶的父親（和他），他們父子去平太平軍，被太平軍包圍了。被包圍的時候，吳長慶他們告急，向袁甲三他們求救。袁世凱的養父袁保慶，不顧袁甲三的反對，說應該去救濟人家，人家也是在平匪，在為社會作貢獻。結果這個事情沒有弄成，但是這個事情後來形成了就是吳長慶對袁甲三很生氣，對袁保慶很感激，所以他就對袁世凱有好感。有些傳說說他喜歡袁世凱，袁世凱拜他做過義父、乾爸爸。

莊：所以袁世凱雖然說家族破落了，但他等於說承襲了餘蔭，開始了自己的事業。

高：對，他要走出來，要走出家鄉，要投軍啊。吳長慶對他很關照，希望他還是能夠繼續讀書，讓張謇，搞實業的那個，讓他來教他。正在這個時候，天有不測之風雲，朝鮮發生了重要的變化，就是壬午之變。於二十六歲的袁世凱以「總理交涉朝鮮通商事務大臣」登場了。此時，他的身邊沒有鑼鼓，有的只是日本人隆隆的炮聲。是，吳長慶就到那裏去平息，把李罡應——那個大院君壓到中國內地來了。

莊：袁世凱在這裏起到重要作用。李鴻章有一大家子人，袁世凱被他視作自己的兒子。

高：就是他和吳長慶一起，他們在這裏處理了很多事務。有一次吳長慶沒有在營中，發生了事變，日本人向這裏發起了進攻，袁世凱及時地指揮了反擊。指揮的過程中間，他以吳長慶的名義指揮大家，搞得很好。同時還有舊的軍人，他們以為（自己）是吳長慶的舊人，就是吳長慶以前的老部下，倚仗著自己有舊的勢力，不聽話。袁世凱就借機殺了幾個不守規矩的人，振了軍威。吳長慶回來也沒什麼可說的，人家是按律行事嘛，但同時也認識到了他的才幹。

（在入朝作戰期間，袁世凱表現出膽識過人、權奇應變之才，逐漸被時任直隸總督的李鴻章所識拔，他稱其「膽略兼優，能持大體，樸實勇敢，曉暢戎機」。一八九五年，中日甲午戰爭清廷戰敗之後，決定改革軍制，建立新式陸軍。袁世凱經李鴻章舉薦，被派往天津小站，督練新軍。三十六歲正值盛年的袁世凱，從此開始段祺瑞、馮國璋一生的輝煌。為了練成真正的新兵，袁世凱不僅聘請德國軍官十餘人擔任教習，又從天津武備學堂中挑選百餘名學生擔任各級軍官，更重要的是，他還引用和培植了一批私人親信，以加強對全軍的控制。徐世昌、段祺瑞、馮國璋、王士珍、曹錕、張勳，這些當日袁世凱的心腹，日後也大都成為清末民初舞臺上的軍政要人。這就是著名的「小站練兵」，它不僅是清末新式軍隊發展的轉捩點，成就了影響中國政壇幾十年的北洋派，也奠定了袁世凱一生事業的基礎。從此，他聲名鵲起，扶搖直上。）

高：袁世凱有新的練兵思想，他深刻地吸取了當年的曾國藩、李鴻章，他們的湘軍和淮軍的經驗和教訓。他在對他的士兵進行訓練的時候，對他們進行了精神上的一種控制，在幹部隊伍上他任用了王士珍、段祺瑞、馮國璋所謂當時的龍虎狗三將軍，就是「北洋三傑」。這三個人在不同的方面控制了新軍、北洋系，然後在不同的層次上，都安插了自己的力量。中國文化、中國政治、中國社會有一個非常強大的傳統，那就是知恩不報非君子也。知恩不報，什麼叫「恩」啊？知遇之恩。知遇之恩就是說，袁世凱當年在使用這些幹部的時候，他對於有才幹的平民子弟特別地關注。比如王士珍，後來有人考證過，王士珍名字都是假的，當兵是為了吃糧。平民，越窮的孩子，你給他一個平臺，他能夠得到很大的發展，那麼他要感謝的是誰？他感謝的不是朝廷，是直接給了他一個平臺的這個人。袁世凱用這樣一種方式，實現了對新軍的控制。

莊：軍隊的絕對控制者實際上是他袁世凱。

高：自我控制。再加上當時他們的一些謀士，在練兵的過程中間，巧妙地採用了一種方式，就是讓很多士兵為袁世凱做生辰牌，就是供生辰，對他感恩戴德。

莊：絕對崇拜的這種，沒有我就沒有你們。

高：是的，這樣呢，中國的軍隊最先進的這批力量就被袁世凱操縱了。他雖然成了平民，但是他平民不「平」。在回籍養痾的過程中間，他仍然在時時刻刻地關注著社會的發展變化。武昌首義他也比較早地得到了消息。

（正是對軍隊的控制權，使得袁世凱即便在一九〇八年慈禧與光緒相繼駕崩之後，被攝政王載灃削職為民回籍養痾期間，仍然對時局有著實際的影響力。一九一一年武昌首義，清廷官員無法調動新軍。中國近代歷史上的新軍前後有南北多支，不僅僅是袁世凱小站練兵培養的新軍。張之洞的湖北新軍常常被一些歷史學家所忽略。似乎辛亥革命很簡單地被發動了，所以清朝滅亡了。辛亥革命的背景是非常複雜的。中國新軍中的湖北新軍向清王朝打響「第一槍」。史稱，湖北練新軍始於一八九五年，湖廣總督張之洞聘請德國將領首先在護軍前營練習洋操。一八九六年，張之洞按德國軍制改編成新式陸軍。一九〇一年，張之洞請日本教官，裝備、訓練湖北新軍。一九〇七年，湖北新軍被整編為一鎮、一混成協，成為南方新軍主力。當時全國袁世凱他們的北洋新軍有著濃郁的民族反抗情緒，湖北新軍與北洋新軍一樣是仇恨清朝民族壓迫的，不得不再次啟用袁世凱。已在河南安陽洹上村休養三年的袁世凱再度出山，很快控制住局勢，組織南北和談。以孫中山為首的革命黨人以清帝退位和袁世凱宣誓效忠共和為條件，承諾革命勝利之後，推舉其為中華民國臨時大總統。於是，袁世凱借革命黨人的聲勢，逼迫宣統皇帝於一九一二年二月十二日退位，並於次日向南京臨時政府保證，永不使君主政體再行於中國。十五日，孫中山辭職，袁世凱繼任中華民國臨時大總統。至此，袁世凱達到了他聲望的頂點、事業的巔峰。頗具諷刺意味的是，他也由此背上了「竊國大盜」的惡名。）

莊：說到袁世凱這個人呢，其實他壽命不算長，活到了虛歲五十八歲。但是呢，也是有那麼長的時間，如果我們今天梳理他的話，可能特別重視其中幾件事情。最首要的呢，就是竊取了辛亥革命的果實，然後自己當了民國的臨時大總統。所以我特別想知道，在你的研究成果當中，你是怎麼看當時這件事情的呢？

高：到底什麼叫竊取呢？在某些程度來說，正是袁世凱，他利用自己當年的力量，這樣一種權勢，這種聲望，控制了當年的軍隊，加速了清王朝的滅亡。政體的改變是革命者提出來的，而目標呢，是大家共同來完成的。應該說當時的袁世凱，你說他極其反動，他怎麼反動呢？他竊國，竊了誰的國呢？如果是竊辛亥革命中華民國，他竊他怎麼竊呢？「竊」是強奪，孫中山他們白紙黑字有啊，「爾等使革命成功」，允諾將權力都歸袁世凱。這是你白紙黑字寫的有啊，你明明是一種承諾，這怎麼叫「竊」呢!?

莊：而且當時袁世凱的名望也是很厚重的，應該說他是眾望所歸做了這個臨時大總統。

高：對。應該說對歷史人物的理解，我們應該有一個歷史的背景，要走進歷史才能真正領略到歷史的真實。那麼袁世凱呢，事實上他在這個時候和孫中山他們有共同的地方，那就是對清朝政治的不滿。這種嚴重不滿再加上尤其是革命力量發生的武昌起義、辛亥革命，使得中國社會有了一個特殊的轉折。事實上清王朝的政治能力已經走到了盡端。

莊：而且實際上如果要是對比包括很多西方國家的這種一個朝代的結束，其實清朝的結束，在袁世凱手中還不算太暴力的。比如說，他也沒有把寡母孤兒放到斷頭臺上，而是跟他們協商好，最後還給了一筆贍養費。勸位，勸退，應該這麼說。所以說這應該也是他作為政治家的這麼一種比較成熟的手段。

高：應該說在某些程度這是一種進步。為什麼是進步呢？我們可以看到，當年法國斷頭臺，我們都看到了嗎不是!?再有就是我們中國歷史上的過去，像這個毀廟，尤其是傳說中的阿房宮遇大火，要徹底摧毀它。但這個時候，我覺得袁世凱不論他自己主張的，或者他接受了他身邊具有進步思想的智囊團的這種意見，都是了不起的。

莊：總之達成了這個結果。

高：對。他事實上形成了一種對於前朝政治的相對的尊重。

莊：和平退位，結束了清朝統治。

高：所以說，在這個背景上，我們再說袁世凱是竊國大盜啊，有點……怎麼講呢，大家應該可以從史料中間去理解這個東西吧！

（令袁世凱深陷被詬病漩渦的還有一九一五年，第一次世界大戰期間，他與日本簽訂的滅亡中國的《二十一條》。一九一四年八月，第一次世界大戰爆發，日本政府打著保衛東亞和平的幌子，宣佈對德作戰，並於十一月七日佔領了被德國強租去的山東青島，之後向袁世凱的中華民國政府提出《二十一條》。條約內容不僅包括日本在山東、內蒙、東北等地的各項經濟特權，第五條更是無恥地提出，中國政府聘用日本人為政治、軍事、財政等顧問，滅亡中國的野心昭然若揭。一九一五年五月二十五日，中日雙方在北京簽訂此條約。消息傳出，舉國抗議，袁世凱也由此被冠以「賣國賊」的惡名。）

高：從歷史檔案材料中可以看出，原來的《二十一條》，袁世凱指揮著人進行了修改，上面很多牽扯到國家領土主權的這些材料、這些條款，都作了很大的改動。袁世凱拒不承認。

莊：尤其是第五號的七條。莫理循是袁世凱的洋朋友，洋人終究是洋人。

高：對，我們都可以看到。這些東西呢，說《二十一條》是一個日本人給中國人留下的恥辱，讓中國人成為他們的奴隸。這樣一個令人屈辱的事件，袁世凱不知道它的輕重嗎？所以他一直要拖，而且他要外國人莫理循、古德諾，通過這些人希望能夠讓西方列強出面，企圖不讓日本人這樣做。

莊：本來日本人給他是保密的，而且威脅過他，是絕對不可以洩露出去的。

高：當然有洩密的成分。可是袁世凱所夢想的是什麼呢？說西方列強要來勸阻日本如何如何，但是沒有人來。西方列強在這種意義上和日本人是一樣的，都在瓜分中國的資源。中國近代社會的歷史作為一種屈辱的歷史，在這裏得到一種極端的體現。這種極端體現就是《二十一條》。《二十一條》條條款款，今天我們可以白紙黑字地看到，哪些是改動的，如何如何。即使是這樣，它仍然是民族的恥辱。所以袁世凱在這個時候，指揮著這樣一個政體，與日本人進行搓、磨，最終還是失敗了。他痛哭流涕啊，他曾揮淚寫下了一個對聯：「為日本去一大敵，看中華再造共和！」這就是對《二十一條》的最好的詮釋，但是我們常常迴避了這些內容。應該說，袁世凱他是一個具有相當強烈的民族主義思想的人。

當年曾有多少少年不識愁滋味，越過遠洋，才知天涼好個秋。首批赴美留學幼童在北京的招商總局整裝待發，沒有一張笑臉。

（早年屢試不中，棄文從武，並不意味著袁世凱重武輕文。時人有論袁世凱知人善任，務求實幹之士，絕不任人唯親，致使各方人才奔走於其門者，如過江之鯽。一八七二年到一八七五年間，清政府先後派出四批共一百二十幾名十幾歲的幼童赴美留學，計畫十五年後分批回國，以堪大用。然而只有九年，之後的一八八一年，保守而又妄自尊大的清廷就強令九十四名留美幼童回國，中國第一批官派留學生夭折。因為沒有參加過科舉考試，沒有功名，這些留學生回國之後境遇慘澹。一九〇一年，袁世凱被清廷任命為直隸總督兼北洋大臣，被湮沒二十年之久的留美幼童們這才有了用武之地。在袁世凱的提拔下，當年的留美幼童唐紹儀被任命為天津海關道，蔡紹基被任命為北洋大學總辦，詹天佑被袁世凱大力保薦為京張鐵路工程局總辦兼總工程師。所以有人說，假如沒有袁世凱就沒有詹天佑這一「中國鐵路之父」。）

高：袁世凱曾經對幼童們說，要做事，做事乃人生之根本，官可以不做，但是一日不可不做實業。他大膽用這些幼童做實業。這些人，從海外歸來，對國家有一種特殊的責任感與使命感。

莊：是在他們滿腔熱情卻報國無門的時候。

高：對。報國無門。袁世凱就用了這些人，胸懷大度地用了他們。其中詹天佑學的是交通，學的是開發鐵路這些東西，但是回到國內以後，鐵路被作為異端，說破壞風水。所以詹天佑後來在袁世凱的支持下，才能人盡其才。鐵路的開發，袁世凱給了詹天佑極大的幫助和支持。除了對留美幼童的使用，袁世凱還不念舊仇、化敵為友，顯示了自己的胸懷。一個是梁啟超，梁啟超當年曾經（與袁世凱）是朋友，戊戌變法的時候，後來失敗了，逃向國外了，大罵袁世凱。中華民國建立了，袁世凱又延請他回來，在政府裏邊做官，發揮自己的才智和作用。還有一個人，當年有一個御史叫胡景桂，袁世凱在小站練兵的時候，發生了一個事件。袁世凱當時年輕，也是心急如火，要建設一支新的軍隊，用西洋操法來進行訓練。那個小站原來是個舊兵營，以往賣菜的小商小販他們都跑來隨意進出，到兵營裏邊進出。袁世凱非常生氣，這是兵營，現代兵營怎麼能這樣，結果把他們趕走了。後來有一次，因為有一個人執意要過來，袁世凱就地正法，按照法律解決，把他槍斃，殺了。後來有人就說，袁世凱濫殺無辜。怎麼說呢？你說在兵營裏面，你老百姓隨便出入，現在讓你進嗎？哪個國家的軍隊可以讓小商小販隨便進入？舊軍隊養下來的習氣，袁世凱把它改變了，這個時候呢，這個御史胡景桂，他就彈劾袁世凱。

莊：等於說他們倆之間其實在那個時候有了過節。那之後呢？

高：對。之後胡景桂這個人又做了山東的一個官僚，袁世凱做山東巡撫，他正好在袁世凱的手下。這個人嚇壞了，說是不是要找他的事啊。結果後來袁世凱不但沒治他的罪，沒有報復他，反而重用了他，令他感激。尤其是後來在義和團運動的時候，義和團抵抗外敵，當年這個御史參與了指揮作戰，平息義和團以後，八國聯軍一定要嚴懲御史胡景桂。胡景桂當時也是惴惴不安，袁世凱這個時候又救了他一把，說胡景桂沒有太多的罪過，他只是奉命行事，是朝廷讓做的，不得不做。所以一個梁啟超，一個胡景桂，當年的敵人都被他重用了。

莊：化敵為友啊！

高：我說袁世凱敢於愛才，這一點上，我們應該怎麼解說呢!?

莊：這是最大的體現，在這兩點上可以看出來。

高：對。袁世凱不再是民國總統，而是洪憲皇帝，所以就告別了自我。

（三十多年的政治生涯中，袁世凱最令人不可思議的一舉是稱帝。一九一五年十二月，袁世凱宣佈恢復帝制，建立中華帝國，並改元洪憲，此舉招致全國各地一片反對浪潮。雲南都督蔡鍔率先揭竿而起，舉兵反袁，南方諸省紛紛響應。往日心腹段祺瑞、馮國璋亦倒戈相向，反對帝制。袁世凱被迫於一九一六年三月二十二日取消帝制，恢復中華民國年號。八十三天的皇帝夢終成一場鬧劇。風雨飄搖中的袁世凱也於三個月後的六月六日尿毒癥不治死於北京，時年五十七歲。曾經積極推行立憲，廢科舉，興學堂，施新政，辦洋務，一時得風氣之先的他，曾經被李鴻章讚賞為「環顧宇內人才，無有出其右者」的他，為什麼有如此昏庸糊塗、判若兩人的表現？他為何稱帝，稱帝背後又有什麼樣的隱情呢？）

高：袁世凱他到底還是以中國封建專制為背景的文化思想所薰染出的一個歷史人物。在他的身上，和相當多的知識分子身上一樣，骨子裏都充斥著王權意識。

莊：所以袁世凱的心中，也有他根深蒂固的作為士大夫的這種夢想。

高：當年他也曾經在地方上實行過帶有議會色彩的這種議論制度。這個時候，在他看來，他覺得所謂西方的政治是失敗的。為什麼呢？因為不合於中國政體。中國專制像是一列快車，這樣一列很長的快車，轟轟隆隆，呼嘯了幾千年，到這個時候戛然而止，一切轉換成民主政治能不能？實際上我們說民主政治的建設過程是漫長的，是多少代人共同完成的。但袁世凱他希望回到過去，他認為這樣才能更適合，這是他的理解。同時他周圍的思想、精神和文化共同包圍著他，像楊度他們寫了君主立憲論這些東西，他們覺得中國更適合於以專制立憲折合的這樣一個態度來去做。

（除了無法超越時代，無法超越特定的歷史背景下形成的自我格局以外，袁世凱自幼成長在中原沃野、鄉土中國，因此與生俱來地被民間文化、民間傳說所感染、影響甚至左右。）

高：袁世凱他一輩子深信風水，人生的風水無常，他從小就受到這種觀念影響。在我的家鄉，很多老百姓可能不識多少字，但是他們對堪輿之術都相當精通。

莊：那這跟他稱帝有什麼關係？

高：物華蘊天寶，地靈生人傑。這是一種文化態勢，袁世凱他受到的影響，在書裏面我給他設計了一個情節，實際上也是我聽到的。說我們項城的老縣城，那個地方是一條龍形的街道，說如果它的地形發生變化了，真龍天子就會出現怎麼怎麼著。

莊：袁世凱也對這些東西深信不疑是吧？

高：對。作為民間傳說，它有自己的傳承性。十九世紀八〇年代，我在作歷史考察的時候，我也曾經對一些人進行採訪，特別是當年的老先生，現在如果活著也都一百多歲了。他們都說袁世凱迷信風水，自信有天子之命，他把中華民國改成中華帝國，洪憲元年的時候，他正好虛歲五十八歲。傳說他的家族不過六十，一般都是五十七、五十八歲就死了。他爺爺那輩只有老家的一個爺爺活了六十歲多一點，其他的基本上都是五十七、五十八歲就去世了。很多事情你百思不得其解的時候，你就會陷入迷信。袁世凱他的高祖父那一代，三十多歲，他的老祖母就開始守寡了，一直帶著自己的幾個兒子，後來都是五十多歲這麼一個壽象。

莊：所以他希望他這個天子命可以衝破他這個家族的禁錮？

高：對。可能。他應該就迷信這個風水。傳說在虛歲五十歲這一年，通過改元來沖喜，可以幫他沖了。這到底有多少真實呢？我覺得可能有，我願意相信他有。為什麼呢？一些神秘的字，一些神秘的符號，很多人百思不得其解，他們解釋不了，就成為不解之謎。袁世凱實際上也一樣，他迷信風水，他要沖它。所以這裏面，人生的風水和民間信仰築構了他這樣一種理念。

（除了自身的局限性，周圍幕僚楊度、嚴復這些熱衷君主立憲之人的不斷慫恿，其早年留學德國的長子袁克定在袁世凱帝制自為的過程中，為了實現自己的太子夢，更是扮演了一個欺父誤國的角色。）

高：他炮製了一個陰謀，就是印了一個假的《順天時報》，每天自己專門給袁世凱做《順天時報》，發佈一些西方各國如何支持中國稱帝、建設中華帝國、不再稱中華民國之類的新聞。

莊：就是讓袁世凱有了一種誤讀，就是他對錯誤資訊的判斷。

高：錯誤資訊給了他錯誤的理解。袁世凱絕對不是一個光想著讓中國歷史倒退的人。換上誰都是一樣，讓你當總統，你會讓自己的國家很快地滅亡嗎？大家都希望國家能夠很好地發展。至於採取什麼樣的方式，個人的能力、個人的判斷還有當時的條件，有許多問題在影響著一個人對時局的把握。袁世凱率百官祭天，一場大戲。

（世人都說袁世凱稱帝，使得其「家天下」的野心昭然若揭。然而一九一六年，袁世凱死後，人們在他留下的關於總統繼承人的《嘉禾金簡》上，並未看到袁氏家族任何一個子嗣的名字，而是看到金簡內頁依次寫著黎元洪、段祺瑞、徐世昌三人。）

高：袁世凱他深深地明白，自己的兒子不具備這個能力，而且，政權的家傳這樣一個傳統如果從這裏開始，中國社會就會更加動盪。在這一方面，袁世凱應該說是超越了自我。所以從這種種事情中間，我們可以看到，袁世凱對於中國社會的理解，是不是像我們所說的那樣，是那樣的一種極其不明智？這是不是極其愚蠢呢？一個具有雄才大略的人，在時代錯綜複雜的形勢面前，他為什麼犯了巨大的錯誤？他讓中國社會發生了倒退。但是，時代潮流簇擁我們整個國家在向前發展，袁世凱，無論他怎麼去想，他都已經為時已晚。

（很多人詬病袁世凱的一個原因是說他假維新，真出賣。一八九八年，以康有為、梁啟超為代表的維新派，推動光緒帝頒佈一系列改革措施，實行維新變法，此舉引起了在朝保守勢力的極大恐慌。當時京津盛傳慈禧將廢黜光緒，另立新君。關鍵時刻，維新派意欲圍園殺后，以革命挽危局。歷史上遂有「譚嗣同法華寺夜訪袁世凱，說袁勤王」一說，即要求兵權在握的袁世凱「殺榮祿，除舊黨，助行新政」。袁世凱當時一口答應，並有著名的慷慨陳詞「殺榮祿如殺一狗耳」。但後來的結果卻是袁世凱連夜趕回天津，速將此事告榮祿，之後慈禧太后馬上發動戊戌政變，光緒帝被軟禁，維新派代表人物譚嗣同、楊銳等六人問斬菜市口，史稱「戊戌六君子」。正是由於此次告密中的表現，袁世凱被指斥為首鼠兩端的小人。）

高：對於這個問題，需要歷史檔案來證明。袁世凱他當年呢，他也非常慎重地處理了這個事情，就是怕日後落下罵名無從辯解，他曾經寫了一個《戊戌紀略》，是日記體。袁世凱以往基本上沒有寫日記，但是在這一段特殊時間裏，他把每天親身經歷的事情用日記體的形式寫出來。

莊：就是他已經感受到這段日子是非常不同尋常的。

高：非常特殊的。歷史應該靠事實說話。因為我們中國有這樣一個問題，就是「史官文化」，就是當政者都害怕在歷史上落下罵名。當年你會炙手可熱，但是改朝換代的時候，或者是情況發生變化的時候，你將面對歷史的唾罵，你的子孫後代都要跟著你受牽累。袁世凱他對歷史是有特殊的理解的，他要給歷史一個交代。後來他又讓人在南方找個地方——南通，在那個地方找了個書局，把它給印出來了。白紙黑字，我讓世人看，儘管印得很少，但是我這寫著呢。

莊：還是流傳下去了。

高：另一份叫做《戊戌政變記》，是梁啟超、康有為他們當年跑出去之後，在海外靠著自己的記憶寫的。我們現在所引用的材料就是當年的《戊戌政變記》。梁啟超、康有為他們極力地強調一種事實，那就是袁世凱你太不仗義，沒有我們在光緒皇帝面前對你的這種鼓吹，哪裡有你後來的發跡。後來你卻告發我們，讓我們陷入這樣一個大危險之中，你這個人不但人品極其不好，而且你的各種行為都應該受到整個時代、整個歷史的唾棄、責難。他們在造這樣一個文化宣傳，但是歷史的轉述到底是虛擬的，還是真實的，這個就要接受考驗了。那麼無論如何講，袁世凱告密了。告密不告密呢？他必須告密。也就是說譚嗣同他們與袁世凱，他們這種接觸，他和這批文人集團的這種來往，如果不及時地向榮祿彙報，顯然要追究責任，秋後算賬，早晚他也說不清。

莊：陷入這個危險的就是他自己了。

高：是啊，所以這個問題就是說，我們可以這樣想，在「戊戌六君子」事件上，袁世凱到底有多大的責任。他作為政要這樣一個特殊身份的人，他要彙報自己的思想，必須得做的，這是他的責任。事實上有這樣一個問題，就是帝黨、后黨在爭論中間，袁世凱呢，採取了一種相對聰明智慧的立場。這個立場就是說，帝黨和后黨兩方面都得罪不得。作為一個政治人物，他在玩火，在走鋼絲，但是怎麼走有時候要靠能力，而有時候也要靠機遇、靠命運。在當年戊戌變法這場運動中間，在這之前有個「公車上書」，「公車上書」造成了一個事件，這個事件今天被我們神化了。作為知識份子，為國家、民族、社會的命運而吶喊，這是沒有什麼錯的，這是正確的。但是在他們的選擇上，知識份子常常有一個對社會的盲目性理解，也就是說他們不懂政治而又熱心政治。

莊：他們在象牙塔裡鑽研學術的這個習慣？

高：是。但是，中國知識份子有一個傳統，那就是當年像張載他們提出來的「為天地立心，為生民立命，為往聖繼絕學，為萬世開太平」。他們要參與政治。

莊：使命感特別強。

高：對，使命感、責任感。那麼這樣的使命感、責任感，就影響了這樣一大批知識份子，所以戊戌變法就有了這樣一個基礎，這樣一個社會文化基礎、思想基礎。但是對於歷史人物如何在運動中間表現，我們還應該依據歷史文獻。宋教仁是青年革命家，比不上那些深謀遠慮的政客們圓滑。

（一九一二年，孫中山領導的同盟會改組為國民黨，並試圖組織政黨內閣，以對袁世凱的權力加以限制。一九一三年春，國民黨的中堅力量，為新生的中華民國真正實現民主、憲政始終鼓呼的革命黨人宋教仁，欲從上海返回北京著手組織中國第一屆政黨內閣時，在火車站遭刺客暗殺，兩天後搶救無效，不治而亡，終年三十一歲。事後有人說，此案主謀，正是袁政府的國務總理趙秉鈞，所以此事定位袁世凱所指使。袁世凱就此又落下了「操縱黨爭，陰謀弄權」的罵名。）

高：宋教仁是一個了不起的人物，我們把他稱為革命家。但事實上，他是一個不成熟的革命家，僅僅是一個思想家。他當年有著新的理想，滿腔熱血，要讓這個國家、讓這個民族能夠在這個新的條件下，在中華民國這個旗幟下迅速地騰飛起來。那就是立憲問題。立憲法，可不可以呢？可以，這是大勢所趨，這是一個偉大的目標。就是讓整個國家，用科學用民主的思想，像歐洲那樣迅速地發展起來。但是存在這樣一個問題，中國是幾千年封建專制傳統的這樣一個國家。袁世凱他不是在新的潮流中間成長起來的。他接觸的新思想，是他對時事的一種把握。他不像孫中山他們那樣，他沒有那種精神的洗禮。所以說他的「識時務」和新的革命思想家的這種「識時務」是不一樣的。而袁世凱更加直接的感受是什麼呢？完全拋棄以往的專制統治，實際上常常是不可能的。比如說在當時，有著非常特殊的國際背景，也有中國自己的傳統歷史。袁世凱飽讀史書，他以前讀過《資治通鑒》這類的書，憑他的政治感覺，你宋教仁根本成不了事，但在表面上我還得任用你。同時他也知道，如果不運用新的革命力量，那麼中華民國的發展，也將是一塌糊塗。而完全地依照著以往的專制去發展，中國也同樣沒戲。所以在矛盾中間，事實上袁世凱他和以往的政治家一樣，都要排除異己，消除雜音。他不願意聽到那些不好的聲音，要貫徹自己的政治主張。所以，他不可能像我們那樣提出共和理想。共和理想是一個系統。

莊：是一個理想。

高：它並不僅僅是單方面的一種，一喊就有了。中國革命、中國社會的發展變化，並不是靠口號喊出來的，要靠實際。而這個實際，常常是非常複雜的，它要經過一個漫長的變化過程。在某些程度上來說，迄今為止，我們對於科學，對於民主，對於共和理想的實施，還有很多工作要做。

莊：還有未盡之事，何況當時呢！

高：而袁世凱呢，事實上他對於宋教仁案，就我接觸的材料來說，他很可能是有直接責任的。但是這個直接責任是什麼呢？那就是說如何利用趙秉鈞，如何利用他手下的那些特務，把宋教仁殺掉。這在當時，在袁世凱他們看來，是天經地義的事情。但是在革命陣營裏面，應該說袁世凱犯下了巨大的歷史罪過。而這個罪過呢，和歷史上的那些罪過是一樣的。他是對專制政治的一種使用，那就是要消除這個新的思想。在另一方面來說呢，宋教仁他們熱情很高，但是常常沒有識清時務。高喊是不錯的，在這樣一個條件下，那麼有人說宋教仁他們的行為激怒了袁世凱，也有一定的道理，而革命常常是一筆糊塗帳。

莊：對。當時我看史料的時候，我就覺得這宋教仁他應該是很聰明的，那他為什麼就這麼大膽地、一點也不保密地，就反對當時的袁政府，然後招致殺身之禍，為什麼會這樣呢？

高：所以革命家常常就有這樣一個問題，常常以悲劇色彩來完成自己的社會角色的形成和轉換。為什麼呢？宋教仁他不是一個政治家，應該說剛才我講過，至少他不是一個成熟的革命家。他年輕，年輕人胸懷朝陽，面向大海，心胸非常寬廣，像山呼海嘯一樣，喊出自己的口號，熱烈地去擁抱這個世界。這是一種英雄行為，但是在事實上，也就是說政治發展，政治建設，有自己的一種特殊的規則。這個權力的規則和我們藝術的規則差異太大了。所以這種差異變成了一種敵對。在袁世凱看來，宋教仁他們在搗亂。所以經過這樣一個事情，袁世凱對於社會的這種把握，對於社會態勢的這種理解，和他對宋教仁他們這批力量的這樣一種具體的對待，就構成了這樣一個大悲劇。

（一個成功男人的背後，總會有一個女人。袁世凱的背後卻站立著不止一個女人，用「妻妾成群」來描述袁世凱並不誇張，那麼對於這個叱吒風雲的人物，女性對他來說意味著什麼？女性對他的成長、成熟有什麼樣的影響？對女性的趣味和態度，又反映出他什麼樣的性情？）

高：自古英雄哪個不風流，愛江山也愛美人。事實上他身邊的女性中間，對他影響最直接的，是他的二姐。當然，我在小說中給她改了，讓她嫁了個如意郎君。他的二姐是個絕頂聰明的姑娘，後來五十五歲吧，袁世凱在安陽的時候，她回籍養痾，在彰德那裏病死了。所以袁世凱非常傷心，傳說袁世凱作了一首詩，說「鳳已去兮凰若何，諸生未就何為閣」，就是說我們就像好朋友一樣，雖然說不是像夫妻的那種鳳凰，而是說情感上的共鳴，所以你走了以後我再跟誰唱歌啊！

莊：也是一種伴侶關係。

高：袁世凱的情感相當複雜，就是說一個雄才大略的人，他的情感也相當豐富啊！他有很多詩歌都相當動人。你比如說，他曾經寫了什麼「中原方逐鹿，大澤正屠龍」表達自己的志向，還有在人生不得意的時候，遙望星空，遙望群山，在彰德的時候放聲高歌，寫了一個什麼呢，「開軒平北斗，翻覺太行低」，顯示了自己壯闊的胸懷。所以這樣一個袁世凱，哪能是我們想像中的污濁不堪的、又醜又老的那樣一個，很俗的那個（人）？事實上，歷史人物常常也有自己的血肉，只是我們常常人為地用主觀把它給解構了。

莊：今天呢，非常感謝高教授為我們還原了一個有血有肉的袁世凱。實際上，我們現在回望二十世紀的時候，那些歷史當局者，當局者迷，其實是可以原諒的。那麼今天我們作為觀史者，應該洞若觀火，而且應該嚴謹，應該中肯，因為對歷史每一次沒有偏見的這種理性的解讀，既是對歷史的一種尊重，也是對未來的一種責任！

# 小時候是一個傳說
## ——袁世凱與他的青少年時代

小時候在人生時間意義上就是未成年，一般有兩種含義：一種是指一個人在小時候經歷的事情，作為記憶影響後來的成長，屬於個體記憶；另一種是指他人對於一個人小時候的記憶與評說，預知後世所發生的事件及其與童年生活的聯繫，屬於社會屬性的集體記憶。普通人的小時候因為太普通，常常被人忽略，而不具備故事的生動性；只有出眾的人物才能形成許多故事，時常被人記憶，或成為歷史文化研究的一部分。這是社會歷史發展中文化認同的結果。既然是社會發展的文化認同，其實就是社會選擇，其選擇的對象一般不會是沒有什麼社會影響力的普通人。故事並不是想有就能有的，要看人。這不僅僅是民間文學研究中的傳說故事發生學問題。

袁世凱在青少年時代有許多故事被傳說，與其身世、身份有關。

小時候是一個傳說，這就是所謂的故事。故事背後內容的價值意義更加豐富，也更加複雜。

傳說的實質是文化作為記憶而形成的語言遺產。民間傳說的形成以及被認同、選擇，都是有一定條件的。就像伯樂發現了千里馬，第一個傳說製造者應該具有先天感覺的預知性，難免沾沾自喜。他為什麼樂此不疲地述說這些？顯然，他描述的故事未必就是曾經發生過的事實，但由於其描述對象的特殊性而顯現出巨大的真實性，所以能夠為他人接受，共同傳播。

傳說與謠言有天然的聯繫，都是被述說的，其能否稱為傳說，形成對人物某種文化重構的神話化，或者稱為謠言，形成對人物的詆毀、中傷，形成文化解構的妖魔化，關鍵在於傳說即述說這個文化發生的主體，即要看是誰在講述，為什麼要如此講述，為什麼能夠擁有這樣具有權威色彩的講述權利與引起人們廣泛認同的講述效果。

## 傳說都是童年的藝術

童年的性情是天真無邪的，也是天真爛漫的。它充滿嚮往，一切都顯得那麼純粹，所以說，童年就像傳說一樣，充滿想像。

童年，就是小時候，就像春天，是最美麗的季節。

每一個人的童年都是幸福的，無論他經歷過多少災難與不幸，因為這好比潘朵拉的盒子，只有希望被保存。希望與想像並存。

沒有人生來就是十惡不赦的魔鬼！袁世凱也一樣。

我們的耳邊總是響起一首歌：「小時候媽媽對我講，大海就是我故鄉……」媽媽講的是什麼？為什麼關於故鄉的事情要由媽媽講？應該說，這就是傳統，這是通過對故鄉的講述，在澆灌記憶的種子，培育後代健康成長，更重要的是培養一種熱愛故鄉的理念。所以，我們強調啟蒙教育和薰陶，我們的文化生活中出現了「家訓」、「家語」之類的現象。「家訓」、「家語」都是真心告白，都是為了一種美麗的希望與想像。希望與想像不正是傳說的生命力嗎？

兒童等同於小時候，是一個特殊的概念，是可持續性發展的代名詞。我們中華民族尤其重視少年兒童的培育，在諺語中述說「生兒育女為防老」，述說「有其父必有其子」，述說「老子英雄兒好漢」，述說「前三十年看父敬子，後三十年看子敬父」等人生道理。在辱罵人時，最狠的語言是詛咒做了壞事的人「斷子絕孫」。

兒童教育是一個系統工程，需要多方面構建，啟蒙教育和薰陶是諸多手段中的一種。但是，人人都明白，教育不是萬能的，不接受教育，父母就會懲罰，或者訓斥，或者辱罵，或者痛打。總的看來，還是「哄」的效果最好，俗語表達為「你看人家如何如何」，更重要的是一種道理，即從來榜樣的力量是無窮的。

走進袁世凱的家鄉時，你會看到袁世凱其實就是項城父老教育自己兒孫所舉的榜樣。其實，這一點都不怪。項城出了一個大總統，對老鄉們來說，是很光榮的。他們常常對孩子說，你看人家袁世凱多有本事。官做這麼大，沒有本事是假的。你說他袁世凱遺臭萬年，那只是你說的。

傳說是一種特殊的記憶方式。袁世凱小時候的故事，是項城鄉親對他所表達的最真實的記憶。小時候形成文化現象，是由歷史所決定的。歷史如同一位德高望重的老人，在述說傳說內容時，常常會表現出以老賣老的姿態。

所謂小時候作為一個特殊的概念，一方面是記憶被不斷重複與強化的結果，另一方面是一個以想像為核心的文化共同體，具有非物質文化遺產的意味。因為小時候的事情能夠被見證，都是不經意中出現的，到底誰有先見之明呢？一切等到水落石出，才見分曉。一個人受到讚揚時，其事蹟被傳誦、被修飾，這樣，小時候也就有了十分特殊的傳播意義。或者說，小時候的袁世凱以傳說人物出現，其實已經不屬於袁世凱自己的歷史本身了。

袁世凱不是默默無聞的人，項城之外的人可以隨便辱罵他，甚至無中生有，信口雌黃，而他的家鄉人推崇他。

青年袁世凱有一雙明亮的大眼睛，望著遠方。袁世凱的青少年時代，在傳說中是屬於他的家鄉河南省項城縣的。在項城家鄉，袁世凱在小時候是一個英雄，有許多傳奇。項城人為自己的家鄉出了這樣一個人物而驕傲，他們不說他的壞話。

好話給英雄，壞話給壞蛋。

就記憶的遺產意義而言，小時候的每一天，在後來都成為傳說。傳說需要用語言傳播，傳播者常常遵循一條道理或規律，即老婆總是人家的好，孩子總是自家的好。自家的孩子，怎麼看都好。袁世凱是項城的孩子，所以項城人就說袁世凱小時候就是一個人物。

這就像我們解釋傳說是人類童年時代的藝術一樣，東方的太陽與西方的太陽都閃放光芒，一個是扶桑樹上升起來的，一個是阿波羅的戰車帶動運行的，都有許多故事，只是想像的方式不同。東方人愛護環境，提倡種樹，講究幾畝田地種桑便可以溫飽如何如何，所以傳說中出現扶桑樹；西方人愛打仗，在征討四方的時候塑造了阿波羅和他的戰車。一切想像的根據都在於講述者所置身的社會生活，想像的翅膀飛得再高，都無法擺脫自己的天空。

袁世凱生在十九世紀中期的中原鄉村，當時的列強已經用大炮轟開了中國的大門，而對於內地黃淮大平原上的袁寨，影響最大的不是這些列強，而是撚軍起義。袁世凱是出生在河南農村的，但他不是一般的農家少年。他家的二爺是進士及第，在平定撚軍起義中立下赫赫戰功。袁世凱的父輩中有舉人、進士，且其家道殷實。筆者作過調查，他家除了做官，有俸祿之外，還有店鋪和染坊，家中有讀書做官的風尚與傳統。店鋪和染坊是鄉紳的重要財源，更是他們連接內外的主要渠道。他家祖輩在地方上有很好的聲望。其青少年時代的事蹟作為傳說被記述，是他的家鄉項城父老們用口頭語言保存、傳播、積聚成的傳說箭垛。與文學作品中人物形象的塑造手段一樣，故事生成的基本元素是眾口，或者眾口鑠金，或者眾口成城。

袁世凱的家族，上溯幾代，都是普普通通、勤勤懇懇、踏實能幹的農民，並不是積澱深厚的書香門第，或聲勢顯赫的官宦世家。到袁甲三時，其家族才嶄露頭角。

袁世凱的二爺袁甲三出身進士，官至漕運總督，再怎麼說也是一個部級幹部。這就是高幹家庭。考察他家的歷史，就會發現這個袁甲三的出現確實是袁家的大事件。傳說袁甲三少年時代曾經做過項城同鄉高峽雲的書童，讀書非常刻苦。高峽雲是進士，後來做過浙江麗水縣令，教子有方，後人出了好幾個進士，甚至出現父子、叔侄、兄弟並為進士的連捷現象。後人中有一個高釗中，光緒進士，做過翰林院編修，做過湖北、雲南等省的學政，注重民生，所以項城人稱讚高翰林是帝王老師如何如何。這些都成為項城歷史上的佳話。那麼，袁甲三跟著高峽雲這樣的人讀書，也就有了光彩。

袁家的家譜是後來修的，之前呢？當然，家譜不是孤立的。

筆者的長篇歷史小說作了這樣一段安排，借袁世凱的四爺袁重三之口說道：

當年咱們項城的應家在一千多年前多興盛啊，大漢時有一個應奉應世叔，讀書能五行俱下，過目不忘。漢靈帝時出了一個大學問人應劭，做過泰山太守，寫過傳世名作〈風俗通〉。他的後人中，三兄弟名傳四海，有應珣，官至司空椽，出個應瑒應德璉，是有名的建安七子之一，寫一手好賦；應瑒的弟弟應璩應休璉，做過大將軍長史，名篇〈百一詩〉流芳千古。應休璉的兒子應貞應吉甫，晉武帝時做過司馬大將軍的參軍，即席賦得九章〈華林園集詩〉，為人讚不絕口。應家多了不起啊，應奉、應劭、應珣、應瑒、應璩、應貞，祖孫六名士，兄弟三傑人，普天之下，赫赫有名。可是，從應劭到應瑒，再到應貞，也就是三代，之後便銷聲匿跡了。咱們袁家今不如高家，古不如人家應家，咱們袁姓五胡亂華時出過寫〈九錫文〉、〈秋情賦〉、〈桐賦〉的袁淑，出過寫〈妙德先生傳〉的袁粲，出過寫〈奏彈謝超宗〉的袁泉，還有袁翻、袁躍兄弟，隋朝時出了個宰相袁滋和名士袁聿修父子。可是誰也不知他們是不是咱們家的先人。唉，孩子，你還小呀，人活著不能忘記祖先，要發憤圖強，光宗耀祖。這些，等你長大了，你就懂得了。（〈**趕會**〉**節選**）

鄉村的家譜與家族傳說等同於歷史上官修的王朝歷史，總要有一個非凡的人物做開端。我們許多學者責怪這種現象，以為人家強拉硬扯，是牽強附會，其實，這正是見賢思齊的優良傳統。不會讀書的讀書人，一切憑想像，所以稱為呆子，待在書堆裏面，一動不動，像個僵屍、木乃伊。鄉村的道理，只有鄉村自己明白。所以，蘇軾一再強調入境問俗。

聲譽的社會意義非常豐富，有很高的社會學價值。俗話說，三歲看大，五歲看老。童年的聲譽作為社會價值，事實上是在成年之後被鄉里所認同的。

袁世凱從一個農家少年，獨步青雲，官至內閣總理，成為中華民國第一任大總統，雖然稱帝洪憲，鬧了一個八十三天的笑話，項城人還是高看他的。項城稱為「帝鄉」，與袁世凱有關。在民間社會中，皇帝、總統都是一回事兒，都是人物頭兒。

項城人之所以在民間傳說中表現出對袁世凱的擁戴，並不是沒有政治觀念，沒有聽到袁世凱所謂的賣國賊、竊國大盜等惡名，而是為鄉梓之情、曲里之情。二十世紀八〇年代初，筆者與一位大學同學專程趕到袁寨，調查袁世凱傳說，在村口遇見一位趙姓老人撿糞，他說：「什麼竊國大盜？都是南方蠻子禍害的壞名聲。人家是真龍天子，就該人家有大位。南方人壞。」再問附近鄉村的百姓，沒有人說袁世凱不好的。相反，許多人說袁世凱有本事，並說他們家風水好，人家小時候就不一樣。舊時代災荒年多，窮苦人生活艱難，袁家確實救濟過鄉鄰，在鄉里沒有什麼欺男霸女之類的惡行。

大人物小時候就不一樣。究竟怎麼不一樣呢？

套用現在一句網路語言，大哥是個傳說。確實，鄉村的人物，以物華蘊天寶、地靈生人傑為思想文化基礎，又如何不是傳說？

所謂英雄不問出處，其實就是成者王侯敗者寇，就是一俊遮百醜。只要是傑出的人物，無論成敗，家鄉都會厚愛他。因為家鄉的存在是以地緣或血緣為條件的，源於相互間的密切聯繫，相近則相生，相互幫助，日久生情，情的實質是心心相印、相同、相通，日日共飲一口井，共處一片天與地，所以，人總愛說，親不親，故鄉人。固守家鄉，不僅僅是財富，還有這片土地的尊嚴。鄉村發生械鬥，爭的不僅僅是物質，還有一口氣。筆者調查到，河南農村械鬥是有傳統的，有時候，村人或同姓之間因為口角，就會引發大規模的械鬥。筆者的祖輩中，就有因為幫助同姓不受他人欺負而拔刀相助、兄弟為躲避官司而失散他鄉的事情。直到二十世紀六、七〇年代，河南農村還有許多地方因為說媒時言語偏差、田地澆水、道路選擇等瑣事而發生大規模的械鬥。其實原因非常簡單，都是維護鄉村的尊嚴。其中的理由就是「人爭一口氣，佛（神）受一炷香」。人活著，就是「混人」，要有臉面。人為人捧場，叫相互抬舉，常常無論對錯都要高聲叫好。而且，鄉村械鬥，常常在年節時相互祝福而一笑泯恩仇，顯示出寬廣胸懷。鄉村的尊嚴就是這樣被建構起來的，其意義與城市裏戲園子中的票友一樣。

在這樣的文化生活環境中，出現項城人對袁世凱的如此評價，一點都不為怪。換句話說，項城人不給袁世凱捧場，還有誰來捧場呢？

放而大之，在我們的民眾生活傳統中，我們熱愛家鄉，又如何沒有這種感情呢？所以，我們面對敵人入侵，大家就會同仇敵愾，講上陣總是父子兵，打虎要看親兄弟，要齊心協力。出來混飯吃時，走得離家遠了，來自一個地方的人就是老鄉。人們說，老鄉見老鄉，兩眼淚汪汪，也是這個意思。

傳統社會中，家與國事實上不僅僅是一個文化共同體。家的概念並不僅僅與宗族聯繫在一起，其外延非常寬泛，尤其是情感的因素，在文化認同中具有相當獨特的意義。認乾親的形式，其實就是最明顯的補充與修復。所以，理解了這些內容，對於袁世凱小時候被過繼，與他後來用兒女親家、乾兒女等傳統風俗來連接自己的政治同盟，也就可想而知了。

在民間傳說中大凡大人物橫空出世，都有不同凡響的成功模式，一般是三部曲：首先，是聰明、頑皮，或伴有奇異的徵兆；其次，是敢作敢為、大度，能夠聚集天下英豪，或無賴，或豪俠，總是會救濟他人，或在受到挫折與侮辱時，不得已離開家鄉，去闖蕩世界；最後，是出奇制勝、智勇雙全。如劉邦、朱元璋，大抵如此。袁世凱也是這樣。應該說，這是民間社會的寄託。他們用自己熟悉的生活方式解說自己的理想與嚮往，既是解構著，也是結構著自己所理解的鄉村裏外的世界，和屬於他們自己的政治、軍事、道德、歷史、人生。

這種模式的背後，主要是宗族文化在起主導作用。這是中國文化傳統作為精神生活在日常中運行所體現的一個重要典型，也是十分重要的民間文化發展規律。

## 袁世凱與地方傳說

地方傳說是一個地區民眾文化生活的興奮劑，它不斷啟動這個地區集體記憶的文化創造力與想像力。傳說的真實性在傳播即口頭述說中被不斷增強。認同，是地方傳說的關鍵。它的來源即使實有其事，也是文化認同的結果。所謂認同，就是承認並接受，民間文化中的文化認同就是一拍即合，就是不管真假，覺得應該是這樣。所以說，是地方傳說塑造了項城人心目中的袁世凱。

關於袁世凱青少年時代的地方傳說，形形色色，每一種傳說的背後，都包含著豐富的社會文化意義。概括起來講，主要有這樣幾種。

## 鬥智鬥勇

鬥智鬥勇、機智人物之類的故事，以筆者長篇歷史小說《袁世凱》中所描寫的〈打土龍〉與〈罵燈〉等內容為例。依據皆在民間傳說。

孩子們來到了野外的龍王廟前。龍王廟是三間破草房，裏面塑了一個龍首人身的神像，兩旁有兩個侍童立著。一條蛇，有雞蛋那麼粗，正繞在神像的座下，孩子們都害怕，躲在廟門外玩耍。

地上的土很多，不一會兒，孩子們就用土堆起一條土龍，有龍頭、龍身、龍尾，一把青草敷在龍頭上，充作龍須。剛收拾好，刮來一陣旋風，有丈把高，孩子們忙躲在廟旁。旋風翻滾著，將土龍掠走，土龍在空中上下翻飛，卻不散架，如真龍一樣。一個孩子說：「是龍顯靈了！」另一個孩子說：「是把龍搶走了。」還有一個孩子說：「是過大神哩，起碼也是一個總督，比袁家二爺的官兒還大呢！」

袁世凱問大家：「還打土龍不打？」

有的孩子不吭聲，等了一陣兒才說：「打吧，一打，天就該下雨了，莊稼就該有收成了！」

袁世凱說：「咋打？」

一個孩子搶著說：「土龍讓旋風吹走了，打真的！」

另一個孩子也爭著說：「對！咱們把龍王爺拉出來打，問它啥時候下雨，一直打到它下雨為止。」

說罷，孩子們湧進廟裏。忽然，那隻蛇將頭昂起來，嚇得大家都怔住了。

袁世凱向一個孩子要過棍來，袁世敦忙拉住他說：「莫動，大人知道了要挨訓的。家裏人都說，蛇是龍咧！」

袁世凱一揚頭，憤憤地說：「縱然是龍，整天吃供不下雨，讓人受罪，就該挨打！」說罷，一棍子打過去，打在蛇的七寸處，蛇僵直了。他一把揪住拽下來，孩子們擁上去一陣亂打，將蛇打個稀巴爛，扔在了廟外。

孩子們嚷嚷著將龍王抬了出來。這尊草泥木胎的後背處，已經發黴了，放在日頭下，還是那樣威風凜凜。

袁世凱嘴角撩了起來，用鼻子哼了一下，努努嘴，對幾個孩子大喝一聲：「給我把龍王按倒，我要審它個孽龍！」

袁世敦、袁世廉嚇得躲在了一邊。

袁世凱像個大人，手叉住腰，一副升堂審理案子的樣子。幾個黑黑的少年，齜牙笑著，早把龍王掀翻在地，聽候袁世凱對它的發落。龍王神像放倒了。

袁世凱吩咐幾個孩子，揪耳朵的揪住耳朵，扭胳膊的扭住胳膊，活像在演堂戲。一隻兇猛的鷂衝下來，猛見孩子們手中揮舞的棍棒，便折起身，盤旋了一會兒，又飛走了。村裏有人講，幾天前還有老鷂竟俯衝下來，眼睜睜讓人看著銜走了小孩。

袁世凱憋了一口氣，提著嗓門，大聲喊：「好一個龍王，快兩年沒有下雨了。村裏人不吃不喝，天天給你上香，給你進貢，雞鴨魚肉捨不得吃，都送給你。你個混蛋東西，你不知好歹，理也不理人。要你有啥用處？給我往死裏打！」

孩子們吼著：「打──」亂棍齊下，一陣子下來，龍王成了一堆碎泥爛草。一個孩子掏出自己的小雞，捧起來，湊近前，朝龍王碎泥上撒起尿來。很快有幾個孩子學著這樣子做，他們把黃澄澄的小便舞成耀眼的金線、金網，不一會兒，破碎的龍王在地上成了一堆爛泥。幾塊彩片摻雜在泥漿中。一個孩子撿起龍王的鼻子，狠狠地踩上幾腳，嬉笑著，罵咧著。

（〈**打土龍**〉節選）

袁寨的孩子們相互約好，一齊喊了號子，挺起胸膛，鼓起力氣還罵，他們把燈籠高高舉起，放聲唱得更加響亮：

天絕收，
種蕎麥，
南村的閨女不知道賴賴，羞恥的意思。，
屋裏養著仨漢子，
天天自個兒餵飯吃！
喜歡得屁滋滋！

南村的孩子們不等對方罵完，趕緊接過來，一齊拉長聲音對罵，大聲唱道：

太陽落，
鬼下坡，
老鴰叫喚狼吆喝！
袁寨裏賊蛋成了精，
河沿上都是扒的坑——
捂得臭烘烘！

袁世凱和幾個孩子嘀咕著，一群孩子把燈籠交給別的孩子，掂著棍子，貓著腰，從兩側向南村的孩子們摸去。南村的孩子們正罵得起勁，全然沒有注意這些。

這邊袁寨的孩子們更高聲扯起喉嚨，用盡力氣，大聲罵著，唱著：

東虹[1]晴，
西虹雨，
南虹出來賣兒女。
南村裏閨女賣給俺，
天天抱著她！
喜歡得笑哈哈！

南村的孩子們還沒有還罵，只聽袁寨的孩子們齊聲喊道：「打啊——」人便挑著燈籠衝了過來。南村的孩子們正要還手，忽然，背後、左右兩側同時衝過來一群孩子，他們劈頭蓋腦一陣棍子打來，打得南村的孩子們四處逃散。

袁寨的孩子們得勝了，一群孩子誇袁世凱有本事，點子多。幾個大點的孩子用手臂挽成一個「轎」，把袁世凱抱上去，前後都嚷著「打道回府」，他們把燈籠挑得高高的，向袁寨奔去。只有七歲的袁世凱咧嘴笑著，對旁邊的哥哥袁世敦說：「哥，演戲比聽戲要強得多。以後，咱們天天到這兒來打仗吧！」（〈罵燈〉節選）

1 虹，豫東方音為「jiang」，與「將」同音。

鄉村的孩子們愛鬥，打打鬧鬧，遊戲就是他們的文化生活。打打鬧鬧，包含著他們的歡樂與聰明智慧，包含著他們的人生追求。其中的罵，極有特色。筆者出身於農家，聽慣了鄉音，回想當年，孩子們在路上高喊罵歌：「我罵你，你不還，你娘死了頭朝南！」鄉村的粗野以罵為標誌，在大俗中，顯示出文化的蓬勃生命力。

罵人的智慧，在鄉村常常最受尊重。許多地方傳說中的機智人物傳說，總是以罵賺取精神上的最大滿足。

智勇雙全，敢作敢為，是機智人物故事的亮點。僅僅依靠小偷小摸去占人家的便宜，那是下流，不能令人佩服。只有如此光明正大地用智慧和勇氣戰勝別人，這才叫「人物」。這是袁世凱家鄉人關於機智的哲學，也是他們關於「人物」的哲學。

機智人物傳說是我國民間文學史上一個十分特殊的文化現象，從最早的晏子使楚，其實堯舜禹傳說中的大舜脫險，也可以看做機智人物故事，到後來的李寄斬蛇，再到後來的唐寅、徐文長等，最典型的是三國故事中的諸葛亮，體現出我們民族對聰明智慧的理解。現代社會中，媒體傳播方式的多元化，諸如電影、電視、報刊、網路等媒介條件，形成機智人物傳說的更廣泛傳播。當年電影中的新疆維吾爾族機智人物阿凡提聰明絕頂，智勇雙全，其傳說風靡全國。阿凡提機智伴隨著幽默，反對邪惡，主持正義，懲惡揚善，騎著他的小毛驢兒，周遊四方，成為聰明智慧的象徵。改革開放以來，思想解放，各地發掘的機智人物民間傳說，如包公故事、鄭板橋故事、龐振坤故事等，如雨後春筍，極大地豐富和繁榮了社會大眾的文化生活。

項城地方傳說中，機智人物也有很多，如王猴故事流傳甚廣。王猴原名王子猷（一六九六至一七七八），名轍，字子猷，號浮生，今河南省項城市官會鎮進士橋村人。傳說其少時聰明過人，對於經史子集十分精通，如數家珍，能夠過目不忘。民間又稱其學業早成，滿腹經綸，才高八斗，吟詩作賦，出口成章，且言簡意賅，語言流暢。傳說其早年得第，少年得志，清康熙五十九年（一七二〇）秋，河南貢院鄉試，王子猷魁名高中（第一名解元）；雍正元年（一七二三）恩科，其得中進士。民間傳說流傳最普遍的是王子猷性格放蕩，無意於鑽營官場，因此，其一生未曾做官，而是傾心傳道授業，開館教學，常以「得天下英才而育之」自樂。地方傳說其曾經在河南省上蔡縣等地設館授徒。這個人知書明理，鞭撻黑暗，仇恨邪惡，敢於為民眾伸張正義，所以受到地方民眾的喜愛。傳說王子猷晚年家貧，仍然醉心於吟詩詠歌，安貧樂道。地方文獻如《項城文史資料》等稱其一生著述很多，尤其工詩，他的詩直率坦蕩，抒情言志，笑傲人生，能夠隨筆揮寫，佳句躍然紙上，發於性情。他著有《浮生老人詩集》二卷。「浮生老人」，得名於其〈述懷〉詩：自笑浮生七十餘，天憐倔強人嫌迂。其故事在河南東南部的項城、商水、淮陽、西華等地流傳，如〈王猴鬧學堂〉、〈王猴趕考〉、〈王猴喝水〉、〈王猴智慧吃臘肉〉、〈王小分家〉、〈王小打柴〉、〈換牛〉、〈賺地〉、〈豁子碗〉、〈和尚〉、〈鯉魚上東樓〉、〈老虎坡〉、〈王靈官〉、〈王爺廟橋〉、〈龍勝溝的來歷〉、〈十五兩〉、〈大火燒〉、〈牌坊墳〉、〈燕棗花子的故事〉、〈修進士橋的故事〉、〈二月二龍抬頭的故事〉等，表現出他聰明過人，敢於同主流社會作鬥爭，代表了民眾的意志。但是，無論如何，這個王子猷，即民間傳說中的王猴兒，也只是一個破落文人。其故事也只限於地方傳說中，民眾面對生活中的無奈傾瀉自己的憤懣，或為自己的日常生活添油加醋，作為娛樂。其不得已與不得意共存，在鄉村中成為大多數人情感共鳴的文化元素，因為只有少數人才具有得意的資格，而且，更多的日子裏，更多的人平平淡淡。王子猷故事中的奇，即不按照規矩出牌，出其不意，引發許多人精神與語言的狂歡。這與趕廟會一樣，通過群體性狂歡模式，使情感得以合理性傾瀉。狂歡的方式與意義是多元的，為理解狂歡的價值，西方學者巴赫金提出了許多有價值的論斷，很值得我們注意。但是，中國的狂歡到底屬於中國文化的一種形式，如醉如癡的狂歡狀態，成為放蕩不羈的代名詞的同時，也體現出中國思想的獨特內容。

在地方傳說中，王子猷故事的核心其實並不是什麼真正的反抗黑暗，而是通過聰明才智賺取便宜，通過捉弄他人，特別是王子猷捉弄他的老師，以兒童的身份戰勝長者、老者、尊者，以獲取愉悅。只有這些，才是民間百姓真正津津樂道的內容。這裏並不一定就是挑戰者的頌歌，而應該包含著對文明背後道學尊嚴的嘲弄，是對王子猷所謂真才實學的一種同情與贊許，聊以自慰而已。

傳說袁世凱小時候非常喜歡王子猷故事，常常以此自比而施展惡作劇。反抗，才能引起他的情感共鳴。或者說，只有反抗，在一定的時機才是最合適的超越方式。傳說，在濟南、南京、北京等地求學讀書時，他的幾個塾師都受到他的捉弄。當然，傳說只是傳說。袁世凱家教中求仕進取的特色明顯，應該說其絕無放蕩不羈、放蕩形骸、玩世不恭的追求，他有自己的聰明智慧與人生目標。

在地方傳說中，袁世凱在打土龍、罵燈等風俗生活中的過人表現表明，地方民眾自覺或不自覺地把他作為自己後代追求的人生目標。

在地方文化生活中，地方傳說的傾向性是非常鮮明的。民間大眾固然愛恨分明，有反抗黑暗、追求光明的寶貴品格，但是，在中國社會官本位的文化傳統中，讀書做官、安貧樂道，忠厚傳家久、詩書禮義長，強調守孝道，強調知書達理，耕讀人生歸結於升官發財，才是鄉間社會的主潮。君不見，在地方建築文化中，在大量的民間藝術中，「福、祿、壽」並存的圖案比比皆是，其實正說明這樣一個問題。在相當長的時期，我們過於追求意識形態的絕對化，過於強調社會發展中貧與富兩個階層之間的對立，常常不切實際地述說鬥爭與反抗的主題，強調了固窮的存在，而無視求富的社會追求。

財富傳說與財富信仰是中國文化的奇觀。最明顯的是許多地方的木版年畫，展示〈文財神比干〉、〈武財神趙公明〉、〈劉海戲金蟾〉、〈柴王推車〉、〈沈萬三的搖錢樹與聚寶盆〉、〈八仙過海〉等圖像，藉以述說關於財富的文化理念。

民間社會並不拒絕富有，追求幸福是老百姓最基本的權利。在俗語中，我們可以看到許多相關說明與解釋，諸如富不過三代、窮不過三輩兒，諸如為富不仁，諸如趨利避義，諸如笑貧不笑娼，等等。這些內容是最真實而普遍的存在，我們不應該忽視。同時，對於財富的追求，在今天被冠之以小康社會，那麼，作為民眾對社會生活的基本訴求，我們應該正視，尊重其合理性。從這種意義上講，項城地方民眾把袁世凱作為勵志教育的對象，希望自己家中出現一個有作為的人物，應該是天經地義的。他們追求與描述的是中華民國大總統的身份，絕不是那個所謂的竊國大盜、賣國賊的身份。歷史的評說不會僅僅限於某一個時期的話語主權，時間推移，事實能夠說明一切。而民眾堅守的是傳統，常常超越一定的意識形態。

如是說，既不是美化袁世凱，也不是神化或惡搞袁世凱，而是讓其還俗。還俗於民間，才能看到歷史文化的真實在民間的表現。

民間傳說賦予袁世凱聰明智慧，是為了逑說的便利。家鄉出現一個改變中國歷史的人物，鄉親之親，總要為其貼金，不是幫腔，也不是阿諛奉承，更與牆倒眾人推、落井下石有天壤之別。至於民間傳說袁世凱理財無能，致使家財散盡，族人為了殺一儆百，準備為其戴牛龍嘴兒示眾，羞辱他的人格，最後逼迫他離開家鄉，他才有人生的轉折和大作為，這也具有勵志的色彩。其實，這類情結不獨袁世凱一個人身上有，在許多成功人士的身上都發生過。如項城民國時期的國民黨將領張凌雲、李鳴鐘、田振南等地方傑出人物，少年時代不守規矩，因為年幼無知或某種衝動而出軌，最後混出了模樣，多多少少都有相同「經歷」與傳說。河南省扶溝縣關於吉鴻昌的地方傳說也是如此。或者可以說，這是地方傳說一再渲染浪子回頭金不換，以此教育子孫後代積極努力進取，能夠克服自我，知恥而後勇。

一定的歷史時期有一定的社會風尚。兵荒馬亂的日子中，「吃糧」有三個境界。第一是為了溫飽，為了簡單的生存需求，俗語稱「討個活命」，所以「饑不擇食，寒不擇衣，貧不擇妻」，是得過且過。第二是升官發財的夢想，俗語稱「認命」，強調努力進取，推崇天道酬勤，勤能補拙，笨鳥先飛。這兩種境界都是形而下的內容，屬於低級追求。第三是光宗耀祖。光宗耀祖是傳統社會思想文化的最高境界，而在這一境界的設置中，投軍常常受到排斥，傳統社會更推崇讀書做官，以仕進取，所以極看重功名。讀書才能有出息，這不僅僅是為了光宗耀祖，讀書人的地位相對於鄉村社會中的一般人要高，諸如計算財富、主持紅白事即婚喪嫁娶、主持祈禱等事宜，他們被稱為「某某先生」，簡約為「某某先兒」。河南鄉間曾經流行《三娘教子》的戲曲故事與年畫，與「昔孟母，擇鄰處。子不學，斷機杼」的情節相似，意在鼓勵兒童勤奮讀書。當年，宋真宗關於「書中自有黃金屋」、「書中自有顏如玉」的讀書至上論，在鄉間最為流行。項城地方諺語稱：「三輩不讀書，勝似一窩豬。」民間歌謠唱道：「月姥娘，明光光，開開後門洗衣裳。洗得白，洗得亮，打發孫兒上學堂。」民間百姓寄希望於讀書，以為讀書才能出人頭地。出人頭地就是最具體的光宗耀祖。

同時，在民間諺語中，地方民眾一再描述「好鐵不打釘，好男不當兵」。他們看不起一夜成名的暴發戶，對於一將功成萬骨朽的成功方式並不心甘情願地認同。當然，在戰爭年代，投筆從戎，救國家，救民族，捨生取義，殺身成仁，報效國家與民族，這是識大體，舉大義，是天經地義的行為，屬於壯舉，奮勇殺敵，灑血疆場，會受到全社會莫大的擁戴。此時如果仍然沉醉於讀書的夢想，就會受到非議。甚至遭人恥笑與辱罵。與傳說中的俠義相比，投筆從戎是從個人到社會的人格昇華，是人生哲學的蛻變。

袁世凱視察京師大學堂，張百熙、蔡元培他們作陪。袁世凱並不是沒有學問，也不是不會讀書，更不是不學無術。國家清史工程啟動之後，《袁世凱集》整理和保存了大量珍貴的原始文獻。從他兩千多萬字的奏議文章與大量詩文中可以看出，他的文采是一般人遠遠比不上的。科舉考試，選拔人才，是當時社會所謂讀書做官、光宗耀祖的基本途徑，而袁世凱總是不能夠如願。他的家庭在他青少年時代為他聘請了優秀的老師，也都是為了讓他承接袁甲三進士門第的可持續發展。中國近代社會的人才評價系統弊端甚多，所謂八旗子弟、士族門閥制度與大量恩蔭氾濫，形成嚴重的人才壅塞。龔自珍他們高歌「我勸天公重抖擻，不拘一格降人才」，是有切實社會背景的。袁世凱落第後，心中非常痛苦。這只是他時運不濟罷了，他那麼聰明，卻屢試不第。他後來主張廢除科舉，與他的親身經歷有密切關係。但是，他廢除科舉，並不代表他不重視教育。有材料顯示，當時一些地方的留學歐美預備學校與現代大學的興辦，確實與袁世凱有關。袁世凱曾經多次支持家鄉的教育，向項城柏莊鋪師範學校捐出鉅資。更不用說在小站練兵時，他一邊用現代軍事管理方式訓練士兵，一邊在新軍中辦武備學堂等軍事學校。袁世凱重視教育，與其仇恨科舉考試的弊端並行不悖。遺憾的是，科舉成為一種情結，常常制約著我們現代社會的人才培養體制與使用體制。應該說，在一般道理中，文憑、學歷與能力是兩回事兒，現在五花八門的海歸其實並不是現代文明的唯一標誌。尤其是目前社會上有一種十分惡劣而荒唐的人才使用與評價標準，把是否有留學經歷或什麼博士學位看做某某特殊人才的必備條件，這不僅僅是一種文化的不自信，未必就是殖民化的孽種，但是，借用上海著名學者朱維錚的話，說這種做法的始作俑者是一群無知的蠢貨，一點也不為過。實踐出真知。僅僅以文憑等形式來說人才，這確實是極其愚蠢的方式，與實踐檢驗真理的實事求是原則嚴重不相符。

袁世凱領袖像

「袁世凱的領袖像」是他送給莫理循的。儘管如此，袁世凱能夠成為中華民國第一任大總統，不用說什麼小站練兵、什麼推翻帝制、什麼民族實業、什麼員警制度等，都不是那麼簡單的。你說他竊國也好，說他賣國也好，你也可以只管硬說他不學無術，至少項城的鄉親不買你的賬。他們會說，有本事你也賣去，你也竊去！他們因為一種天然的親情，所以溫和地包容著袁世凱的一切，用「本事」二字概括一切，將他融入自己的傳說生活。這與筆者在湖南考察曾國藩的歷史傳說時所看到的一模一樣。至今，荷葉塘曾國藩的鄉親們蓋房時還在歌唱「曾家要出真皇帝」，把曾國藩奉如神明，看做他們家鄉難得的光榮。曾國藩的老家，正佇立著幾棵樹，幾個窗戶打量著陽光和風。的確，他們不講曾國藩如何以「曾剃頭」鎮壓起義軍，屠殺造反的民眾，他們推崇的是曾國藩的所謂道德文章。在浙江，筆者考察蔣介石的傳說時，也是如此，他們更推崇著名學者楊天石對蔣介石的解讀，說蔣介石抗戰有功。

## 風俗生活與節日傳說

風俗生活與節日傳說中包含著具體的歷史文化與社會情緒。四時八節，農耕文明影響一切，支撐起鄉村社會最基本的文化空間。地方風俗中常常包含著一些獨特的記憶內容，尤其是中原地區八月中秋吃月餅，流傳著相約起義、反抗異族壓迫等內容。這是影響袁世凱青少年時代思想的不可忽視的風俗文化與風俗生活。

理解地方風俗對歷史人物性格的影響，是理解袁世凱人生軌跡的重要起點。

十里不同風，百里不同俗。項城的風俗造就了袁世凱，所以人們稱他袁項城。風俗的味道常常只可意會不可言傳。這就是人一生難以改變的口味！口味是從風俗中一天天吃出來的，無論是五穀雜糧，還是山珍海味，都是一種生活經驗，日積月累，存留於記憶之中。

在風俗生活與節日傳說中，袁世凱無論地位多麼特殊，也不可能是什麼特殊人物，而是極其平凡的受眾。或者說，風俗生活、世俗社會以及相關傳說，應該能夠造就袁世凱對青少年生活的記憶。他後來的許多作為都能夠在這裏找到影蹤。這時，他就是一個項城人，是一個項城農村出生的項城人，是項城地方風俗生活的一分子。所以，對家鄉風俗的認同，就意味著對家鄉的尊重，對自身歷史與文化傳統的尊重。遵從風俗，在許多時候成為一個人被評價的重要道德標準。二十世紀六、七〇年代，筆者在自己的青少年時代，常常聽到家鄉的老一輩人講述袁世凱與其母大腳的傳說。他們講，袁世凱與其母一起回到家鄉，其母坐在轎子上，一雙大腳露了出來。袁世凱恐怕人家笑話她不是三寸金蓮，沒有纏足不合乎地方風俗，就輕輕為她拉起裙子遮蓋。其母非常生氣，說：「你這個兒子不能這樣嫌棄娘的大腳，你爹他沒有嫌棄我，你怎麼能夠嫌棄呢？」其母就當眾用拐杖痛打袁世凱，而袁世凱只能夠當眾向母親賠禮道歉。這是項城地方社會頌揚袁世凱遵守家鄉風俗的傳說，它述說的道理是俗語中的「兒不嫌母醜，狗不嫌家貧」。這故事迄今仍然流傳著。聽到民間傳說故事，你最好別較真。如果你一定要做歷史追索，一定要考證出其是否真實，是否合理，恐怕累死那些自以為非常有學問的歷史學家也無濟於事。

人是在風俗中長大的。每一個月都有初一、十五，初一、十五就是地方的節日，不用說還有二月二、三月三、五月初五、六月初六、七月七、九月九，都是有許多故事的節日。節日是一個人成長的框架。袁世凱也如此，他無論是在青少年時代還是後來，都不得不尊重節日作為傳統的事實。對於一個人的成長而言，他在青少年時代不得不接受節日的教育，並使之成為自身的文化標誌。節日生活包含著眾多的傳說故事，每一種故事都具有解釋性的意義，都述說著節日作為風俗和儀式等內容的合理性與具體功能。節日具有特殊的地域特徵，是傳統的外在形式，其信仰等精神文化內容具體構成風俗文化與風俗生活的核心，不斷融入一定的合理性解說，並伴隨著生活儀式。這些儀式，自然構成一定的文化空間，也可以看做傳統社會中歷史人物性格形成與發展變化的大舞臺。

風俗能夠超越政治，但是，風俗超越不了地域，超越不了地方社會的傳統認同方式。風俗生活本身就是深厚的傳統內容。同時，誰也超越不了風俗。風俗作為記憶的溫床，影響人的一生。袁世凱隱居於洹上的時候，常常以風俗生活為吟誦對象，在節日時與家人同樂，或者呼朋喚友，濟濟一堂，其樂融融，都應該與其青少年時代對風俗生活包括節日等的記憶有著割不斷的聯繫。一個人無論走多遠都難以走出自己的家鄉，其道理就在這裏。

風俗生活中融彙了地方社會最普遍的感情內容，包含著一定地區社會文化發展的獨特歷史，尤其是傳統社會生活中的信仰問題，在事實上構成了一定地區的文化認同原則或文化標誌。四時八節，周而復始，每一個節日與每一種風俗生活事項都是鄉村社會中民眾群體人生不可替代的教科書，也是他們日常行為的道德標準與文化標準。所以，在許多地方，風俗的社會地位與社會價值常常高於一定時期的法律。或者可以說，鄉村社會的文化秩序就是由風俗生活具體建構起來的。如果誰能夠超越這個秩序與標準，就是離經叛道，就是傷風敗俗，就要受到各種地方社會勢力的排斥與打擊。

對於這些內容，筆者在長篇歷史小說《袁世凱》中著力寫了兩個場景。一個是袁世凱看到民間祈雨，村中組織十二寡婦掃乾坑，美貌的二嫂被害人的禮教所蹂躪，最後被奪去生命。袁世凱在風俗中成長，他生來不可能是所謂的魔鬼。另一個是家中聚會，吃月餅，講述〈改朝換代〉歷史傳說。兩個場景各有寓意。特別是第二個場景，之所以被不斷講述，其中一個重要原因就是清朝存在著十分突出而且極其嚴重的民族壓迫！辛亥革命時，革命軍使用黃帝紀年，也正是在文化情緣上對這種民族壓迫的反抗，其劃清界限的動機其實就是孫中山他們高呼的恢復中華。

民族之間應該和平相處，相互尊重，包括尊重相互之間的文化傳統與風俗習慣等方面的差異。民族壓迫是導致各種社會矛盾的重要誘發因素。歷史上，民族壓迫的實質其實是一種厚此薄彼，極力保持自身民族優越感、絕對權力與絕對地位的野蠻行徑。實現社會和諧，以歷史教訓為鑒，在今天也是必要的。風俗生活中保存的民族記憶與民族壓迫的歷史事實昭示後人，一切人等都應該尊重各民族的文化權利。

筆者在長篇歷史小說《袁世凱》中安排了一個中秋吃月餅的生活場景：

> 中秋的晚上，袁宅的老老少少，祭拜過了月老兒，齊聚在庭院中，圍攏在方桌旁，大家一起吃著懶柿子、炒栗子、核桃、花生和月餅等食物，說說笑笑。
>
> 月亮升起來了，明晃晃地掛在天上，如一面金盆，有蝙蝠來回在院子的上空穿梭飛行。劉氏對牛氏說：「這是喜兆呀。月老兒派蝠老兒來了，今年的福氣好，生意和田產都

該殷實得讓人高興。」牛氏笑著應和，夾了一小塊月餅，捏著送到袁世凱的口中。袁世凱卻推著她的手，把月餅送給二姐。世輔直嚷，牛氏趕緊又夾起一塊兒，說著笑著，送到他嘴中，大家都說孩子們天真得很可愛，一家人歡歡喜喜。

突然，袁世凱猛勁地吐。他大聲嚷著吃住了樹葉子，還一邊高揚著手，捏起一片兒黑黑的東西，搖晃著讓大家來看。牛氏接過來，笑著對他說：「這呀，是玫瑰。若是上好的月餅，大都有玫瑰餡兒的，是用廣西的白糖焙了的。」

劉氏也笑了，她接過話題，對孩子們說：「說起這餡兒呀，還有一個改朝換代的故事哩。」

袁世凱停下來，瞪大了眼睛。

袁保中飲了兩杯酒，搖搖晃晃地站立著，笑起來：「這都是前幾輩子的事情了！講它有啥用？」

孩子們都嚷著要聽。

袁保中低下聲緩緩講道：「那是元代，蒙古兵占了咱們中原，把漢人當牲口使喚。他們怕咱漢人造反，讓幾家合用一把菜刀，並且十戶連保，一家有罪，十家並罰。咱們漢人，嗨，是一盤散沙呀。有人結婚，新娘子都要先被蒙古兵凌辱一番。所以，後來就改成夜裏娶親。現在有人家辦婚喜，要在供桌上放上一面圓鏡子，一桿秤。那鏡子象徵著月亮，那秤有星兒，象徵著滿天的星斗。這都是從那裏留下來的。漢人被逼急了，就要造反，有人起頭，約定在今兒晚上這樣月圓時動手，號令大家一齊殺元兵。怎麼傳遞信號呢？人們就將『八月十五殺兵』的字條寫好，夾在月餅裏邊，家家戶戶都相互送。這一天到了，大家一齊拿起各種家什，開始造反，全國人起來，把元兵殺了，大家又過上了平安年。這種規矩，就這樣傳下來。」

王氏和陳氏的兩個姐姐笑著問：「這大清國不也是他們胡人的天下嗎？」

袁重三用力地「吭」了一聲，大家猛一怔都不再說什麼，零零星星地離開了席位。

（**〈袁寨的月亮〉節選**）

這裏應該強調的是，所謂「八月十五殺兵」中的「元兵」，與統治中原的蒙古人並不完全是一個概念，絕不能因此製造民族仇視。即使是蒙古人民族內部，也存在著民族壓迫的不平等現象。統治者與整個民族是有嚴格區別的。歷史文獻表明，當時的元朝統治者壓迫漢人，也曾經使用一些西域民族以雇傭軍的形式作為打擊漢族勢力的工具。民族情緒是歷史造成的。袁世凱肯定會接受這些內容，但他更明白社會穩定與民族和諧相處的重要意義，其執政後對滿族人的態度表現出大度、寬容的一面，這是今天應該肯定的。有人指責他沒有報復清朝統治者當年的「嘉定三屠」之類的大屠殺，甚至禮遇退位的清朝統治者，沒有對他們趕盡殺絕。這是不公平的。在某種意義上講，袁世凱他們逼迫清帝退位，既是履行自己的諾言，也是在推行一場不流血的革命。

應該說，當時的民族主義思潮是廣泛存在的，如孫中山就提出「驅除韃虜，恢復中華」的政治口號。近代社會「改朝換代」的浪濤愈演愈烈，更有許多志士，曾經簡單地把清朝與滿族相等同。這是特殊時期的社會情緒表現。應該說，清朝與滿族同樣有嚴格區分，清朝作為政治集團，不但包含著大量滿族權貴，也包含了大量漢族官僚，諸如曾國藩、李鴻章、左宗棠，他們都是清朝朝廷的重要組成部分。

民族主義是一個現代政治概念，但它的存在，卻有著漫長的歷史。無論東西方，只要有民族壓迫，就一定有民族反抗，古代如此，今天更是如此。從當年薩伊塞提出對抗西方文化的他者理論，到眼前利比亞的炮火下，大量平民的無辜失去生命，都必然激發新的民族主義，這都是歷史規律的表現。民族壓迫、不平等的社會事實是存在的，這是迴避不了的歷史問題，也是世界範圍內的現實問題。民族主義曾經是一個民族自強、崛起的重要思想文化資源，如芬蘭民族史詩《卡列瓦拉》喚醒民族覺醒，德國格林兄弟搜集民間故事對德國文學走向世界作出了重要貢獻，都是民族精神與民族尊嚴被恢復的史證。其作為一個現實問題，現在來看，中華民族五十六個民族親如一家，更顯我們安定團結、幸福吉祥生活的來之不易，我們應該百倍珍惜。

## 南蠻盜寶傳說與風水信仰

中原鄉間普遍流傳著南蠻盜寶故事與風水信仰之類的傳說，明顯包含著排斥他鄉人的感情。地方性是民間傳說的重要特徵。地方性就是對地方社會的認同與記憶，也可以看做民間社會的規定性。南蠻盜寶傳說與風水信仰在中原地區流傳甚廣，是項城地方社會普遍存在的文化生活內容。

南蠻盜寶傳說與風水信仰是諸多民間傳說中兩個具有特殊意義的故事典型，應該會影響袁世凱成人之後人生觀念的變化。

傳說與故事是兩個概念。傳說具有歷史文化的相對真實性，有具體的人物、地點與事件，而故事是一種述說方式，常常憑空而述。

傳說具有地域性，更具有以地域為重要依託的繼承性即文化生活的傳承性，其故事內容與講述模式為一定地域社會大眾共同遵循。袁世凱是項城人，他在青少年時代雖然走出過自己的家鄉，卻走不出家鄉的記憶，走不出家鄉的民間傳說——這些特殊的歷史文化記憶。項城地方社會流傳的南蠻盜寶傳說與風水信仰，在其後來生活中的具體存在與表現，能夠讓人從中看到這種歷史文化記憶與南北文化相衝突的聯繫。

## 南北之間的文化衝突

中國社會有自己的信仰體系，以三才五行的縱橫交織座標形式形成信仰傳統格局，由於歷史文化與自然條件等因素，南北之間的文化是有區別的，而且包含著某種程度的衝突。

在中國文化發展中，東、西、南、北、中，五方世界，各有所職，各有所指，恰應於金、木、水、火、土五行。之後，中原文化因為歷史上各王朝多建都於這裏，便表現出文化座標性的意義。如司馬遷所說，昔三代之居皆在河洛之間，河洛之間即指中原。中原以老大自居，接受四方來賀，把四方全視作夷狄、蠻荒，以不開化即落後、愚昧看待。

在南北文化衝突中，袁世凱是北方人的代表。其統領的政治集團、軍事集團被冠之以「北洋」，正在於此。或者說，南北衝突是晚清至近代社會最重要的地域文化個性差異。

北方的牛，北方的人，北方的天地與南方有非常明顯的不同。這裏，筆者為何獨獨把南北之間的文化衝突作為考察袁世凱人生的個案呢？這是一種傳統。

南北衝突是中國傳統文化的一種模式。比如，我們把各種神話傳說譜系進行比較與概括，常常將自己的神話祖先概括為炎黃，即炎帝與黃帝，我們自稱炎黃子孫。炎帝主要活動在南方，炎帝的炎，就是炎熱的意思，代表南方。黃帝的黃，是黃土地的黃色，是大範圍北方的代表。傳說中，炎帝與黃帝同母而生，一個生在姜水，為姜姓；一個生在姬水，為姬姓。雖然他們之間的衝突被講述為文化聯盟，奠定了中國傳統文化的基本格局，但南北衝突在事實上是長期存在的。其中，最重要的因素應該是社會經濟中心存在與政治文化權利的爭奪。中原地區的民間傳說常常用北方人的樸實、憨厚與南方人的精明、狡詐作對比。無疑，這中間有許多極端性述說的偏頗。

歷史上有宋人不用南相的故事。宋代社會，趙匡胤黃袍加身於當年黃河南岸的陳橋驛，把首都定在開封，與唐朝建都長安一樣，把中原文化作為社會政治的標準性文化體系。他重視南北之間的聯繫。在地理上除了河洛傳統之外，主要是黃河流域開發較早，各方面已經成熟發展，所以，東部與西部沒有太多的威脅，即使西部、西北部有西夏和萬里青唐，東北部有契丹、高麗，其文化的整體格局是相對穩定的，中原文化一直保持著相對的優勢。而在文化建設上，中原王朝常常受到南方文化的衝擊。這種衝擊以科舉考試的人數在南北地域上的不平衡為標誌，北方由於長期的戰亂，在文化教育方面不像南方的環境那樣有益於讀書人成長，所以北方中進士的人數沒有南方多。如果從法律面前人人平等的角度說，這是無可厚非的。但是，從社會穩定、人才合理佈局來說，應該統籌兼顧起來，使北方的人才環境得到改善。這在司馬光作為北方人與歐陽修作為南方人之間形成衝突、爭議、爭執。司馬光氣急敗壞，破口大罵歐陽修豺狼當道，竟然以南方人養的馬沒有北方人養的狗個頭高大為理由，指責、謾罵對方。

宋代社會初期，因為推行揚文抑武、強幹弱枝的發展戰略，國防力量處於劣勢，首都東京常常因為契丹人的「打穀草」遭到搶掠，很沒有面子。朝廷中多次出現遷都洛陽的議論，最典型的是宋真宗時，契丹人打到了東京的東北大門，朝廷中的大臣有南方人力主像當年安史之亂唐玄宗那樣逃到四川，而寇準等人極力主張御駕親征，高呼「過河」。最後，朝廷聽從了寇準的主張，獲得勝局。南方人做宰相會誤國的說法就越發流行開來，甚至出現「楚鳥北啼」即南方人禍害國家的流言與讖語。

歷史上，北方出現更頻繁的動亂，北方貴族遷往南方，對於南方的開發與繁榮起到十分重要的作用。筆者在廣東、福建、雲南等地考察，看到許多人家的大門上高高懸掛著「河洛人家」、「河洛府第」等匾額，在他們的楹聯、家譜中，頻頻出現對於家鄉的記憶。這說明從來地不分南北，到處都是我們偉大祖國神聖的疆域。南北文化的差異，包括南方人與北方人文化性格的不同，都屬於兄弟之間的差別，如俗語所說，十個指頭伸出來不一樣。南北之間，血肉相連。

在中原地區的民間傳說故事中，南方人與北方人打交道形成衝突的情節有很多。在發生爭鬥時，人們總愛描述北方人如何兇猛，愛打架，直接出手，不怕流血，而南方人害怕打架，卻愛講道理。北方人喜愛說的是自己直率，堂堂正正，嘲笑南方人總是拐彎抹角，愛鬥心眼，愛算計他人，沒有光明磊落的風尚。無論真實與否，這成為北方人對南方人的一種印象。袁世凱也如此。早年筆者在家鄉調查袁世凱的傳說時，曾經多次聽到有人講袁世凱看不起南方人、警惕南方人，所以時常重用北方人而提防南方人的故事。儘管這是地域偏見，卻是風俗生活中的事實。袁世凱執政之後與南方人的交往方式，也確實表現出這些傾向性行為。

應該說，所有的傳說都包含著不同程度的虛擬與想像，是從自身社會經驗出發形成的經驗性總結。從南京到北京，隔了一條黃河與一條長江。在俗語中，人們一再描述「不到黃河心不死」。而在日常生活中，北方人總是嚮往南方的富裕與春色，常常在俗語中描述「寧向南方挪一千（路程），不向北方挪一磚」。南方成為北方人的想像，廣州荔枝灣，有多少荔枝成為北方人的想像。不僅僅因為南方的秀麗風景，如人們對「煙花三月下揚州」與「日出江花紅似火，春來江水綠如藍」等詩句的回味，甚至還包含著北方人對南方姑娘清秀、苗條、嬌小的垂涎，諸如白居易等筆下的「蠻腰」、「嬌娃」。人們常常說夢筆生花，述說看景不如聽景，其道理應該與此有關吧。在農耕文明時代，這些想像使得文化生活增添了許多情趣。

江南水鄉，人與船同駛進北方人的夢中。對於南方的想像，不獨袁世凱如此，而是整個地方社會的文化傳統。對此，筆者在長篇歷史小說《袁世凱》中作了兩處描述：一處是袁世凱隨祖父趕廟會的路上引出的一段傳說，一處是袁世凱隨父親從濟南到揚州路上引發的傳說。兩處傳說的根據，同樣源於民間。

晚上袁重三他們住下未走。剛要熄燈睡覺，袁世凱又想起了上午的事情，鄭重地問袁重三道：「四爺，南蠻子破了風水，這到底是怎麼一回事？」

袁重三摸著他的頭，笑著說：「這都怪高家太看不起人，惹惱了小人，才讓項城縣遭下此等禍殃。孩子，敬君子是應當的，小人也千萬不能得罪啊。自古南人心眼細，心胸狹窄，為人不誠實，不厚道，愛佔便宜，翻臉無情，心狠手毒，不好提防。孩子，且記住，人世間，任誰，都要禮遇，不能太傲慢。人常說，禮多人不怪呀。孩子！」

袁世凱遽地坐了起來，瞪大眼睛，對袁重三急喘著氣喊道：「南蠻子破壞了咱們這裏的風水，怎麼不將他殺了呢？」

袁重三微微笑了，只是把他捺進被窩，將衾被兩側掖好，叮囑他道：「夜裏莫要亂蹬，小心著了涼。」然後才低聲說，「小人常常壞大事，即使殺了他，那也會誤事。怎如先買治住他，讓他替你辦事，最後再殺了他。」

他說到「最後再殺了他」一句話時，異常平靜。

袁世凱繼續瞪大眼睛問：「那高家到底是怎樣得罪了小南蠻的？」

袁重三歎了一口氣，說：「有一年，縣官剛上任，來高家府上拜訪，高家當然也熱情招待。好酒好菜用足，縣官要走了。高家仗著功名大，按禮節便只送到二門。那縣官到了大門口，往回隨口說了一聲『免送』，誰知一看卻連個人影也沒有。縣官立時惱羞成怒，暗暗發誓，要斬斷項城的風水氣脈，讓項城縣不再出一個功名，不再出一個官。後來，待風水氣脈勘查清楚，他讓民工在城周邊挖了好幾道壕溝。據說，挖出那水都是鮮紅的。挖傷了龍脈，風水就破壞了。這狠心的縣官回南方省親時，對他母親得意洋洋地講了他如何報復項城人的事情。他母親霎時給他兩記狠狠的耳光。她母親哭著說：『兒啊，你本來也是項城人氏呀，當年你爹死後，我懷帶著你來到這南方。你是自己害了自己啊！』不久，這縣官後悔莫及，就找了一條繩子，將自個兒吊了起來。」

袁世凱忽閃著大眼，問道：「風水破壞，還能再修好嗎？」

袁重三拍了拍他的額頭，輕聲說：「孩子，快一些睡吧。等你長大了，有些事理，你才會明白的。」（〈趕會〉節選）

江南三月，鶯飛草長。

從山東到江蘇，一路乘車要經過不少日子。車越往南行，他們越覺得愜意。樹越來越綠，花越來越豔，鳥更多更美，水如碧玉，所見的男女，尤其是姑娘，都像仙女一般靚麗。

袁世凱朝窗外望著，心裏酸沉沉的，總覺得丟失了什麼。他想起那年離開家鄉時，也是這樣的心境。來到濟南將近三年，結交了這些兄弟般的朋友，就這樣分別了。揚州是什麼樣子？到了那裏，還會有這樣親密的好朋友嗎？忽然，他想起從小聽到的南蠻子破風水的故事。江南人難道都是這樣自私、狹隘嗎？他們會和自己玩得很好嗎？眼前的景物讓人說不出有多麼滋潤。這樣美的地方，人能會很凶嗎？地上的草，一片蔥綠，星星點點開著耀眼的花朵。路兩旁的樹不多，東幾棵，西幾棵，高高矮矮，像嬉戲的孩子。再望遠處，能看見田野中的瓜菜稻秧。整個景色如神筆描繪成的綠毯，油光光的，毛茸茸的，熠熠閃動著光澤。他們的車緩緩行進，金黃的車廂，格外地醒目，在清澈的天穹下，猶如大地上開放著一朵耀目的奇葩。

袁世凱吸了一口氣，記不清是在哪裡見到過眼前這樣的景觀。他不覺讚歎道：「江南大地到處風景如畫，真美啊！」

走著，走著，車輪發出細細軟軟的吱扭聲，像舒心的小曲兒，把他的思緒拉得綿綿延延。霎時眼前一亮，前面猛現出一片黃得刺目的油菜花兒，緊挨著不遠處，是一片四周生滿草叢的池塘。幾隻鴨、鵝，還有幾對鴛鴦，悠閒地遊弋著。池塘四周響著陣陣棒槌聲和說笑聲，一群年輕的婦女正蹲在青石塊上搓洗著衣裳。黑背白腹紫領的燕兒圍著她們飛來飛去，各色的蜻蜓和蝴蝶兒們，不時地親吻著她們的青絲，停落在她們秀美的肩頭上。

轎車飄蕩在綠茵中，風兒用細嫩的手指撫摸著袁世凱的臉頰，令他心醉。

他看了一下身旁，金絲絨鋪成的座位上，袁保慶和牛氏睡得沉沉的。他忍不住繼續朝外邊張望著。

路旁有幾個小姑娘，穿著青色、粉色、黃色、紅色、紫色的羅裙，或蹲在草地上捋草葉兒，或盤坐在草地上做著遊戲。有幾隻雪白的羊兒散臥在她們不遠處，若雪白的雲朵，點綴在這綠油油的圖畫中。

袁世凱望著小姑娘們的臉龐，見她們個個都是紅潤潤、粉嘟嘟的，像散發著芬芳的鮮花一樣。轎車在風中搖曳著鈴鐺，依然緩緩行駛著。

再往前走，是一群放牛的娃兒在玩耍。周圍的池塘大大小小有好幾處若一片片巨大的明鏡，池塘裏挺立著婀娜多姿、嫵媚多情的蘆葦。風刮來，蘆葦紛紛彎下細腰，水面露出鮮嫩的荷葉。一朵朵粉紅色的荷花，像羞澀的姑娘撅著光滑的小嘴兒，弄著明眸。

放牛的娃兒遠遠望見有華貴的車來了，一個個爬上牛屁股，站起來，將手捲成喇叭狀，細細的喉嚨裏飛出了歌聲。

袁世凱側耳細聽，原來那個戴紅肚兜的少年，正罵自己呢！放牛的娃兒見車窗的少年沒動靜，勁頭更足，又唱了起來：

嘎子短咧，
嘎子長哎——
嘎子伸到你嘴上！
灌你一嘴雄黃酒，
看你回家咋見娘呀。

稍停，那少年見車內人沒有動靜，又放聲唱道：

嘎子長咧，
嘎子短哎——
我罵你咧你不還哎。
蛤蟆長蟲過生活，
你是野長的悶頭兒漢哩喲！

袁世凱從沒聽過這麼細嫩甜美的嗓子，他把手伸出來，使勁地朝放牛娃兒擺著。其他的放牛娃兒看見，聚攏過來，一齊扯起嗓子唱道：

羅羅哩槍來啊，
明又亮咧，
你是阿妹呀，
我是郎哎！
水葫蘆開花兒那個呀——
把兒在下喲，
你在下邊我在上！
我問你幾時嫁給我，
你家的馬桶可停當？
鶯兒飛咧，
花兒黃唉，
你是草雞，
我是鳳凰！

袁世凱看車子離他們越來越遠。

這時，袁保慶和牛氏被他喊醒了，問他在做什麼事情。

袁世凱對袁保慶說：「大爺，江南地，沒有北方那樣高的大山，卻這樣秀氣。您說，哪一個好啊？」

袁保慶笑著，把手放在他背上，讓他回車廂內坐好，耐心地說：「人常講，能往南挪一磚，不往北挪一線。江南水多天暖，得天地靈性，風景好，人都願意往南去啊。可是，也有不同的。做官兒的人都想往北邊去，都想到京都去做更大的官兒。」

袁世凱似懂非懂地點了點頭，接著一口氣問道：「大爺，您到揚州去過嗎？揚州城美不美？有濟南的柳樹多嗎？家家戶戶有那樣好的泉水嗎？」

袁保慶笑起來：「真是個孩子啊，一下子問這麼多。揚州是個好地方，雖沒有濟南那樣的柳樹和泉水，卻也是個花花世界，是江淮的要衝啊。這個地方原是一片荒蕪，一眼望不盡的雜草。是中原人氏，從西北來到這大東南，著力開發，江南才漸勝於中原的。咱們項城，過去不知為何就叫過揚州啊！」

袁世凱問：「那江南的人，果真都是咱中原人的後代嗎？」

袁保慶說：「多數是吧。人在家是條蟲，出得門來，才會成龍成鳳。戀家守家的人，是不會幹出大事的。」

袁世凱說：「大爺，我懂了，人若戀家守舊，就像那騾馬一樣，光知道在土路上行走，在田地裏拉犁耙地。若不能奔跑著打仗，去馳騁天下，就不會成就大事業。該是這個道理吧？」

袁保慶說：「對，就是這樣的道理。不要戀家，也不要戀舊，更不要戀色。到了揚州，眼不要太眷戀鮮花的豔麗，要牢記自己應該有大志向。這兒比北方更為繁華，是個人文薈萃的地方啊。揚州這裏曾叫江都，也叫廣陵。大漢朝的時候，這裏是吳王濞的故都，叫吳城。隋朝煬帝在這兒建樓臺遊幸地，開了邗江，一直往北方接連著汴京。歷史上有多少人在這裏幹出了名堂，又有多少人在這裏毀了自己的前程。孩子，越是榮華富貴之地，少年人越不能在這裏久住。這是富商的天下，他們一個個整天泡在街面上的茶館裏，縱情於酒色之中。唉！孩子呀，到了揚州，我一定要給你想法請一個飽學的先生。你要刻意讀書，爭取早日高中功名。萬般皆下品，唯有這樣，才不負光宗耀祖的重望。」（〈**江南**〉**節選**）

兩處傳說被融入文學作品，成為一種故事情節，也是一種文化情結。筆者的用意主要在於表現袁世凱成長過程中南北文化衝突對其後來的影響。後來，他所面對的南方對他的人生有兩種影響，他猶如玩火，而且南方在五行中就屬於火。一方面，他為了對抗排擠他、打擊他的以載澧為代表的政治力量，曾經通過多種渠道聯繫南方革命黨，形成政治同盟；另一方面，他錯誤判斷形勢而倒行逆施，所以受到南方革命黨的對抗與反擊。

## 風水是一種特殊的信仰

風水信仰是風俗生活的重要內容。

所謂風水，其思想文化基礎是不同物質的相生相剋，這些物質或者可以看得見，或者未必看得見。五行的相生相剋只是風水的一部分，其他相生相剋的內容還有很多，諸如氣、理等，最終歸結於命運。

在我國傳統文化中，風水是一種特殊的信仰。

袁林不是園林，是北洋人的語林，與關林、孔林同意同義。對袁世凱而言，其祖居地河南省項城縣袁寨村，到其埋葬地安陽河畔袁林，包括其北京、天津和安陽（彰德）洹上等處的住址建築，都有風水觀念的痕跡。他與人的通信以及他與民間算命先生的來往，都能夠表明他確實相信世間有風水存在。

不止是袁世凱相信風水，明清以來，項城人相信風水的現象很普遍。直到現在，有些人仍然以為扒掉人家的墳墓就可以毀壞人家的風水，因而結下世仇的現象仍然存在。在項城民間社會，許多村莊活躍著具有職業色彩的風水先生。

其實，風水理論之所以流行於民間，是因為其表現出以巧合為表徵的合理性。人們對自身居住的環境，包括祖先的墳墓位置產生的信仰，包含著許多自我安慰的內容。合理不合理，事實上是一種心理反應，是感覺。而風水文化、風水思想、風水理論的實質，常常與人們的社會生活經驗相聯繫，被總結為某種知識，其神秘化特徵越是得不到清晰的解釋越是容易被更廣泛地傳播。尤其是許多神秘數字，恰應合於某種事實。於是，風水成為人們拷問自身的文化工具。

風水的重要功能在於所謂的藏風聚氣，滋養生命。這些理論的豐富性與規律性，成為人們重要的精神信仰。

追溯中國風水文化，在《山海經》中可以看到某某山其陰其陽多金或多玉，或有什麼什麼東西，以巫術為典型。至於是何原因形成如此神神秘秘的行為，或許我們打開《周易》，可以在「仰則觀象於天，俯則觀法於地」、「近取諸身，遠取諸物」與「以通神明之德，以類萬物之情」中，看到其理由與根據吧。而風水文化的系統性總結，應該與魏晉南北朝時期的郭璞這位「水府仙伯」有關，他精通神仙之術，熟稔神鬼之事，著有《葬書》等書，闡述風水的價值意義。他注釋《山海經》具有權威性，其風水思想對後世風水文化的發展有十分重要的影響。唐宋時期，風水理論被義理化，甚至成為宋學的一部分，在周敦頤、邵雍、程顥、程頤與朱熹等對周易的研究中，可以看到類似內容。不用說，宋末元初《日用居家集解》之類的風水文化典籍有機吸收了這些學者的文化思想。風水文化在明清時期普遍流行於民間社會，人們用羅盤對照天地，用風水理論衡照世間，去預知什麼改朝換代的重大事件，或者通過巫術、法事之類的設置去改善、化解某種現象。諸如「寧讓青龍高萬丈，不讓白虎增半分」、「玉帶纏身，益諸子孫」、「反弓必傷身」等風水觀念，被民間社會所信奉。袁世凱應該會相信這些風水理論的，他家族的命不過六十，即其祖祖輩輩生命不超過六十歲的短壽現象，不能不讓他接受這種迷信——其百思不得其解，便迷惑，便信奉。這種信仰影響著他的精神生活。

信仰與性格、命運的聯繫，常常體現在人的日常生活細節中。風水的信仰在事實上形成一種思想氛圍，形成一種特殊的文化環境，悄無聲息地影響人的思維方式與人生價值觀念等內容。

筆者借用關於袁家相信風水的民間傳說，在長篇歷史小說《袁世凱》中，安排了這樣兩個情節：

袁家原住在項城城北的袁閣，村南有一條清洌的汾河，蜿蜒東去，四季長流。有一年，袁耀東自城裏收帳歸來，路上遇見一個老乞丐，向耀東打招呼。袁耀東掏錢給他，老乞丐不要，他問老乞丐有什麼事，老乞丐說：「我乃神人，你供奉不？」袁耀東聞聽此言，想起往輩人講的神仙幫助人指點迷津傳說，便將老乞丐請至家中，好酒好肉招待了一番。等待天色已晚，老乞丐胡亂塞給袁耀東一卷紙，醉醺醺地轉身走了。袁耀東悄悄打開一看，是一幅圖畫：一片水窪，放著一把弓，一把刀，旁邊一隻龜，龜身上盤著一條蛇，一輪紅日懸在空中。袁耀東驚了一頭大汗，趕緊將圖燒了。夜裏，他怎麼也睡不著，終於悟出，一把弓和一把刀，可該是一個「張」字。前些天家裏提出要分家，這與「張」字有什麼聯繫呢？張，就是開張吧。家道要中興了！猛然，他想起曾聽到有一個朋友講過，離城東北四十里許，有一處地方風水不錯，就是找不到穴位。袁耀東笑了，越想越高興，算計著天一亮就往東邊看看去。這天中午，袁耀東到了一個村莊，向人打聽，人說叫張營。張營村前一個大窪，長著密密的蘆葦，圍著一片荊棘，鬱鬱蔥蔥。他向周圍瞭望了一會兒，只見四周飄著水浪般的霧氣，低頭猛看見幾條蛇在面前水窪裏蠕動著，一隻癩蛤蟆在一旁蹲著不動。他心中不由暗暗驚喜。張營、蛇、蟾，抬頭往天上望去，正午的太陽並不那麼刺眼，有了許多溫暖和煦。不久，袁耀東就帶著新婚的妻子郭氏搬到張營住了下來。夫妻二人尤為勤懇，開了染坊，家業越來越大。耕讀傳家，兩年後他中了秀才，家道更加殷實。為了防匪患，袁耀東和村裏的人商量，是否修一個寨。此事尚未談妥，袁耀東三十歲便因病去世了。臨咽氣時，他把全家人叫到跟前，給他們講了老乞丐送圖的故事，囑咐他們務必團結一致，相互照應。後來，長子袁樹三成了廩貢生，候選訓導，補開封府陳留縣訓導又兼攝教諭事。次子袁甲三中了進士，做了京官，後經朋友呂賢基奏請，讓他到安徽幫辦團練，因平撚有功，被提升為淮軍統領。如今，自己督辦三省（河南、安徽、江蘇）「剿匪」，兩年內連打了幾個勝仗，官拜漕運總督。三子袁鳳三到禹州做官，做訓導。四子袁重三在家閒居，主管袁寨事務。袁耀東的孫子輩上，袁保中係副貢，捐同知，在家和袁重三一起管家，辦團練事宜，兼營城中的鋪子和外縣田租。袁保慶中了舉人，辦團練，跟著自己南征北戰，一路廝殺，由郎中升上了道員。袁保恆中了進士，官拜翰林院編修，為自己運籌帷幄，提出過很多可貴的謀略，後來在戶部任左侍郎，在吏部任右侍郎，在刑部任左侍郎。袁保齡也中過舉人，是自己的左右手。自此，袁家家世也算不菲。

想到這裏，袁甲三臉上現出一絲自豪和得意；乍想到自己已是五十四歲的人，卻膝下淒涼，沒有一個男丁，心中猛掠過一陣驚悸。他不覺歎了一口氣。（〈袁寨〉節選）

袁重三歎了聲「這孩子光想著皇帝」，笑了說：「是啊。皇帝是真龍天子。據說咱們項城街面就是兩條蟠龍，周圍都是龍須龍爪，一片崢嶸。這龍形，誰也不知啥時候能現呢。東關是兩龍的頭，東西大街是兩龍身軀，西街，過了大槐樹，是兩龍尾。現在龍頭正朝向東方，講說東土一動，真龍天子就該出現了。嘿！講論這些可是要掉腦袋的大事，小孩子家，知道就算了，萬萬不要往外亂講。當年他們高家惹過一出事，差點兒沒有把項城縣的官運都給送掉。咱項城縣，自古就是風水寶地，人說有神仙保佑，要出一斗小米那樣多的官呀！都是那南蠻子來，破壞了風水。」（〈趕會〉節選）

這兩個傳說在袁世凱的家鄉流傳甚廣。不論袁世凱本人是否接受了這些傳說中的祖先發跡史，他對家族「命不過六十」的現象是重視的，甚至促使他用「洪憲」的帝號沖服這一現象。這未必就是虛無縹緲的傳說。當然，筆者意在推動情節進展，並非著意渲染什麼事實上的風水。如其中袁重三所說的「咱項城縣，自古就是風水寶地，人說有神仙保佑，要出一斗小米那樣多的官呀！都是那南蠻子來，破壞了風水」，與南北文化衝突的內容是一體的，在藝術上形成後來袁世凱與南方人恩恩怨怨所作的鋪陳。同時，筆者在對歷史文化的考察中也注意到，袁世凱與徐世昌他們在私下拜祀所謂自己的福神，這是晚清社會相當普遍的官場風俗。理解了這些，有益於我們研究袁世凱與傳統文化的聯繫。

## 袁世凱的青少年時代被歷史文獻述說

目前，各種史志與地方文獻介紹袁世凱的材料很多，而涉及袁世凱青少年時代生活的並不多。就目前而言，介紹袁世凱青少年時期生代的傳記材料，絕大多數屬於想當然，沒有作認真調查。

研究袁世凱這樣一個歷史人物，探討其青少年時代的生活經歷與其後世政治生涯的聯繫，調查途徑非常重要。依據於文獻固然重要，而深入廣泛地獲取其家鄉、其故交的那些口傳資料，進行口述史學的研究，應該有更重要的價值。

袁世凱的青少年時代被文獻記載，首先出自於一個日本人的筆下。這個日本人叫佐藤鐵治郎，名為新聞記者，其實是一個觀察、跟蹤中國社會政治的間諜。他全面介紹袁世凱包括其青少年時代的各種情況，是為了向日本政府提供他們所需要的情報。在一九〇九年，日本外務省官員向日本政府報告中國政府情況時附上該材料。今天，這部文獻以《一個日本記者筆下的袁世凱》[2]為題，作為清史文獻被整理出版，披露於天下。

其實這個居心不良的日本人也是信口開河，多胡扯八道。其目的性非常明確。如其在第一章〈著者之旨趣〉中所述，「著者東瀛下士，謭陋不文，三十年來，回翔於日、清、韓三國之間，審東亞時局，防然於支那（日本對中國蔑稱）大患」，「支那政界，如五十年未經洗滌之牛欄」；「溯支那近二十餘年內治外交，為興亡之絕大關鍵者，曰甲午之戰，戊戌變政，庚子聯軍之役，丙午五大臣游列邦考察政治，袁世凱呼倡立憲」云云。他最擔心的，也是最關注的只有袁世凱的「呼倡立憲」，稱其「如鳳鳴九霄，凡鳥戢翼；獅吼大陸，百獸懾服」。他由此感慨道：「閉關數千年，其國勢有治亂興衰，其風俗無改弦易轍，莫支那如也。」他說，現在世界變為「通商殖民競爭時代」，「愈劇烈，愈文明」，而「獨支那（中國）奄奄一息，毫無生氣；官如神聖，民如螻蟻」，故記述此「目見耳聞」云云。

2 （日）佐藤鐵治郎著《一個日本記者筆下的袁世凱》，孔祥吉等整理，天津古籍出版社二〇〇五年版。

他單列一章〈袁世凱之歷史〉，其「第一節」即為〈青年紈絝時代之袁世凱〉。其言：

袁世凱，號慰廷，河南項城縣人，祖若父，皆顯宦，固世家子也。幼失怙，性放誕，不事家人生業，篤好交遊，上啟騷人俠客，下至屠沽者流，皆相友善。凡鄉里有倚勢凌人者，輒代不平。世凱兄弟六，嫡母劉氏，只生其次兄世敦一人，凱與世昌、世廉、世輔、世彤皆庶出，其兄多惡之。又見其揮霍無度，恐為所累，因與析居，未幾而家產蕩然，諸兄不齒。日與諸無賴遊，生端好事，漸為鄉黨所不容。其胞叔保慶，以道員官江蘇、山東等省，頗有戰功，老而無子，擬立世凱為嗣，遂往依之，而故態不稍改變。淮寧令楊某，於考試時虐待生童，世凱聞之，率眾挺身與之抗辯，保慶恐其惹禍，命其仍回原籍。適河南地方凶旱，其堂叔保恆倡辦賑濟，世凱遂襄助之，全活甚眾，災歉之區，深感其惠。然好為大言，常侮紳耆，恆面責地方官過失，以是官吏鄉里，銜恨切齒，思陰陷之。斯時也，世凱內不容於家族，外不容於官長及鄉里云。

這裏面破綻甚多。如「淮寧令楊某，於考試時虐待生童，世凱聞之，率眾挺身與之抗辯，保慶恐其惹禍，命其仍回原籍」，他不知淮寧並不在江蘇，而是河南省淮陽縣。袁世凱隨養父到了江蘇之後不久，其養父即病死，哪裡是「命其仍回原籍」！「其堂叔保恆倡辦賑濟，世凱遂襄助之」，是在袁世凱養父去世之後，他隨袁保慶他們在北京讀書、生活，之後才隨袁保恆到河南幫助賑濟。

其突出於「紈絝」，而無意於真實，此後又大肆渲染袁世凱招搖撞騙，「托故廢學」，「以書室為遊戲場」，與張謇交惡。這個日本人信口雌黃，在這裏竟然編造袁世凱向叔父借錢，「取其叔數百金，捐升同知」之類的謊言。其最後稱「袁經此種種磨礪，一切紈綺惡習去其大半」，而「營中賢袁者甚多」云云。此純屬扯淡！

曾經有許多人迷信日本人做事情認真，當你看了這些材料的時候，你還會這樣認為嗎？日本人作假，騙人家騙自己都是不商量的。一百多年前是這樣，現在他們面對國際社會，也不乏此舉。歷史文化研究，人家的東西未必都比我們做得好。現在一提起現代史學，總是西方史學理論，人家怎麼怎麼說。這不是實事求是。

相比而言，駱寶善先生之考證最為可信。他佔據大量第一手資料，從袁世凱早年的書信等相關史料中考察袁世凱早年在北京讀書，如何得到其三叔、四叔關照，如何與乃兄袁世廉和姐夫楊壽岩一起接受謝廷萱、周文博、張星炳的教育，最為詳實。早年侯宜傑先生的《袁世凱傳》與陶菊隱先生的《袁世凱演義》這類書也相當扎實，他們對袁世凱青少年時代的生活寫得更認真。雖然他們也引了許多傳說材料，但他們許多地方分析得有道理，比較符合歷史的真實，他們的態度還是很認真的。寫得最不好的應該數陳伯達，文風最惡劣，他寫《竊國大盜袁世凱》只管信口雌黃，從不講歷史依據，不作考證。關於袁世凱的書越出越多，不管有沒有調查，只管寫，只管去信口開河。這樣做令人十分不安。這使得筆者想起自己當年辛辛苦苦調查的袁世凱傳說材料，還有筆者所作的那些民間廟會考察等風俗材料，總有那些年輕的編者，摘了人家的果子毫無愧色。更有那些自以為學問做得很好的某某，仗著敢於無恥做事情，只管狠心出手，千家萬戶偷書忙！

河南項城的村莊靜悄悄，只有風來來往往，無聲無息。袁世凱青少年時代的生活與他的人生道路所發生的聯繫，是歷史文化研究的難題。尤其是口頭傳說與口述史料的甄別，即使洋洋灑灑幾千萬言的《袁世凱集》出版，也會有許多問題令人感到棘手。歷史人物研究應該讓史料與事實多說話，應該不斷深化、多元化才好，不應該過於簡單化，粗暴、武斷的結論不宜於歷史文化科學的健康發展。

# 豈止是風花雪月
## ——詩人袁世凱

詩言志。一首詩歌，等於一個人對世界的特殊表白，或者是直抒胸臆、鼓舞人心、激勵鬥志，或者是強作笑顏，或者是扭扭捏捏、裝瘋賣傻。因為他們的身份不同，表白的方式便與普通人不一樣。

在口為歌，在筆為詩。或歌心中豪情與憂愁，或寫胸中壯志與憤懣。一般說來，能夠寫詩的人不俗，對生活都是具有熱情與追求的。

歷史人物中，詩歌寫得像袁世凱這樣有氣派又有味道的，還真是不多見。雖然他也曾隱居，但他既不是陶淵明，也不是姜子牙，更不像屈原那樣高唱「路漫漫其修遠兮」。他身在鄉間，貌似閒雲野鶴，實際上心繫朝廷，時刻關注著時局，關注著北京的風吹草動。他的詩歌應該更多是裝模作樣。即使如此，他也是一個不同凡響的詩人。

關於袁世凱的詩歌作品，由於種種原因，現在保存的並不多。袁世凱的詩主要為其在當年因「足疾」養疴洹上時所作，細數來，有三種。一種是其子袁克文所整理的《圭塘倡和詩》（又稱

《圭堂唱和集》），由袁克文於袁世凱任中華民國大總統時書寫影印。一種是其子袁克文整理的《洹村逸興》，乃袁世凱手書詩稿，由袁克定在其身後影印。二者互有重複，但是，詩文本身不錯。還有一種是傳抄於鄉間，未有明確標誌，即帶有傳說性質的版本。筆者曾經創作長篇歷史小說《袁世凱》，在作品中設身處地，寫了袁世凱可能寫出的詩篇，此應當屬於第三種情況。

袁世凱的詩歌剛柔相濟，綿裏藏針，氣象非凡，透過那些語句，可以感受到他從未忘懷自己的抱負。他是一個不屈服的人。

## 一片風景：圭塘與洹上

圭塘與洹上其實就是一個地方，都在安陽河畔。當年袁世凱被逐出朝廷，先是來到衛輝一帶，然後幾經輾轉，在這裏等待著，一直等到辛亥革命的炮聲隆隆作響，清政府不得不召喚他出山。

洹上村的風景，可以讓人去想像。當年秋操，彰德（安陽）演軍，袁世凱讓天下人耳目一新。圭塘即洹上的風景，給了隱居此地的袁世凱許多夢想，不斷啟動他謀劃未來世界的雄心或野心。他的許多詩篇表現出他於此時此地心潮的湧動。

坊間流傳的《圭塘倡和詩》最有名，是他隱居於河南安陽即當年的彰德時所唱的歌聲。倡和，即唱和，與一群朋友，推杯換盞，蘸著酒與墨，寫給人看，唱給人聽。讓人看他「採菊東籬

袁世凱隱居洹上身披簑衣垂釣

下，悠然見南山」，而不是「刑天舞干戚，猛志固常在」；讓人聽他「無可奈何花落去」的感歎，而不是「大風起兮雲飛揚，威加海內兮歸故鄉，安得猛士兮守四方」與「虞兮虞兮奈若何」的悲歌。

猶如人所講，一個高明的政治家要懂得藝術，袁世凱在把玩天下，用一首首詩歌遮人耳目的同時，也透漏出沸沸揚揚的心跡。

圭塘是一片特殊的風景，與歷史傳說中許由子孫的故事可能相關。因為，中國人有見賢思齊的光榮傳統，人們總愛攀比同姓，引為祖先。早年，筆者在安陽考察，在民間廟會上聽到一個大鼓書和三弦書都在演唱的段子，叫《王娃買爹》，講一個窮苦人發財之後，要買一個爹去孝敬。這個故事被渲染得令人涕淚交加，讓人久久難以忘懷。它具有普遍性意義。這都是孔子名正言順理論惹出來的事情。

圭塘是元朝名臣許有壬的園林式別墅，位於安陽城西二里餘。許有壬曾任中書左丞，圭塘是元至正八年（一三四八）許有壬[3]因病歸籍時，皇帝賜給他許多金銀，他所修建的一處私人園林。

[3] 許有壬傳說就是許由的後代。

筆者看到文獻中關於圭塘的記述，圭塘大小不足三十畝，主要建築有景延堂、冷然臺、嘉蓮亭、安石院、松竹徑、桃李蹊、雙洲、孤嶼、柳巷、菊壇、藥畦、蔬圃等。當年歐陽玄〈圭塘記〉說，從安陽城西行將至別墅，夾道植榆柳，名為柳巷。至圭塘門外，西邊是蔬圃。入院內有湖石山，山後是菊壇，再後是水塘。塘北有景延堂三間，堂東西各有一個舍，庭中雜植花果。景延堂東為安石院，中有安石榴。又東為藥畦。西南隅有一高臺，登臨其上，近看趙魏，平陸千里，遠望太行諸山，令人冷然欲返，故名冷然臺。圭塘水深可以行舟，內種蓮花，有嘉蓮亭。四周有梅菊、松竹、桃李三徑，人行其中，波光樹陰，人影間錯。嘉蓮亭之西為雙洲，中有小橋相通。亭之東為孤嶼，乘舟可達。圭塘的整體結構，小巧玲瓏，嚴密緊湊。歐陽玄稱其「位置之巧，營繕之工，神必協之」。

山不在高，有仙則名。人無論窮富，高貴則名。歷史上的許由是一個大賢，避開政治，只求得自由自在，而為世人稱讚。安陽許姓，家譜為證，係許由後代。此許有壬者，何許人也？

查史料、文獻得知，許有壬（一二八七至一三六四）是元代文學家，字可用，彰德湯陰人，延祐二年（一三一五）進士及第，授同知遼州事。其官中書左司員外郎時，京城外發生饑荒，他從民本社稷、本固邦寧的思想出發，主張放賑救濟。當時，河南義軍四起，風起雲湧，許有壬建議備禦之策十五件，極力主張對起義農民實行招降政策。許有壬任集賢大學士，不久改樞密副使，又拜中書左丞，提出許多卓越的政治主張。其後，許有壬以圭塘為家，有許多佳話。

《元史》中其列傳載：

許有壬，字可用，其先世居潁，後徙湯陰。有壬幼穎悟，讀書一目五行，嘗閱衡州《淨居院碑》，文近千言，一覽輒背誦無遺。年二十，暢師文薦入翰林，不報，授開寧路學正，升教授，未上，闢山北廉訪司書吏。擢延祐二年進士第，授同知遼州事。會關中有警，鄰州聽民出避，棄孩嬰滿道上，有壬獨率弓箭手，閉城門以守，卒獲無虞。州有追逮，不許胥隸足跡至村疃，唯給信牌，令執裹役者呼之，民安而事集。右族貪虐者懲之，冤獄雖有成案，皆平翻而釋其罪，州遂大治。六年己未，除山北廉訪司經歷。至治元年，遷吏部主事。二年，轉江南行臺監察御史，行部廣東，以貪墨劾罷廉訪副使哈只蔡衍。至江西，會廉訪使苗好謙監焚昏鈔，檢視鈔者日至百餘人，好謙恐其有弊，痛鞭之。人畏罪，率剔真為偽，以迎其意。筦庫吏而下，榜掠無全膚，迄莫能償。有壬覆視之，率真物也，遂釋之。凡勢官豪民，人畏之如虎狼者，有壬悉擒治以法，部內肅然。召拜監察御史。

……

十二年，盜起河南，聲撼河朔間，有壬畫備禦之策十五條，以授郡將，民藉以安。十三年，起拜河南行省左丞。朝廷遣將出征，環河南境，連營以百數，一切芻餉，皆仰給之，有壬從容集事，若平時然。十五年，遷集賢大學士，尋改樞密副使，複拜中書左丞。時以言為諱，有壬力言朝廷務行姑息之政，賞重罰輕，故將士貪掠子女玉帛而無鬥志，遂倡招降之策，言多不載。有僧名開，自高郵來，言張士誠乞降，眾幸事且成，皆大喜，有壬獨疑其妄，呼僧詰之，果語塞不能對。轉集賢大學士，兼太子左諭德，階至光祿大夫。有壬前朝舊德，太子頗敬禮之。一日入見，方臂鷙禽以為樂，遽呼左右摒去。十七年，以老病，力乞致其事，久之始得請，給俸賜以終其身。二十四年九月二十一日卒，年七十八。

有壬歷事七朝，垂五十年，遇國家大事，無不盡言，皆一根至理，而曲盡人情。當權臣恣睢之時，稍忤意，輒誅竄隨之，有壬絕不為巧避計，事有不便，明辨力諍，不知有死生利害，君子多之。有壬善筆札，工辭章，歐陽玄序其文，謂其雄渾閎雋，湧如層瀾，迫而求之，則淵靚深實，蓋深許之也。所著有《至正集》若干卷。諡曰文忠。

圭塘在這裏是閒人、賢人的象徵，恰應於袁世凱的處境。

傳說當年許有壬和其弟許有孚，常與眾賓客集會於圭塘。許有壬的府第在安陽城內，城中人家每見許公浩浩蕩蕩出城，便知其必去圭塘吟唱風花雪月，許多人附庸風雅，即步其後塵隨往。人稱他們在一起飲酒暢談，作賦度曲，吟詩唱和，竟日忘歸。圭塘之會，幾比於春和景明，群賢畢至，也可比於當年富弼、司馬光等「洛陽耆英會」。許有壬有《圭塘小稿》十三卷，輯詩二百四十三首，詩文四百多篇。袁世凱隱居於此，自然知道許有壬的身世，他是否以此自比閒散、無意朝廷呢？

洹上與圭塘雖然是同一個地方，但是，歷史時期不同，更重要的是建築主體不同。圭塘主人是傳說中與世無爭的聖賢許由的子孫，洹上的主人則是養壽園一群忙忙碌碌的人。如袁克文在〈養壽園志序〉中所述：「歲在戊申，先公引疾罷歸，以項城舊宅，已悉畀諸親族，且家人殊眾，未敷所居，乃初卜宅汲縣，旋遷百泉。逾歲，洹上築成，居室厥定。洹上村，負安陽北郭，臨洹水之上。村之左，闢地百畝，藝花樹木，築石引泉，起覆茅之亭，建望山之閣。漳河帶於北，太行障於西，先公優遊其中，以清孝欽後曾贈書養壽，爰命曰養壽園。其一椽一卉，咸克文從侍而觀厥成焉。茲先公遐逝，園圃雲荒，益滋痛慨，溯而志之，用紀林泉之舊爾。」

在中國傳統文化中，詩、書、畫常常是一體的。詩歌所傳達的情景，多是詩人心中的風景。無論是稱圭塘，還是稱洹上，都是袁世凱生活的地方，此處保存的袁世凱詩篇，體現出這位歷史風雲人物的喜怒哀樂。《洹村逸興》與《圭塘倡和詩》同屬袁世凱兒子所整理，總體上講應該較為可靠。

## 《洹村逸興》中的詩興

洹村，即洹上。逸興，即閒來有興致吟誦風花雪月，回味歷史，咀嚼世事與人生。這些詩歌從題目上看都平平淡淡，細讀起來，原來也不乏厚重與深刻，有許多地方頗有一些哲理。諸如其中對歷史典故的引用、借用，所傳達的資訊並不是那樣簡單。

洹上村的村口有兩列樹林，就像當年渭水河畔飄揚的詩篇。讀了這些詩，你千萬不要以為袁世凱以北洋軍閥聞名而不學無術，以為歷史上都是「劉項原來不讀書」，都是「有槍便是草頭王」或「有錢能使鬼推磨」。歷史上有許多事情在黑與白中間被塗抹，誰也不知道哪些是原來的顏色，這是常有的事情。人常說，讀史可以明智，可以知興衰，可是如果歷史給了你一個不是原來面目的東西，那麼，你又該如何辨呢？比如，袁崇煥就曾經被塗抹得花花綠綠，而袁世凱呢？國家啟動了清史工程，相信許多原始史料的展示能夠給人出乎意料的感覺。歷史的本來面目像法律一樣，應該以事實為依據。

袁世凱的詩歌寫得頗有滋味，比起許多專業作家來也並不差。不讀不知道，一讀嚇一跳。這些年，學風太浮躁，不讀人家的文章，卻熱衷於做學術批評，憑印象去胡扯八道者，真不在少數。事實勝於雄辯，我們還是一篇篇讀著說吧。

**贈庸庵友人七律二首（《圭塘倡和詩》作〈寄陳筱石制軍二首〉）　其一**

武衛同袍憶十年，光陰變幻若雲煙。
敏中早已推留守，彥博真堪代鎮邊。
笑我驅車循覆轍，願公決策著先鞭。
傳聞鳳閣方虛席，那許西湖理釣船。

這裏是借當年陳筱石與武衛軍故事述說現實。

袁世凱與陳筱石曾經有一段不平凡的交往。當年，小站練兵，袁世凱被人告發，朝廷派榮祿與兵部主事陳筱石來軍營中調查。陳筱石在關鍵時候在榮祿門前為袁世凱說話，為其辯解和開脫。袁世凱對他一直心存感激，如今作詩贈送，更顯親切。

袁世凱遮遮掩掩，刻意捂著自己的肚子，只有他自己明白小站的家底。史稱，陳筱石，一名陳小石，字夔龍，貴州息烽人，丙戌進士，授兵部主事，曆官至順天府府丞，陟府尹，外任河南布政使，移江蘇布政使，擢河南巡撫，再調江蘇巡撫，晉四川總督，未之官，移湖廣總督，後端方褫職，調為直隸總督兼北洋大臣，著有《庸庵詩集》。當年，即光緒二十八年（一九〇二），袁世凱接替李鴻章出任直隸總督，此時，即當時，陳筱石為直隸總督兼北洋大臣，所以人稱此詩為袁世凱作為前任直隸總督兼北洋大臣對後任的寄語。這是有道理的。而問題在於袁世凱有「武衛同袍」句，一再強調當年同袍即兄弟般的深情厚誼。「憶十年」，即相依十年，同為武衛軍的歲月，激起袁世凱的舊日情懷，點燃了他對當年激情燃燒歲月的懷念。小站練兵，即編練新建陸軍，是袁世凱一生的重大業績。等到榮祿掌管北洋之後，建立了前、後、左、右、中五個方面軍。其中，袁世凱為右軍。這是袁世凱一生中難以忘懷的經歷。當年，袁世凱眾望所歸，在天津小站練兵，有新建陸軍一萬之眾，聲勢咄咄逼人，很快慈禧收攏天下兵權，讓榮祿組織全國武裝力量為武衛軍。武衛軍以榮祿為中軍，駐守在京郊，保衛北京，然後有前軍、後軍、左軍、右軍，護衛成圈形：前軍聶士成，駐守蘆臺（天津）；後軍董福祥，駐守薊州與通州；左軍宋慶，駐守山海關；右軍袁世凱，駐守天津小站。「武衛同袍憶十年」即是對這一段歷史的回憶，袁世凱回想起武衛軍五支部隊的命運，庚子事變的時候，自己的右軍因為開赴山東，而避免了與八國聯軍直接交鋒，沒有像其他四支部隊一樣一敗塗地、潰不成軍，從而保全了實力，成為後來他人嫉妒的軍事翹楚，也是自己得天獨厚的軍事資本。這時刻，他念及同袍十年的風風雨雨，心中如何不激起波浪！應該說，他對此是會暗暗慶幸不已的。「光陰變幻若雲煙」則有兩種重要含義：一是對自己當年人生選擇的認同，激勵自我，增強自信心；一是對朋友的期許，在事實上是情感上的接近與友誼的增固，為來日聚攏人心、眾志成城做準備。這與認乾親的道理是一樣的。

袁世凱的兵是現代武器武裝起來的，他們的步伐如此整齊！接著，袁世凱列舉了宋代向敏中與文彥博兩位歷史人物，意在以此比陳筱石，對陳筱石寄予厚望。其實，這裏也包含著另外的含義。不說透，這是政治家交往中的普遍規則。

《宋史》載，向敏中，字常之，開封人。父瑀，仕漢符離令，性嚴毅，唯敏中一子，躬自教督，不假顏色。嘗謂其母曰：大吾門者，此兒也。敏中隨瑀赴調京師，有書生過門，見敏中，謂鄰母曰：此兒風骨秀異，貴且壽。鄰母入告其家，比出，已不見矣。及冠，繼丁內外憂，能刻厲自立，有大志，不屑貧窶。史稱其姿表瑰碩，有儀矩，性端厚豈弟，多智，曉民政，善處繁劇，慎於採拔，居大任三十年，時以重德目之，為人主所優禮，故雖衰疾，終不得謝。其以廉直超擢右諫議大夫，同知樞密院事。真宗朝，拜右僕射。門闌寂然，宴飲不備。帝聞之歎曰：向敏中大耐官職！以年老多疾，屢辭不許，竟卒於官。

《宋史》載，文彥博，字寬夫，汾州介休人。其先本敬氏，以避晉高祖及宋翼祖諱改焉。彥博逮事四朝，任將相五十年，名聞四夷。彥博雖窮貴極富，而平居接物謙下，尊德樂善，如恐不及。其在洛也，洛人邵雍、程顥兄弟皆以道自重，賓接之如布衣交。與富弼、司馬光等十三人，用白居易九老會故事，置酒賦詩相樂，序齒不序官，為堂，繪像其中，謂之「洛陽耆英會」，好事者莫不慕之。

向敏中、文彥博「留守」、「鎮邊」，也是陳筱石擔當的喻指，其真實之意在何處，當一目了然。

從這裏可以看出袁世凱對陳筱石的期許，也可以看出其內心深處的包藏。「笑我驅車循覆轍，願公決策著先鞭」的意思就更明確了。

這裏的一切都在等待，等待東山再起。

「傳聞鳳閣方虛席」，意義更深遠。

鳳閣是什麼？此乃紫微斗數星曜之一，亦指華麗的樓閣，歷史上多指皇宮內的樓閣，另外還是唐官署名，指中書省。鳳閣的最高長官稱內史，即中書省最高長官中書令。史載，唐初中書令為正三品，大歷年間（七六六至七七九）升至正二品。中書省主要負責秉承皇帝旨意起草詔敕。三省之中，中書取旨，門下封駁，尚書奉而行之。鳳閣的權力很大，相當於宰相。

「虛席」之意與向敏中、文彥博故事的聯繫在於何處？一句「西湖理釣船」，似乎即了卻。語出唐代詩人徐夤的〈門外閒田數畝長有泉源因築直堤分為兩沼〉：「左右澄漪小檻前，直堤高築古平川。十分春水雙簷影，一片秋空兩月懸。前岸好山搖細浪，夾門嘉樹合晴煙。坐來暗起江湖思，速問溪翁買釣船。」「買釣船」意在沉湎於山水間。隱居，就是隱藏。這裏絕不是簡單的不合作，也不是什麼淡泊名利。

政治家的隱藏是有條件的，如猛虎等待縱身。袁世凱意在重新收拾河山，用詩歌述說著自我，又在表白中隱藏著自己。

**〈贈庸庵友人七律二首〉　其二**

北門鎖鑰寄良臣，滄海無波萬國賓。
湘鄂山川謳未已，幽燕壁壘喜從新。

鳴春一鴞方求侶，點水群蜂漫趁人。
旭日懸空光宇宙，勸君且莫愛鱸蓴。

這明顯與前一首不同。

「北門鎖鑰寄良臣」，是對陳筱石的高看。陳筱石身擔重任，與歷史上的寇準可以相比。北門，一指北方邊地，一指翰林學士，唐宋時學士院在禁中北門，因以為學士院的代稱，這裏借指北部的邊防要地和重鎮。《左傳・僖公三十二年》有：「杞子自鄭使告於秦，曰：鄭人使我掌其北門之管，若潛師以來，國可得也。」《宋史・寇準傳》說：「主上以朝廷無事，北門鎖鑰，非准不可。」寇準在當年宋真宗北伐中具有特殊作用，他逼迫皇帝過河而促使抗遼戰士群情激奮，從而大敗敵軍。袁世凱給陳筱石戴的高帽子既明亮又恰切，不信他陳筱石不將自己引以為知己。

袁世凱和他的北洋兄弟們。「湘鄂」、「幽燕」，一南一北，都是在述說時局的穩定。袁世凱耳邊傳來的四面八方一片嘈雜，他不會無動於衷。此時的袁世凱正與北方的北洋舊部和南方的革命黨密切來往，他把天下的安穩責任攬和在對陳筱石的稱讚中，這又如何不是對天下的洞察呢？

繼而，他用「鳴春一鴞」、「點水群蜂」鋪陳一種情景，極力勸陳筱石應該有作為。然後，他用「鱸蓴」的典故表達自己的希望。

「鱸蓴」語出劉義慶《世說新語・識鑒》：「張季鷹（張翰）闢齊王東曹掾，在洛，見秋風起，因思吳中菰菜羹、鱸魚膾，曰：『人生貴得適意爾，何能羈宦數千里以要名爵？』遂命駕便歸。」後因以「思鱸蓴」喻思鄉歸隱。唐代鄭谷有〈舟行〉詩：「季鷹可是思鱸膾，引退知時自古難。」宋陸游有〈自小雲頂上雲頂寺〉詩曰：「故鄉歸去來，歲晚思鱸蓴。」「思鱸蓴」亦作「思鱸膾」。清李漁《比目魚‧肥遁》中說：「昔人思鱸蓴而歸隱，鱸魚乃隱逸之兆，這等看來，我和你一世安閒了。」其意在於鼓勵陳筱石，也是在給朝廷看自己的心跡坦坦蕩蕩，絕無半點被貶出的怨言。

陳筱石不是一般的人物，人家未必是投石問路，或未必結交眼前正倒楣的袁世凱為自己留下什麼後路，一切都是平常的交往。所以，袁世凱不能不做寄語以贈，以示鄭重、尊重、敬重。他要做出一個姿態，讓天下人看自己的舉止風範。

這兩首詩都是「寄」給陳筱石的，是感激當年搭救之作。既然是「寄」，就明明白白寄送一片深情，同時，又表達自己的期望。袁世凱不忘舊情，所以對陳筱石讚揚有加。

〈**雨後遊園**〉

昨夜聽春雨，披蓑踏翠苔。
人來花已謝，借問為誰開。

情景之間，情為景而發，景為情而設。人生有許多樂趣，不一定都那樣激烈。如人所說，什麼烏雲滿天，什麼風雨欲來，似乎人生來就被各種爭鬥所裹挾。其實，人吃五穀雜糧，又何異於草木？日常輕鬆之處更為自然，更為真實。此「雨後」，未必是烏雲過後，詩人的內心得到解放、寬慰，而此詩歌確實是表明一種淡泊、坦然的情懷。「昨夜聽春雨」，與孟浩然筆下的「春天」應該是相通的；「披蓑踏翠苔」，與王維望月聽飛鳥相似，都沉醉於自然的清和之中。

「披蓑」，是一種標誌。這種標誌在袁世凱洹上生活的照片中比比皆是，照片上的他一副恬淡神情。披蓑戴笠，村夫野老，與世事蒼茫無染。

而誰願意輕易相信這些呢？

「夜來風雨聲，花落知多少」，一變而成「人來花已謝，借問為誰開」。如果我們微言大義，一定要引申出什麼暗含殺機，想像什麼袁世凱張望圭塘外的世界，真是牽強得很。但你說這與袁世凱身處洹上的心境沒有半點聯繫，也未必。袁世凱畢竟是一個吃五穀雜糧、有七情六慾的人！

〈嘯竹精舍〉

烹茶簷下坐，竹影壓精盧。
不去窗前草，非關樂讀書。

所謂精舍，一指修行者的住處，傳說釋迦牟尼有竹林精舍、祇園精舍，也指東漢至魏晉時期隱士或僧人修行的地方。傳說東漢至魏晉時期，儒生、玄士、僧人皆起不同的獨居之處即精舍，各有所求，儒生立精舍講學傳經，玄士在名山秀水之間起精舍表示高逸超脫，而僧人則起精舍以修身研經，推行佛教文化。

「竹影」，有節，有風，借指高風亮節。「嘯竹」，嘯，有大聲，但未必是喧嘩，其意在顯示寧靜致遠。自我勖勉，當別有用心。

閒來烹茶。茶文化以淡然為懷，袁世凱要表明自己的淡泊，便以茶為題，述說胸臆。一杯茶，一壺酒，等於一個五光十色的世界。烹製的過程，就是書寫與歌唱。

此處說茶，不是酒，卻與醉翁之意不在酒相同，欲說還休。其落腳點在「不去窗前草，非關樂讀書」。此出自宋末元初翁森的〈四時讀書樂〉：「山光照檻水繞廊，舞雩歸詠春風香。好鳥枝頭亦朋友，落花水面皆文章。蹉跎莫遣韶光老，人生唯有讀書好。讀書之樂樂何如？綠滿窗前草不除。」翁森仰慕朱熹，堅持以儒術教化鄉人，故有此句。這裏的袁世凱把自己置之於不關世事的「耕讀傳家」風俗畫之中，悠然自得。妙哉！

袁世凱也確實不是一個不學無術的人。

**〈登樓〉**

樓小能容膝，高簷老樹齊。
開軒平北斗，翻覺太行低。

高人一籌，所以鶴立雞群；居高臨下，所以為人仰視。人人都有故作高深的機會，就是看你如何表演。這是古代官場的規矩。

歷史上說樓的詩句有很多。古人歌唱「西北有高樓，上與浮雲齊」，把玩孤獨、寂寞的話題。同時，古人又有把高樓與廟堂相聯繫的傳統，述說居廟堂之高、處江湖之遠而不忘記自己的擔當、責任、使命。這裏，袁世凱似乎在述說自己的無奈，一方面表現「樓小能容膝」的得過且過，一方面表現「高簷老樹齊」的曠達，不是自嘲，也不是失意與茫然。他有多少心結，只有他自己知道。這就是城府，就是心機，就是「侯門深似海」的隱秘。歷代統治者總是喜歡裝神弄鬼的秘密即在於此。其追求御人有術，便以此為法寶——你揣摩他，便高看了他，便服從了他，便上了他的當；你真正不把他當回事兒，其實，一切也就無所謂了。

「小」、「高」、「平」、「低」，在詩歌中的出現體現出不同的氣象，勾畫出層層疊疊的世界。這絕對是不俗的追求。我們不應該因為袁世凱的名聲不佳，而無視這些非凡的內容。人人皆可成為聖賢，人人也皆可成為魔鬼，而在聖賢與魔鬼之間，什麼是公正的標準呢？

登高望遠，高瞻遠矚。袁世凱終於忍不住歌唱出「開軒平北斗，翻覺太行低」！這是一種豪邁的氣概，也是一種雄偉的情懷。此時的袁世凱環顧宇內，面對南北之間各種力量的對比，分明已經感覺到改天換地的時機就要到來。這是袁世凱詩作中少見的佳作。

天文即人文，五行即世界。北斗、太行，各有所指，各有其位。袁世凱的眼前有兩幅風景畫，一幅是北方天空明亮的北斗星，一幅是茫茫神州大地上的太行山。所以，在袁世凱看來天下盡低。

北斗星由七顆恆星組成，類於古代舀酒的斗形，天樞、天璿、天璣、天權組成斗身，古曰魁、斗魁；玉衡、開陽、搖光組成斗柄，古曰杓、斗杓。北斗星是中國文化傳統中的帝星。《甘石星經》稱，北斗星謂之七政，天之諸侯，亦為帝車。《晉書・天文志》曰：北斗七星在太微北，七政之樞機，陰陽之元本也，故運乎天中，而臨制四方，以建四時，而均五行也。魁四星為璿璣，杓三星為玉衡。又曰，斗為人君之象，號令之主也。又為帝車，取乎運動之義也。第一星曰天樞，二曰璿，三曰璣，四曰權，五曰玉衡，六曰開陽，七曰搖光，一至四為魁，五至七為杓。樞為天，璿為地，璣為人，權為時，玉衡為音，開陽為律，搖光為星。石氏云：第一曰正星，主陽德，天子之象也；二曰法星，主陰刑，女主之位也；三曰令星，主中禍；四曰伐星，主天理，伐無道；五曰殺星，主中央，助四旁，殺有罪；六曰危星，主天倉五穀；七曰部星，亦曰應星，主兵。又云：一主天，二主地，三主火，四主水，五主土，六主木，七主金。又曰：一主秦，二主楚，三主梁，四主吳，五主燕，六主趙，七主齊。《太上玄靈北斗本命長生妙經》云：北斗司生司殺，養物濟人之都會也，凡諸有情之人，既稟天地之氣，陰陽之令，為男為女，可壽可夭，皆出其北斗之政命也。

太行山又名五行山，亦名王母山、女媧山，是北方的神山、聖山。它橫亙於河南、河北、山西、北京，有黃河相依，是中原的門戶，形成北中國的天然屏障。五行的概念更特殊，以金、木、水、火、土之間的相生相剋，系統構建中國文化思想的核心內容。此五方觀念，統領於神州，應對於東、西、南、北、中五個方位。此胸懷天下也！

三之天、地、人三才，五之金、木、水、火、土五行，七之北斗七星，閱盡宇宙之間。這些內容以「開軒平北斗，翻覺太行低」為音符、旋律所表現，我們可以看出袁世凱的胸臆間奔騰的江河與遼闊的天穹。

登樓背後可能是登山，如登泰山而小天下，亦如人所稱，登高而招，臂非加長也，而見者遠。袁世凱絕不是在歌唱什麼「愛上層樓」，在感歎什麼「而今識盡愁滋味，欲說還休，欲說還休，卻道天涼好個秋」！

這裏如何沒有帝王的夢想？

總之，天上連著人間。北斗意味著皇權，意味著袁世凱念念不忘的朝廷。此時的袁世凱敢於蔑視他們，源自於他從四面八方得到的情報。

〈**晚陰看月**〉

棹艇撈明月，逃蟾沉水底。
搔頭欲問天，月隱煙雲裏。

這裏的情景構成兩個主題，即水與天，四個層次，即明月、水底、天、煙雲。晚陰時，一片朦朧，朦朧之中，袁世凱在思索著什麼呢？是社會嗎？是人生嗎？是歷史嗎？是未來嗎？這首詩的意蘊究竟包含哪些具體內容？恐怕袁世凱自己也未必能夠說得清。

仰望天空，如《周易》中所稱，仰則觀象於天。

顯然，這是船上的風景。詩歌的主體是否在船頭上並不重要，重要的是望月時所生的「棹艇撈明月」，應對於水中撈月的虛幻、縹緲；「逃蟾沉水底」，以無聲顯示「沉」的寂靜，一切都在寂靜之中。

其實，如果我們細琢磨「月」與「蟾」，其中的信仰意義或許能使我們別有一番滋味。此時的袁世凱觸景生情，表面上，他身邊簇擁著如月的靜謐、如蟾的神秘。而事實上，他面對著越來越複雜的形勢變化，心中越發難以平靜。「月」與「蟾」在民間信仰中都是吉祥的象徵，月象徵清淨、秀美、如願，蟾則象徵著財富、幸福、快樂，民間傳說中有嫦娥奔月、劉海戲金蟾等美妙的畫卷。他在靜謐中問天，「月隱煙雲裏」是一種回答，更是他的希望與心跡。

〈詠海棠二首〉 其一

海棠帶雨濕紅妝，乞護重陰晝正長。
蛺蝶不知花欲睡，飛來飛去鬧春光。

〈詠海棠二首〉 其二

垂絲幾樹拂池塘，夾岸紅雲絢夕陽。
番信風來驚睡夢，落花飛向水中央。

吟風弄月，看起來是玩物喪志，其實意味深長。

詠海棠，是我國藝術生活中的重要題材。或許因為海棠的棠與廳堂的堂諧音，而中國傳統文化重視明堂的文化設置，所以唐宋以來，詩、書、畫中，海棠的形象屢見不鮮。人們將其稱作美人。明代〈群芳譜〉稱海棠有四品，即西府海棠、垂絲海棠、木瓜海棠和貼梗海棠。在民間，海棠有「花中神仙」、「花貴妃」之稱，許多地方將其與玉蘭、牡丹、桂花或玫瑰相配，在庭院中種植，以其諧音形成「玉堂富貴」。

吟誦海棠花體現出人們對美好生活的追求和嚮往。如唐代溫庭筠〈題磁嶺海棠花〉：「幽態竟誰賞，歲華空與期。島回香盡處，泉照豔濃時。蜀彩淡搖曳，吳妝低怨思。王孫又誰恨，惆悵下山遲。」宋代王安石〈海棠花〉：「綠嬌隱約眉輕掃，紅嫩妖饒臉薄妝。巧筆寫傳功未盡，清才吟詠興何長。」宋代蘇軾〈海棠〉：「東風嫋嫋泛崇光，香霧空蒙月轉廊。只恐夜深花睡去，故燒高燭照紅妝。」宋代黃庭堅〈海棠〉：「海棠院裏尋春色，日炙薦紅滿院香。不覺風光都過了，東窗渾為讀書忙。」宋代楊萬里〈春晴懷故園海棠〉：「故園今日海棠開，夢入江西錦繡堆。萬物皆春人獨老，一年過社燕方回。似青似白天濃淡，欲墮還飛絮往來。無那風光餐不得，遣詩招入翠瓊杯。」明代唐寅〈海棠美人圖〉：「褪盡東風滿面妝，可憐蝶粉與蜂狂。自今意思和誰說，一片春心付海棠。」他們通過風姿綽越的海棠花寄予自己的美好情感，用蜂蝶相伴相襯托，構成溫馨的氛圍。

詩言志，其志不在吟風弄月。應該說，這裏的袁世凱是一個文學修養不錯的讀書人，只不過是借幾株海棠抒發一下胸臆，吐一口苦悶。他的海棠詩並沒有超過這些人的意境，詞句上也沒有什麼驚人之處，應該屬於沿襲之作。

當然，此時的袁世凱眼中的海棠不是美人，而是春色、春光，他歌唱的「蛺蝶不知花欲睡，飛來飛去鬧春光」與「番信風來驚睡夢，落花飛向水中央」，突出了一個「睡」字和一個「飛」字，在「睡」的平靜中，用「飛」字攪動一池波瀾，動靜相間，構成他心中的一幅海棠圖。這種心態是真實的，用不著矯揉造作。

〈落花〉
落花窗外舞，疑是雪飛時。
剛欲呼童掃，風來去不知。

這裏的花不一定是什麼海棠花或牡丹花，這是一首普普通通的吟花詩。歷史上，我們聽慣了「感時花濺淚，恨別鳥驚心」的詩句，再讀這樣的詩歌就覺得不新鮮。

此處的「舞」與「不知」以及其中的「疑」，在一個「呼」字中漸漸顯出從容的心態。袁世凱隱居洹上，因為有非凡的經歷，雖不一定像人們歌唱的那樣掌上千秋史、胸中百萬兵，但他極其自信的心態是無疑的。驚魂落定，當年被逐出朝廷，載灃們恨不得殺了他，讓他以足疾開缺，他還要裝模作樣地向自己的敵人謝恩。這種屈辱經過洹上的風雨洗練成為辛亥年政治討價還價的資本，堪稱因禍得福，或者可以說是忍辱負重終有時，只待辛亥炮聲隆！

袁世凱眼前的花兒如雪一樣飛舞、飄蕩，被風捲來捲去無蹤影。這也許只是一種百無聊賴的感覺。我們未必能將這首詩看做袁世凱深謀遠慮的表現，而只是生活中平平淡淡、突發奇想的抒懷。這首詩具有哲理的含義，而寓意並不深刻，也未見多麼生動。

〈**榆錢**〉

榆錢童子掠，野鳥盡高飛。
燕雀知人意，枝頭尚未歸。

袁世凱身在洹上，心在四面八方，只是他不動聲色。詩如其人。

在洹上隱居、歇息、等待時機的袁世凱，觸景生情，很快融入鄉村風俗之中，這一切都是很自然的。這一切與他少年時代曾經親身經歷過的鄉村生活有密切聯繫。所以，袁世凱的詩作中，有許多可以看做風俗畫。

這裏的風景就是一樹一鳥一人。詩中表現的是一種情趣，也是一種道理，說得上精巧，卻說不上有多麼奇妙。當然，袁世凱不是什麼職業詩人，不需要鬻文為生，寫得如何，自己滿意就足夠了，所以，也用不著強求他每一首詩歌都能夠感動人。

其中的精巧在於自然。一方面，詩人勾畫了「榆錢童子掠，野鳥盡高飛」的圖景。這是一幅春荒圖。在春天來臨時，田地的莊稼還沒有成熟，沒有米麵，許多人家已經斷炊，河南方言說揭不開鍋，村童攀上榆樹採摘榆錢，供家人充饑。這與窮苦人在野地挖野菜一樣，都是迫不得已。另一方面，他揭示了「燕雀知人意，枝頭尚未歸」的生活哲理。這裏的燕雀可能未知鴻鵠之志，只是知曉村童要掠榆錢，便暫時不歸。

當然，人們也可以去聯想，這裏的榆錢是否就是袁世凱眼中未來的本錢？此刻的韜光養晦，是否能夠成為未來運籌帷幄的資本？其筆下的燕雀是否就是他胸中放飛的精靈呢？

一切都具有可能性，也具有相應的不可能性。詩歌吟誦生活中的情趣，也只是一種情趣吧。

〈病足〉　其一

採藥入名山，愧余非健步。
良醫不可求，莫使庸夫誤。

〈病足〉　其二

行人跛而登，曾惹齊宮笑。
扶病樂觀魚，漁翁莫相誚。

俗語說，病從口入，禍從口出。袁世凱知道以守口如瓶來保護自己的意義，但是，病足就不一樣了。口是用來說話的，足是用來走路的。袁世凱借病足在顧左右而言他。

詩歌的重要功能在於宣洩情緒，通過情感的抒發達到相通的效果。此相應於《周易》中的「窮則變，變則通，通則久」。一方面，與他人溝通，向他人傾訴，排除鬱悶；另一方面，安慰困境，使自己走出自我，得到發展，闖出一片新天地。在這種意義上講，詩歌中那些牢騷的表達才是最真實的情感流露。

〈病足〉兩首詩在袁世凱的詩歌中佔有獨特的地位。所謂病足，既是清政府驅逐袁世凱出朝廷的理由，也是他後來推辭的重要藉口。在此之前，袁世凱確實患過足疾，有幾種傳說，或者說是行路不慎，或者說是遭慈禧太后訓斥而驚嚇所致，或者說是其他原因。無論如何，足疾是事實。「其一」中，他說自己「採藥入名山，愧余非健步」，應該指他輾轉於衛輝、輝縣的雲夢山、百泉山一帶登山，在山野中領略大自然的風光的感受。而其稱「良醫不可求，莫使庸夫誤」，當是牢騷與憤懣的表達。此處的「良醫」其實是指自己的理想抱負，而「庸夫」則應該指逼迫自己離開政治舞臺的那些人。他看不慣那些碌碌無為的庸才佔據高位，這是很正常的心理。

袁世凱身披蓑衣，一聲聲歌唱裝滿魚簍。「其二」中，他轉而寫「行人跛而登，曾惹齊宮笑」，用了「齊宮」的典故，應該是別有用意。此語應該出自《東周列國志》第九回「齊侯送文姜婚魯」，中有齊襄公與文姜於齊宮淫亂的故事。唐代溫庭筠有〈齊宮〉詩描述道：「白馬雜金飾，言從雕輦回。粉香隨笑度，鬢態伴愁來。遠水斜如剪，青莎綠似裁。所恨章華日，冉冉下層臺。」或許這裏的齊宮是泛指那些淺薄之徒對袁世凱的嘲弄，表明袁世凱對「病足」遭黜事件的憤懣之情。其後兩句中，「觀魚」借用《莊子．秋水》中的一個典故：「莊子與惠子（惠施）游於濠梁之上。莊子曰：『鯈魚出遊從容，是魚之樂也。』惠子曰：『子非魚，安知魚之樂？』莊子曰：『子非我，安知我不知魚之樂？』惠子曰：『我非子，固不知子矣；子固非魚也，子之不知魚之樂，全矣。』莊子曰：『請循其本。子曰「汝安知魚樂」云者，既已知吾知之而問我，我知之濠上也。』」這是一個哲學命題，是對物我與心我關係的解讀與探索，也是後世中國文化研究心知問題的一個傳說。袁世凱借用的本意不會是如此簡單，而應該具有「我在山上看風景，看風景的人在看我」這樣的意蘊吧。所謂「漁翁莫相誚」的底裏，仍然以「病」為鋪墊，帶有許多自嘲和不屑。

袁世凱病足應該說是有原因的。以他宣統元年正月十五日（一九〇九年二月五日）與弟弟袁世勳的信為證：

海觀仁弟中丞節下：

正深馳跂，猥奉瑤章。眷注殷殷，曷任感荷。就維經猷丕煥，動定多綏，式孚臆頌。

兄自去年秋間忽患腿疼，不良於行，曾經請假兩旬，只以樞垣職任繁重，不得不銷假，力疾從公，入直必須人扶掖。臘月，疾益增劇，仰蒙朝廷體恤，放歸養痾。聖恩高厚，莫名欽感。

比來寄居衛輝，調治宿恙。春光漸盛，將與田夫野老講求農桑種植之學，優遊林下，終此餘年，皆出自天家所賜也。夙承知愛，敢布區區。顓復。敬請

春安。惟希

荃察。不備。

愚兄世凱頓首正月十五日

從來憤怒出詩人。袁世凱被逐出朝廷，作為政治人物，這是他最大的損失。所以，其大部分詩作出自因「病足」而生發的許多不愉快的日子裏，這才自然。袁世凱身在洹上，心繫朝廷，不是他不敢像人家屈原那樣高歌自己滿腹的牢騷，而可以委屈了自己，其實都是矛盾心理的表現。一方面，他確實可以感覺到宦海沉浮中身心的疲憊，與老莊的退讓無為、順其自然思想作情感上的呼應；另一方面，他應該懷恨在心，他絕對不認輸！這，就是政治風雲人物的規則。

**〈和子希塾師遊園韻〉**

老去詩篇手自刪，興來扶病強登山。

一池花雨魚情樂，滿院松風鶴夢閒。

玉宇新詞憶天上，春盤鄉味採田間。
魏公北第奚堪比，卻喜家園早放還。

〈和景泉塾師遊園韻〉

池上吟成一倚欄，老梅晴雪不知寒。
年來了卻和羹事，自向山廚撿食單。

這兩首詩都是袁世凱寫給自己家的塾師的應和之作。他兩次使用了「老」這個字眼，「老去詩篇手自刪」，「老梅晴雪不知寒」，強調的是疲倦嗎？「興來扶病強登山」，念的還是一個「病」。或許這是真正的病中之作，人在不得意時，心病最難去除。「一池花雨魚情樂」為結，轉過話題，述說「春盤鄉味採田間」，有自得其樂之意。〈和子希塾師遊園韻〉前半部分與〈和景泉塾師遊園韻〉所表達的基本相同，歌唱「自向山廚撿食單」，意在展示給人一種不乏味的生活。這裏的「年來了卻和羹事」，引典故於《商書・說命下》：「若作和羹，爾惟鹽梅。」「和羹」原意引述伊尹治國如烹調故事比喻大臣輔助君主綜理國政。「老梅」、「和羹」與「山廚」之意，表示自食其人生幸福的果實，怡然自得，快樂無比。

值得玩味的是〈和子希塾師遊園韻〉中「魏公北第奚堪比」句，借用了一個意味深長的歷史傳說。「魏公北第」，是指曹操於建安十八年（二一三）受封初建魏公國，置公國百官，都魏郡鄴城。如人所說，魏公國的建立，使權臣曹操凌駕於天子的霸府統治開始有了合法的名義，而且使朝中的許多大臣正式成為魏公國的屬官，與曹操有了正式的主臣關係，最後，漢王朝的中央政治體系被魏公國官署所替代。曹操不僅可以奉天子以令不臣，更可以效仿古之周公、召公、姜太公以及春秋五霸，用封國的名義，高舉藩衛帝室的旗號名正言順地征伐四方。最後，曹魏政權完全取代漢朝。而曹操的發跡之地，就在鄴城。袁世凱曾經被人辱罵為奸詐的曹操。同是雄圖大略的政治人物，皆依太行山而眠，這是否屬於歷史的巧合呢？

建安九年（二〇四），曹操佔據鄴城。此時，曹操的身邊聚集了一批傑出的人才。許多人不顧山高路險，千里迢迢，奔向鄴城，他們是為了尋找一種夢想。《三國志・魏書・武帝紀》載：「冬十月，公征孫權。十八年春正月，進軍濡須口，攻破權江西營，獲權都督公孫陽，乃引軍還。詔書並十四州，復為九州。夏四月，至鄴。」建安十八年（二一三），曹操親率四十萬大軍南征還朝，被漢獻帝封為魏公，加九錫，割冀州之河東、魏郡等十郡為其封地。皇帝詔封魏公曹操於諸侯王之上。曹操在鄴城文昌殿之西的銅雀園建造了銅雀臺，該園也稱西園。西園園中有芙蓉池，曹氏父子和四面八方投奔他們來的文士們在此雄視天下，登高而賦，臨池而飲，飲而賦詩，曹丕、曹植以及建安七子與銅雀臺共存於歷史文化之中。銅雀臺是鄴城的一道風景。鄴城中部建宮和衙署，西部置苑，西北城隅有銅雀臺、金虎臺。曹操的人生在民間傳說中與銅雀臺的風流相伴，「魏公北第」即他的墓與銅雀臺有多少聯繫呢？許多人看到的是曹操疑塚。傳說曹操懼怕他人盜竊墓葬，精心設計了七十二個墓塚。杜牧〈赤壁〉詩說：「折戟沉沙鐵未銷，自將磨洗認前朝。東風不與周郎便，銅雀春深鎖二喬。」王安石在〈將次相州〉詩中唱道：「青山如浪入漳州，銅雀臺西八九丘。螻蟻往還空隴畝，麒麟埋沒幾春秋。」無獨有偶，中國社會科學院歷史研究所等單位的一批學者在這裏發掘出許多漢畫像石以及其他一些文物資料，其中保存有「神獸」、「七女復仇」等圖案，並刻有「主簿車」、「咸陽令」、「紀梁」、「侍郎」、「宋王車」、「文王十子」、「飲酒人」等文字，印證著歷史文化典籍。「魏武王常所用格虎大戟」、「魏武王常所用格虎大刀」等銘文與墓中壁畫，把「魏公北第」的風吹向四面八方。回想陸龜蒙在〈襲美先輩以龜蒙所獻五百言既蒙見和復示榮唱……用伸酬謝〉中所唱：「洪範分九疇，轉成天下規。河圖孕八卦，煥作玄中奇……飄飖四百載，左右為藩籬。鄴下曹父子，獵賢甚熊羆。發論若霞駁，裁詩如錦摛。徐王應劉輩，頭角咸相衰。或有妙絕賞，或為獨步推。或許潤色美，或嫌詆訶癡。倏以中利病，且非混醇醨。雅當乎魏文，麗矣哉陳思。」他深深地感歎「鄴下曹父子，獵賢甚熊羆」。袁世凱的性格在許多方面與曹操相似，如果時空融為一體，跨越千年，他們絕對能夠成為志同道合的朋友。如果袁世凱知道如今曹操墓得見天日的消息，他又該如何想呢？

**〈和王介艇中丞遊園原韻〉（《圭塘倡和詩》作〈和王介艇丈遊養壽園韻〉）**

乍賦歸來句，林棲舊雨存。
卅年醒塵夢，半畝闢荒園。
鵬倦青雲路，魚浮綠水源。
漳洹猶覺淺，何處問江村。

這首詩屬於應和之作，遊園後抒發雅興，寫給一位叫王介艇的人。王介艇就是王廉，是開封人，早年與袁保恆有來往，當年在直隸布政使任上被革職，袁世凱曾經幫助過他，為他奏請復職。他革職後也居住在彰德，與袁世凱過從甚密。袁世凱對他很尊敬，所以稱為「王介艇丈」。中丞的官職無所謂，王介艇這個人是個什麼樣的人也並不重要，重要的是袁世凱給他寫的詩中所蘊藏的情意意味深長。

袁世凱開題即述「乍賦歸來句，林棲舊雨存」，「歸來」是何意？舊有許多歸去來兮的歌唱，是述說才堪大用而未見用的牢騷，而此不是這番意思。陶淵明〈歸去來兮辭〉歌唱道：「歸去來兮，田園將蕪胡不歸？既自以心為形役，奚惆悵而獨悲？悟已往之不諫，知來者之可追。實迷途其未遠，覺今是而昨非。舟遙遙以輕颺，風飄飄而吹衣。問征夫以前路，恨晨光之熹微……歸去來兮，請息交以絕遊。世與我而相違，復駕言兮焉求？悅親戚之情話，樂琴書以消憂。農人告余以春及，將有事於西疇。或命巾車，或棹孤舟。既窈窕以尋壑，亦崎嶇而經丘。木欣欣以向榮，泉涓涓而始流。善萬物之得時，感吾生之行休。已矣乎！寓形宇內復幾時？曷不委心任去留？胡為乎遑遑欲何之？富貴非吾願，帝鄉不可期。懷良辰以孤往，或植杖而耘耔。登東皋以舒嘯，臨清流而賦詩。聊乘化以歸盡，樂夫天命復奚疑！」這裏包含的情愫，其所表達的主要內容應該是拒絕社會政治的姿態。「舊雨」，比喻老朋友。杜甫〈秋述〉中有「臥病長安旅次，多雨」，「常時車馬之客，舊，雨來；今，雨不來」的句子，後人就把「舊」和「雨」聯繫起來，用作老朋友講。也正是圭塘主人許有壬在〈摸魚子・和明初韻〉詞中歌唱的：「他鄉故里都休較，舊雨不如今雨。」他所述說的也是這個意思。「卅年醒塵夢，半畝闢荒園」所表達的更明瞭。進而，他歎息「鵰倦青雲路，魚浮綠水源」，貌似心懶意倦，只做陶淵明筆下的那種清高的隱士，忽然來了一句「漳洹猶覺淺，何處問江村」，便形成峰迴路轉之勢。「青雲」一詞，如揚雄〈解嘲〉所解釋「當途者升青雲，失路者委溝渠」，指社會政治漩渦中的仕途。袁世凱果真無意於此嗎？「倦」也只是累，並不是心灰意懶，而是在經營、整頓、韜光養晦！「漳洹猶覺淺，何處問江村」，便是真情表白。

漳洹水淺，「江村」何意？

在我國古代詩歌中，江村的含義多與歸隱相近。如杜甫〈江村〉道：「清江一曲抱村流，長夏江村事事幽。自去自來樑上燕，相親相近水中鷗。老妻畫紙為棋局，稚子敲針作釣鉤。但有故人供祿米，微軀此外更何求。」此寫無所求之樂，其實更在意於「故人供祿米」，此即社會政治風雲中退求寂寞而樂的自身定位。寫江村者，不僅杜甫，還有孟浩然〈夜歸鹿門歌〉：「山寺鳴鐘晝已昏，漁梁渡頭爭渡喧。人隨沙岸向江村，余亦乘舟歸鹿門。鹿門月照開煙樹，忽到龐公棲隱處。岩扉松徑長寂寥，唯有幽人獨來去。」這裏的江村不同於杜甫筆下的江村，它是村野，是田園，與歸隱相近。那麼，袁世凱是在述說自己無意於仕途嗎？作為一個政治家，這一切都不是那麼簡單的。但是，這既不是裝瘋賣傻，也不是矯揉造作，而應該說有所指，有所圖。塾師畢竟是教育自己家兒女的特殊人物，得罪不得，但也用不著巴結。這兩個塾師的身份不同於陳筱石他們，所以，袁世凱的心就不必揪那麼緊，處處設防。即使如此，袁世凱也不能太張狂。他用盡力氣隱藏自己，一再表白自己退卻、歸隱之意。其實，他越是隱藏得深，越是顯得不能忘卻。這是政治智慧，遠不同於屈原，他真的是動輒表白自己的清高，忘情地歌唱「眾女嫉余之蛾眉兮」云云。文學家的天真極其可愛，政治家包藏禍心的城府則常常令人厭惡。所以，政治家的詩篇過多顯示出心境的渾濁。不論他寫得多麼華麗，或者他也才高八斗，也風流倜儻，世人都不情願正眼看他，更何況其附庸風雅，多笨拙而厚顏無恥！袁世凱不一樣，他的詩歌有才情，有功夫，遠勝過那些官職並不大卻總把自己當成了不起的人物的愚妄之徒！這裏如此說，並不是我們刻意去拍他袁世凱的馬屁，何況他有許多惡名，人常常躲著走，而許多以所謂政治家自居的東西還真是遠遠不如他！

如同許多政治家或政治人物善於偽裝一樣，袁世凱骨子裏充滿對載灃他們驅逐自己出朝廷的極大仇恨。同時，他絕不會坐以待斃，也不會守株待兔。他時刻準備著出擊，準備在合適的時候，一舉擊潰他的敵人。後來的許多事情證明了這些。

**〈和馨庵都轉元韻〉（《圭塘倡和詩》作〈次張馨庵都轉賦懷見示韻〉）**

人生難得到仙洲，咫尺桃源任我求。
白首論交思鮑叔，赤松未遇愧留侯。
遠天風雨三春老，大地江河幾派流。
日暮浮雲君莫問，願問強飯似初不？

馨庵是袁世凱表弟張鎮芳[4]的字。他們兩人青少年時代就是非常要好的朋友。後來，張鎮芳在光緒皇帝和慈禧外逃時曾經「救駕有功」，受到朝廷重用。袁世凱也曾推薦過這位表弟做

---

4 張鎮芳（一八六三至一九三三），字馨庵，號芝圃，項城老城閻樓村人，光緒進士。

直隸總督。此時的局勢大變，張鎮芳與其詩歌相和，這與袁世凱跟其他人的交往就明顯不一樣了。

從來情義無價。曾有人說，人生有極大幸福，即久旱逢甘霖，他鄉遇故知，洞房花燭夜，金榜題名時。故知與新朋都有情誼。情誼其實是由緣分決定的，緣分之中包含著知識經驗、個人修養、情趣與理想等具體內容。兩人的身份非常重要，如果同是反抗強權的戰士，他們以詩歌相互唱和叫革命情誼，是情投意合；如果兩人同被人鄙視，便是狼狽為奸，是一丘之貉。這裏應該屬於後者吧。他們相和，皆有學識，這不叫厚德載物，而只能稱作知識越多越反動，因為他們都是惡人，都有惡名。長期以來，凡評價人或者事物，凡是敵人反對的，我們就要贊同；凡是敵人贊同的，我們就要反對。似乎世界上只有朋友和敵人兩種人。應該說，還有更多的人素不相識，既不是敵人，也不是朋友。而朋友與敵人也都是因為利益而形成，況且有人生來就愛害人，專門利己，毫不愛人，其一生總是害人，不必問他做了多少壞事，只問他有沒有做過一件好事便可以了。這樣的東西，能夠用人來稱呼他嗎？其實，生活中有許多愛害人的人總是不成事的。

在這裏，袁世凱與張鎮芳都是普通人、平常人，他們都曾有作為。人家相互說幾句心裏話，並不一定要用意識形態來無限誇大吧。

袁世凱開篇便說「人生難得到仙洲」。「仙洲」指人生夢想。此語出自唐代詩人貫休〈上顧大夫〉：「碧海漾仙洲，驪珠外無寶。一岳倚青冥，群山盡如草。君侯聖朝瑞，動只關玄造。誰云倚天劍，含霜在懷抱。誰云青雲險，門前是平道。洪民亦何幸，里巷清如掃。至化無經綸，至神無祝禱。即應炳文柄，孤平去浩浩。即應調鼎味，比屋堪封保。野人慕正化，來自海邊島。

經傳髻裏珠，詩學池中藻。閉門十餘載，庭杉共枯槁。今朝投至鑒，得不傾肝腦。斯文如未精，歸山更探討。」自然，「咫尺桃源任我求」，「桃源」出自陶淵明〈桃花源記〉。此與仙洲之意相近，都是躲避現實，述說夢想。或者說，此意更接近於王維〈桃源行〉的「春來遍是桃花水，不辨仙源何處尋」句。緊接著，詩人轉過話題，吟唱道「白首論交思鮑叔，赤松未遇愧留侯」。「鮑叔」，即鮑叔牙；「赤松」，又作「赤誦」，即赤松子。《國語・齊語》載，（齊國）桓公自莒反於齊，使鮑叔為宰，辭曰：「臣，君之庸臣也。君加惠於臣，使不凍餒，則是君之賜也。若必治國家者，則非臣之所能也。若必治國家者，則其管夷吾乎。臣之所不若夷吾者五：寬惠柔民，弗若也；治國家不失其柄，弗若也；忠信可結於百姓，弗若也；制禮義可法於四方，弗若也；執枹鼓立於軍門，使百姓皆加勇焉，弗若也。」《淮南子・齊俗》云：今夫王喬、赤誦子，吹嘔呼吸，吐故納新，遺形去智，抱素反真，以游玄眇，上通雲天。高誘注曰：赤誦子，上谷人也，病厲入山，尋引輕舉。《列仙傳》稱赤松子神農時雨師也，服水玉以教神農，能入火自燒，往往至昆侖山上，常止西王母石室中，隨風雨上下，炎帝少女追之，亦得仙俱去。至高辛時復為雨師，今之雨師本是焉。《太平廣記》記述墨子世事已可知，榮位非常保，將委流俗，以從赤松子遊耳。《史記・留侯世家》記張良在輔助劉邦建立政權後，功成身退，對漢高祖說「願棄人間事，欲從赤松子遊耳」，即指此意。如果我們結合後來袁世凱在民國初年對張鎮芳的厚愛來看這一首詩，其實可以看到這裏所蘊藏的一種期待，即袁世凱把張鎮芳比做鮑叔與張良這樣的賢人，寄以厚望。在神話傳說故事中述說現實，在夢想中述說理想，這是藝術傳統，也是文化傳統。

這與袁世凱對兩位塾師的語氣有很大不同。他把張鎮芳看做戰友，而這樣的戰友同樣需要掩飾，用赤松子神仙故事作比。最後一句「日暮浮雲君莫問，願問強飯似初不」便解開所有謎團。

「日暮浮雲」所表達的是哀愁和悲涼，古人遭遇貶黜，對日暮浮雲有特殊的感受。袁世凱向張鎮芳傾訴的是委屈和憤恨。崔顥〈黃鶴樓〉唱道：「昔人已乘黃鶴去，此地空餘黃鶴樓。黃鶴一去不復返，白雲千載空悠悠。晴川歷歷漢陽樹，芳草萋萋鸚鵡洲。日暮鄉關何處是？煙波江上使人愁。」顧況〈宜城放琴客歌〉亦唱：「新妍籠裙雲母光，朱弦綠水喧洞房。忽聞斗酒初決絕，日暮浮雲古離別。」

「強飯似初不」，此語出自著名的廉頗藺相如故事。廉頗是戰國時期趙國的名將，當年，他身體強壯的時候，秦國害怕他，就不敢來攻打趙國，後來廉頗與趙國奸臣郭開發生了矛盾，離開趙國，所以秦國開始打趙國。這時趙王想請廉頗回來，他就先派了個使者去看看廉頗還能不能打仗了，如果能吃飯就還能打。後來，這個典故被南宋辛棄疾化用之後，影響更大。辛棄疾《永遇樂‧京口北固亭懷古》唱道：「千古江山，英雄無覓孫仲謀處。舞榭歌臺，風流總被雨打風吹去。斜陽草樹，尋常巷陌，人道寄奴曾住。想當年，金戈鐵馬，氣吞萬里如虎。元嘉草草，封狼居胥，贏得倉皇北顧。四十三年，望中猶記，烽火揚州路。可堪回首，佛狸祠下，一片神鴉社鼓。憑誰問：廉頗老矣，尚能飯否？」袁世凱這樣提「願問強飯似初不」，意思很清楚。他在表達他的願望與決心。

袁世凱與張鎮芳情誼非同一般，堪稱手足。後來，辛亥革命的炮火震撼神州大地的非常時刻，他們兄弟兩人書信來往中詳細論及如何應對朝廷的召喚。如其宣統三年八月廿七日

（一九一一年十月十八日）的〈復張鎮芳函〉：

馨庵老弟大人閣下：

頃奉手書，具悉一一。此次變起倉猝，武漢已失。承澤手書交門瞻送彰，傳述當宸語，意極懇摯。兄斷不能辭。昨已具折謝恩。惟瀝陳病狀，云急切恐難就道，並須一面妥籌佈置等語。另又開具節略八條，大意謂無兵無餉，赤手空拳，何能辦事。擬就直隸續備、後備軍調集萬餘人，編練二十四五營，帶往湖北，以備剿撫之用。又擬請度支部先籌撥三四百萬金備作軍餉及各項急需。並請軍咨府、陸軍部不可繩以文法，遙為牽制等語。此項節略已交門瞻帶京面呈承澤。如各事照辦，兄自當力疾一行。

前夕午樓過彰晤談，與致頗為踴躍。北路去軍皆由伊統轄，兄僅有會同調遣之權，恐多推諉。鄂軍全變，各路援軍極少，非自成一軍，不足濟事。想卓見必以為然也。

連日事務蝟集，不克詳細作書，用撮舉大略奉告，以慰雅系。匆復。祗請

勳安。

愚兄袁世凱頓首八月廿七日

一切感慨與表達都是有條件、有背景的。

牢騷也是一種藝術，或為怨憤，讓人充滿淒涼的感慨，為人留下多少把柄；或為怒火，點燃復仇的火把，把自己的敵人化為灰燼。

袁世凱之所以能夠發此感慨，是以其胸懷天下為條件和背景的。如其歌唱「遠天風雨三春老，大地江河幾派流」，這與「開軒平北斗，翻覺太行低」等詩句一樣，我曾經懷疑是否是袁世凱的親筆，而白紙黑字，分明就是他親筆書寫。袁世凱有學有術，更有城府。無論他一生有多少敗筆，而此詩句卻不乏精彩。

**〈九月肅霜〉（斷句）**

重門驚蟋蟀，萬瓦冷鴛鴦。

（袁克定跋：先公從戎前應貢舉，帖詩題為九月肅霜，有句云云，見者驚奇。）

這兩句寫秋色、秋景、秋情，與當年黃巢造反，高喊「我花開後百花殺」有相同之處。當年，袁世凱科考落第，此詩記述心中悲苦。

蟋蟀與鴛鴦都是秋後的蟲禽，在袁世凱的筆下一「驚」一「冷」，是其心態之表現。其中「重門」、「萬瓦」相對，流露出一種氣派。一個「萬」字，寫活了霜天。如袁克定所述，此為「從戎前應貢舉」之「帖詩」，其失意與蒼涼可想而知。而其稱「見者驚奇」，未必如此。其後來以皇子自居，所作所為，總是大驚小怪。

# 《圭塘倡和詩》中的歌唱

圭塘即洹上。圭塘是歷史文化符號，洹上是眼前的村莊，這個村莊只有一戶「釣魚」的人家。與當年的姜子牙不一樣，他們沒有給朝廷留下什麼「飛熊入夢」之類的吉祥昭示，而是一直在等待天翻地覆！

《清稗類鈔》「文學類」中記述道：「袁（袁世凱）初購屋於衛輝府城外，宣統己酉春夏間，既以足疾回籍，乃遊覽蘇門百泉之勝。地為邵堯夫、孫夏峰等講學處，高宗亦曾駐蹕，其清暉閣巍然獨存，袁與徐菊人相國世昌各捐資修之。五月，移居圭塘別墅。其三兄清泉觀察世廉方自徐州道乞假歸，遂迎之同居。風日暄和，輒扶杖同遊，聽鶯觀魚，吟詠自適。又常乘小舟，清泉披蓑垂綸，自持篙，立船尾，賓僚皆從遊，賦詩為樂。次子克文曾梓《圭塘倡和詩》一卷。所與酬唱者，貴陽陳夔龍、永城丁象震、汲縣王錫彤、商丘謝愃、廬江吳保初、合肥朱家盤、漢陽田文烈、宜賓董士佐、番禺淩福彭、元和徐沅、吳江費樹蔚、甘泉閔爾昌、桐鄉嚴震、山陰沈祖憲，又女弟子二人，一靜海權靜泉，一江都史濟道。」此「女弟子二人」到底為何方人士？為何在這位失意的舊人面前以弟子自居？因為歲月流逝，許多都成為謎，像風一樣吹過，像流水一樣逝去，悄無聲息。

養壽園是洹上的一片風景。這裏的風景穿插著如梭的人群，滴滴答答的電報聲，日夜伴奏著袁世凱心中的歌唱，起伏，湧動。

這歌聲只有洹上的風與流水才能聽得懂。

《圭塘倡和詩》與《洹村逸興》一樣，記述了袁世凱的心跡。

**次史濟道、權靜泉〈月下游養壽園聯句上容庵師〉韻**

曾來此地作勞人，滿目林泉氣象新。
牆外太行橫若障，門前洹水喜為鄰。
風煙萬里蒼茫繞，波浪千層激蕩頻。
寄語長安諸舊侶，素衣早浣帝京塵。

女人是文化的風景。袁世凱身邊有許多女性，而在他詩歌生活中來往的，此「女弟子二人，一靜海權靜泉，一江都史濟道」頗為特殊。這裏應該說明的是，在他寫給兩位女士詩歌之前，她們已經有〈月下遊養壽園聯句上容庵師〉的詩篇。

袁世凱寫給她們詩歌時，以「曾來此地作勞人」引出「滿目林泉氣象新」，是在述說自己離開京師之後，以農夫的身份在此耕耘。他告訴她們，他收穫的不僅僅是「滿目林泉」，而且還有他曾經的夢想。至少，他不能讓這兩個女弟子小瞧了他。

他給她們寫詩的時候，寫出了自己的才情。善用典，表明既會讀書，又會書寫。而尊重女性，是需要有文化知識的。

太行山麓，洹水之濱，是袁世凱的風水寶地。當年，他小站練兵初見成效，曾經來到彰德這片土地舉行秋操，即大規模的軍事演習。從那時，他對太行山有了更為直接的認識，他認識的太行山不是文化的大山，而是北京通向中原的門戶，是北京的轅門，也是中原的轅門。所以，他流露出「牆外」和「門前」的親切與得意。此有山與水，應和於仁者樂山、智者樂水之意，更暗含有以山為「院牆」、「山牆」或「壁壘」之意。風水的基本功能在於藏風聚氣，聚氣便是養浩然之氣。而山水生氣，顯現出袁世凱的自信心、必勝心。所以，「風煙萬里」與「波浪千層」盡收於袁世凱的眼底和心中，成為他「寄語長安諸舊侶」的底氣。「長安諸舊侶」是指舊部，或者說就是當年小站練兵時期的鐵桿兄弟們。「長安諸舊侶」有兩種含義，一是「長安」，一是「舊侶」。長安是漢代和唐代的都城，是袁世凱胸中的故都，而舊侶無疑是東山崛起時的哥們兒。這裏，他使用了一個典故，應該是意在收復河山。陸游〈漢宮春〉詞中寫道：「浪跡人間。喜聞猿楚峽，學劍秦川。虛舟泛然不系，萬里江天。朱顏綠鬢，作紅塵、無事神仙。何妨在，鶯花海裏，行歌閒送流年。休笑放慵狂眼，看閒坊深院，多少嬋娟。燕宮海棠夜宴，花覆金船。如椽畫燭，酒闌時、百炬吹煙。憑寄語，京華舊侶，幅巾莫換貂蟬。」「長安諸舊侶」應指此處「京華舊侶」吧。他對他們高聲歌唱道：「素衣早涴帝京塵！」

文峰塔是相當於當年京師長安高高的華錶，它的鈴聲呼喚著天下。顯然，長安是一個文化記憶的重要形式。

對於歷史上的一個政治人物而言，其記憶的重要來源常常與他們對政治舞臺上權利的角逐聯繫在一起，所有的政治品格、文化價值立場，都附屬於這種從來不按照規矩出牌的遊戲表演需要。其中，人的要素最重要。

這裏，袁世凱使用了古詩中的詩句。陸機詩〈為顧彥先贈掃〉：「京洛多風塵，素衣化為緇。」謝朓詩〈酬王晉安〉：「誰能久京洛，緇塵染素衣。」柳宗元在〈梅雨〉中唱道：「梅實迎時雨，蒼茫值晚春。愁深楚猿夜，夢斷越雞晨。海霧連南極，江雲暗北津。素衣今盡化，非為帝京塵。」

時過境遷，長安舊侶其實就是長安舊夢。「素衣早浣帝京塵」的心境與被貶黜的哀怨已經有很大不同，而是充滿豪氣。他日夜盤算著天下大事，斷定清朝的命運必定不會很昌盛。儘管他做了中華民國的元首之後仍然強調自己不忘清朝的恩裕，感恩不僅是一種姿態，而且是一個強大的傳統。

**〈春日飲養壽園〉**

背郭園成別有天，盤飧尊酒共群賢。
移山繞岸遮苔徑，汲水盈池放釣船。
滿院蒔花媚風日，十年樹木拂雲煙。
勸君莫負春光好，帶醉樓頭抱月眠。

古人講，詩歌有四大功能，可以興，可以觀，可以群，可以怨。其中，可以群，是在述說詩歌具有社會化的強大效應。群體性文化生活因為相互唱和而更加豐富、生動。「春日飲養壽園」，此「飲」即「盤飧尊酒」，以詩歌為瓊漿，為媒介。

一群朋友，能夠在一起推杯換盞，這是人生的幸福。人一生有許多幸福和快樂，常常只可遇而不可求。

當年，王羲之有〈蘭亭序〉，歌唱：「永和九年，歲在癸丑，暮春之初，會於會稽山陰之蘭亭，修禊事也。群賢畢至，少長咸集。此地有崇山峻嶺，茂林修竹，又有清流激湍，映帶左右，引以為流觴曲水，列坐其次。雖無絲竹管弦之盛，一觴一詠，亦足以暢敘幽情。」此情此景，皆令人心嚮往之。群賢的概念便有了更特殊的意義。

群賢，即一群志趣相投或情投意合的人，不論是真正的朋友，還是虛與應付，這都是一種美好的稱呼。袁世凱和他的朋友們在養壽園相聚而飲，其情景幾同於高適的〈同群公秋登琴臺〉：「古跡使人感，琴臺空寂寥。靜然顧遺塵，千載如昨朝。臨眺自茲始，群賢久相邀。德與形神高，孰知天地遙。四時何倏忽，六月鳴秋蜩。萬象歸白帝，平川橫赤霄。猶是對夏伏，幾時有涼飆。燕雀滿簷楹，鴻鵠搏扶搖。物性各自得，我心在漁樵。兀然還復醉，尚握尊中瓢。」

這裏的主要活動是由「飲」統領的，分為「移山繞岸」、「汲水盈池」、「莫負春光好」和「帶醉樓頭抱月眠」幾個層次。其中，「放釣船」與「媚風日」、「拂雲煙」構成與歌相伴的翩翩舞姿，以「醉」與「眠」結尾，相互呼應。

這裏，袁世凱借用了許多典故，如其中的「蒔花」，當出自於宋人姜特立〈因見市人以瓦缶蒔花屋上有感〉「城中寸土如寸金，屋上蒔花亦良苦」詩句；其中的「釣船」與「帶醉樓頭抱月眠」，則應出自唐人崔櫓〈過蠻溪渡〉「綠楊如髮雨如煙，立馬危橋獨喚船。山口斷雲迷舊路，渡頭芳草憶前年。身隨遠道徒悲梗，詩賣明時不直錢。歸去楚臺還有計，釣船春雨日高眠」。他只是將「日高眠」的春眠不覺曉之意換成了此處的「抱月」，顯示出一副得過且過、自得其樂的神態。

其實，這都是寫給人看、唱給人聽的。

詩歌作為語言的藝術，在不同群體中的共性就在於意境的營造。虛虛實實、真真假假，在撲朔迷離中藏頭尾於字裏行間，這叫藝術上的含蓄，也可以稱作虛偽。文學家因含蓄而使得自己的作品寓意更深厚。政治家呢？拋開角色，其實都可以成為詩人。

**〈憶庚子舊事〉**

八方烽舉古來無，稚子操刀建遠謨。
慚對齊疆披枳棘，還臨燕水補桑榆。
奔鯨風起驚魂夢，歸馬雲屯感畫圖。
海不揚波天地肅，共瞻日月耀康衢。

「庚子舊事」是指當年八國聯軍侵華，這是中華民族的恥辱。歷史上固然有靖康之恥那樣的悲劇，但畢竟是民族內部的權利更迭，所以袁世凱說「八方烽舉古來無」。「稚子操刀」應該是借用了宋代楊萬里〈稚子弄冰〉詩句：「稚子金盆脫曉冰，彩絲穿取當銀錚。敲成玉磬穿林響，忽作玻璃碎地聲。」意在諷刺義和團所謂扶清滅洋是故作驚人之舉。「建遠謨」當出自《後漢書・黃瓊傳》中的「願先生弘此遠謨，令眾人歎服，一雪此言耳」，亦具諷刺意。

「齊疆」與「燕水」都與義和團事件有關，應該是述說自己當年平定義和團的政治生涯。對此，今天回顧昨日，我們可以根據相關歷史文獻，理解曾國藩平定太平天國、袁世凱鎮壓義和團這些事件，有許多學者把太平天國起義、義和團運動等看做十惡不赦的罪行，那麼，我們的文化立場與人民大眾的聯繫又該怎樣述說呢？洪秀全的天地會確實具有騙人的性質，而且後期他妻妾成群，甚至荒淫無恥，那些義和團人更是裝神弄鬼，盲目，簡單。然而他們真的比那些罪惡罄竹難書的皇權，比那些隨意殺戮我同胞、掠奪我疆土財富、肆意姦淫燒殺的侵略者還可恨嗎？袁世凱鎮壓義和團是履行了一個王朝的鷹犬為國分憂的職能，絕對是政治罪惡！殺戮愛國民眾，在任何時候都無法開脫自己的罪行。袁世凱與曾國藩、李鴻章他們一樣，因此而永遠不能夠具有光榮。

無論評價歷史還是現實，一個人的立場非常重要。既然是憶庚子舊事，袁世凱總是充滿得意。他詩句中「奔鯨風起驚魂夢」之「奔鯨」，特指兇暴殘忍者，語出陶淵明〈命子〉詩：「鳳隱於林，幽人在丘。逸虯繞雲，奔鯨駭流。」謝脁〈和王著作融八公山詩〉也講：「長蛇固能翦，奔鯨自此曝。」李善《文選注》曰：「《左氏傳》：取其鯨鯢而封，以為大戮。杜預曰：『鯨鯢，大魚名。以喻不義之人，吞食小國也。』」此處之意在於譴責天下？譴責義和團禍亂？不得而知。其「歸馬雲屯感畫圖」中「歸馬雲屯」典故，當出自唐李世民〈還陝述懷〉：「慨然撫長劍，濟世豈邀名。星旂紛電舉，日羽肅天行。遍野屯萬騎，臨原駐五營。登山麾武節，背水縱神兵。在昔戎戈動，今來宇宙平。」後來宋釋道璨〈賀恕齋除兵部侍郎〉唱道：「碉我老色氣精明，南海歸來住未成。不道山中無宰相，要從恕上做功名。雲屯萬騎西風急，月浸三更夜柝清。謀國定知有長算，胡雛不樹向南旌。」此處之意在於為自己歌功頌德。

此詩最後歌唱自己的希望與理想：「海不揚波天地肅，共瞻日月耀康衢。」這裏，他完全撕扯去自己隱居於鄉里、淡然於物外的偽裝。當一個人完全暴露心跡時，要麼是太心切，要麼是太忠誠，達到了忘我的程度。袁世凱手上塗滿了義和團民眾的鮮血，他忘不了自己的這段經歷。自古法不責眾，民眾從來都是被逼而反抗的，所以，歷史忘不了他屠殺民眾的罪行。

或許是因為庚子年的故事太多，他無法忘卻自己對朝廷的功績。他在兩句詩十四個字中用了四個典故，是何用意？他想借此證明自己對國家的忠誠嗎？一是「海不揚波」，指天下安定的太平世界。明代梅鼎祚《玉合記・枯海》中說：「吾聞太平之世，海不揚波，安有今日。」二是「天地肅」。唐代殷堯藩在〈中元日觀諸道士步虛〉描述中元節：「玄都開秘籙，白石禮先生。上界秋光淨，中元夜氣清。星辰朝帝處，鸞鶴步虛聲。玉洞花長發，珠宮月最明。掃壇天地肅，投簡鬼神驚。倘賜刀圭藥，還留不死名。」三是「共瞻日月」，表達一種期盼。《詩經・邶風・雄雉》中有「瞻彼日月，悠悠我思。道之云遠，曷云能來」句，描述夫妻之間的思念。袁世凱用此表達一種熱切的嚮往。四是「耀康衢」，出自「康衢」故事。《呂氏春秋》中記述春秋時期齊寧戚飼牛的故事，他擊牛角而歌於康衢，唱道：「南山矸，白石爛，生不適堯與舜禪。短布單衣適至骭，從昏飯牛薄夜半，長夜漫漫何時旦？」事實上，這與「長鋏歸來兮，食無魚」的做法並沒有什麼兩樣。齊桓公對他非常感興趣，令人把他帶回，任以國政。這是對求賢政治的期待。無論如何，歷史可以為人洗去被塗抹的污點，但什麼時候都無法為人開脫罪責！

〈春雪〉

連天雨雪玉蘭開，瓊樹瑤林掩翠苔。
數點飛鴻迷處所，一行獵馬疾歸來。
袁安蹤跡流風渺，裴度心期忍事灰。
二月春寒花信晚，且隨野鶴去尋梅。

風花雪月是文學藝術的重要主題，常歌常新。下雪了，天氣格外寒冷，而袁世凱的心正燃燒著一把熱情與夢想鑄就的火炬，照耀著他時刻環視天下的動靜，一次次點燃他對社會政治的激烈情懷。

在這首詩中，他吟誦的不是冬天寒風裹挾著的暴風雪，而是伴著春風的雨雪。所以，他看到的是開放的玉蘭，是一片掩映翠苔的瓊樹瑤林。在「飛鴻」飛去、「獵馬」歸來中，他浮想聯翩，想到兩個歷史人物，一個是漢代困雪而不擾他人的袁安，一個是唐代拾金不昧的裴度。他以高尚者自比，意在為自己貼金。

袁安是漢代一個著名的政治人物，在朝廷中有很高的威望。當時，竇太后臨朝，外戚操縱朝政，飛揚跋扈，民怨沸騰，袁安多次直言上書，彈劾竇氏的不法行為，遭到竇太后記恨。袁安剛正不阿，高風亮節，竇太后無可奈何。《後漢書・袁安傳》載：「（袁）安以天子幼弱，外戚擅權，每朝會進見，及與公卿言國家事，未嘗不噫嗚流涕。自天子及大臣皆恃賴之。」其困雪故事更廣泛流傳，《汝南先賢傳》稱：「時大雪積地丈餘，洛陽令身出案行，見人家皆除雪出，有乞食者。至袁安門，無有行路。謂安已死，令人除雪入戶，見安僵臥。問何以不出。安曰：『大雪人皆餓，不宜干人。』令以為賢，舉為孝廉。」也許是同為袁姓，所以他歌唱「袁安蹤跡流風渺」。

裴度是唐朝的宰相，世稱裴晉公。他主張限制和削除藩鎮的勢力，防止割據勢力增強。他不但以穩定社會、愛護民眾的功業而著稱，在文學上也有一定成就，與白居易、劉禹錫等人來往甚密，經常一起唱和，而且對文士多所提攜，時人對他非常敬重。《舊唐書·裴度傳》稱其「出入中外，以身繫國之安危、時之輕重者二十年」，「威望德業，侔於郭子儀」，並贊他「以人臣事君，唯忠與義，大則以謨排禍難，小則以讜正匡過失，內不慮身計，外不恤人言」，「誠社稷之良臣，股肱之賢相」。《新唐書》其傳稱他「威譽德業比郭汾陽」，「事四朝，以全德始終」。民間傳說中有裴度拾金不昧得到神助的故事，被改編為戲曲廣泛流傳。如元雜劇〈裴度還帶〉，全名〈山神廟裴度還帶〉，寫裴度拾寶不昧因而救人性命，最終得中狀元的故事。傳說他未做官時，因父母雙亡家境貧寒，不肯跟隨姨父王員外做生意，只得寄居山神廟。有一道人為他相面，斷定他命該橫死。時有韓太守被國舅誣陷入獄，韓夫人與女兒瓊英籌資以救，朝廷採訪使贈玉帶相助。瓊英山神廟失落玉帶，被裴度撿到，將玉帶歸還，韓太守一家三口性命皆得救。裴度赴京趕考，得中狀元，並與瓊英結為夫婦。其實此故事歸結為一句話，就是善有善報。

袁世凱講的不是民間傳說，而是前者「社稷之良臣，股肱之賢相」，才稱「裴度心期忍事灰」，言說自己對國家的一片衷心沒有被重視。所以他感歎「二月春寒花信晚」，安慰自己「且隨野鶴去尋梅」。此亦是典故，明代學者張岱在〈夜航船〉中記述：「孟浩然情懷曠達，常冒雪騎驢尋梅，曰：吾詩思在灞橋風雪中驢背上。」袁世凱自比於孟浩然之「情懷曠達」，顯示出雅興與坦然。

許多時候，詩歌的思想內容在實質上表現為裝飾，極力渲染一種情緒的同時，也在極力掩飾另外一種情緒。越是表白自己淡泊名利的人，常常名利心越強烈。

**〈清明偕叔兄遊養壽園〉**

昆季偕遊養壽園，清明雪盡草粗蕃。
蒼松繞屋添春色，綠柳垂池破釣痕。
畫舫疑通桃葉渡，酒家仍在杏花村。
鶯歌燕語無心聽，笑把塤篪對坐喧。

清明時節，袁世凱偕叔兄遊養壽園有詩。叔兄是指袁世廉，二人在諸兄弟中相處最好。有人指責袁世凱邀請袁世廉來到洹上，是為了遮人耳目。這不是事實。兄弟之情，同於手足，此時的袁世廉身心欠佳，來到這裏是為了修養。清明雨雪落盡，園中草木粗蕃，春色已經濃郁。「綠柳垂池破釣痕」，說明兄弟二人很有閒情逸致，垂釣時敘敘舊情，將心放鬆，故有此詩情。

袁世凱和袁世廉兄弟同在一條船上，心中的風景卻大不一樣。前四句寫景，後四句寫意。在寫意中，袁世凱用了四個典故，藉以述說兄弟兩人當年一起在南京的日子與感受。南京是袁世凱人生的重要轉捩點。幼年時，他隨著養父袁保慶去了濟南、揚州和南京，與袁世廉和袁世敦兄弟三人一起讀書，生活無憂無慮。也正是在南京時，養父染病去世，袁世凱陷入困境，只好隨著養母牛氏回到家鄉項城。這是他刻骨銘心的記憶。

南京的秦淮河，日日夜夜流淌著風流佳話。南京的景色中，桃葉渡曾經給他許多快樂，使他難以忘懷。所以他寫了「畫舫疑通桃葉渡」的詩句。桃葉渡是南京城南秦淮河上的一個古渡口，曾經河舫競立，燈船蕭鼓，熱鬧非凡。傳說東晉書法家王獻之有個十分漂亮的妾叫桃葉，常常往來於秦淮兩岸。王獻之心中牽掛，就隨著她在渡口迎送，還寫了〈桃葉歌〉，唱道：「桃葉復桃葉，渡江不用楫。但渡無所苦，我自迎接汝。」故事流傳很廣。後來，宋人曾極根據這個傳說，作了〈桃葉渡〉詩：「裙腰芳草拒長堤，南浦年年怨別離。水送橫波山斂翠，一如桃葉渡江時。」清代吳敬梓在其〈桃葉渡〉中寫道：「花霏白板橋，昔人送歸妾。水照傾城面，柳舒含笑靨。邀笛久沉埋，麾扇空浩劫。世間重美人，古渡存桃葉。」袁世凱對這個傳說應該是有感情的。

無論哪裡的清明，都會使人想起紀念故人和遊春等古老的習俗，生發許多情懷。唐代杜牧〈清明〉詩家喻戶曉：「清明時節雨紛紛，路上行人欲斷魂。借問酒家何處有，牧童遙指杏花村。」袁世凱在這裏借用為「酒家仍在杏花村」，著意提及杏花村。

詩歌的後兩句「鶯歌燕語無心聽，笑把塤篪對坐喧」，借用了「鶯歌燕語」和「如塤如篪」兩個典故，藉以表達對兄弟之情的珍視。「鶯歌燕語」見於清代華廣生輯錄的《白雪遺音・馬頭調・春景》：「見了些，紅紅綠綠桃共杏，最喜春日晴。鶯歌燕語，雲淡風輕，水秀山明。」其「無心聽」是為了強調「笑把塤篪」。「笑把塤篪」出自《詩經・大雅・板》：「天之牖民，如塤如篪。」毛傳解釋為：「如塤如篪，言相和也。」此時的袁世凱與袁世廉都是年過半百之人，父母早已不在人世，可以稱為老人。中原風俗尤為重視清明掃墓，可想袁世凱與叔兄在一起的特殊感情。此後不久，袁世廉因病去世，袁世凱非常悲痛。

人吃五穀雜糧，當存七情六慾。兄弟手足，人之常情，在此表現為天倫之樂，當屬自然。或者說，無論袁世凱一生說了多少假話，就這首詩而言，他的感情是真實的。這時的袁世凱不是當年小心翼翼、如履薄冰的北洋大臣，也不是當年小站練兵時兢兢業業、勤勤懇懇、一切志在必得、充滿雄心的年輕軍事領袖，同樣也不是後來日理萬機的民國總統，此時的他只是袁世廉的兄弟。人生來未必很好或很壞，人只有做壞事的時候才是魔鬼，是一個壞東西，做好事，便是好人。更多的時候，想做好人就能夠做好人。

## 傳說中的袁世凱詩作

袁世凱這張照片是總統照，項城鄉間流傳、保存較多，照片背後有許多題字出於袁世凱本人。袁世凱是一個很特殊的人物，一方面他為推翻清朝、建立民國作出了貢獻；另一方面，他稱帝洪憲、鎮壓民

袁世凱即為民國總統

眾，受到時代的唾棄。他未必是徹頭徹尾的惡人，也絕不是完美無缺的英雄。其實，他就是一個有血有肉的人。他的詩歌流傳有許多版本，除了以上為文獻證明的作品之外，還有許多傳說中的版本。這些版本，或真或假，還應當有一些真假並存的作品。

如有人常常列舉的袁世凱第一首詩，傳說是他十四歲鄉試落榜後的〈言志〉：「眼前龍虎鬥不了，殺氣直上幹雲霄。我欲向天張巨口，一口吞盡胡天驕。」還有一些歷史學家在歷史著作中舉例袁世凱少年時代寫過什麼「大澤方屠龍（或龍方蟄），中原鹿正肥」云云。少年時代的生活本身就是傳說，即使真正發生過，也化為了傳說。有人說袁世凱十五歲來南京，登雨花臺，作七律一首，題為〈懷古〉：「我今獨上雨花臺，萬古英雄付劫灰。謂是孫策破劉處，相傳梅頤屯兵來。大江滾滾向東去，寸心鬱鬱何時開。只等毛羽一豐滿，飛下九天拯鴻哀。」稱其憑陵史跡，吊古傷今，輒以救世英雄自許，一派少年豪情。更有人有鼻子有眼地講什麼十九歲的袁世凱返回項城坐享祖業，組織文社，自為盟主，留下〈詠懷詩〉十幾首，並舉例其中有：

人生在世如亂麻，誰為聖賢誰奸邪？
霜雪臨頭凋蒲柳，風雲滿地起龍蛇。
治絲亂者一刀斬，所志成時萬口誇。
鬱鬱壯懷無人識，側身天地長咨嗟。

不愛金錢不愛名，大權在手世人欽。

千古英雄曹孟德，百年毀譽太史公。
風雲際會終有日，是非黑白不能明。
長歌詠志登高閣，萬里江山眼底橫。

應該說，這些傳說中的詩歌並沒有根據。歷史會形成傳說，而傳說不能等同於歷史。傳說的意義只限於思想文化範疇，儘管其價值很豐富。歷史需要文獻，口述歷史學與傳說學有著本質的不同。袁世凱詩歌的搜集整理、鉤沉與研究，還有許多工作要做。

在二十世紀七〇年代末的項城，筆者也曾看到傳抄的一些所謂的袁世凱自題於照片上的詩歌，其實也未必全部真實。此處錄兩首如下：

**〈自題漁舟寫真二首〉 其一**

身世蕭然百不愁，煙蓑雨笠一漁舟。
釣絲終日牽紅蓼，好友同盟只白鷗。
投餌我非關得失，吞鉤魚卻有恩仇。
回頭多少中原事，老子掀鬚一笑休。

**〈自題漁舟寫真二首〉 其二**

百年心事總悠悠，壯志當時苦未酬。

野老胸中負兵甲，釣翁眼底小王侯。
思量天下無磐石，歎息神州變缺甌。
散髮天涯從此去，煙蓑雨笠一漁舟。

所謂自題漁舟寫真，未見於文獻。可能是人們看見袁世凱靜坐漁舟的照片太多了，故作此想。所以其一、其二都有「煙蓑雨笠一漁舟」句。此是真是假，難以斷定。僅憑「回頭多少中原事，老子掀鬚一笑休」，就不像出自袁世凱這樣的人物之手。「壯志當時苦未酬」句，味道不醇，缺少這位嚮往「魏公北第」的人物的那般情懷，也就更像後人捉筆。按照常理講，寫這類「自題漁舟寫真」獨白詩歌，袁世凱是會巧妙使用一些典故的，因為他會讀書。讀書人處處有讀書的情懷，身不由己時，各種典故便信手拈來。用今天的話講，是習慣性思維、習慣性行為。

筆者曾經創作長篇歷史小說《袁世凱》，為了表現歷史人物性格，模仿袁世凱寫了許多詩篇與文章，這些都是虛構，不是作假，而是做真。當然，筆者沒有必要專門注釋出什麼不要信以為真，這些作品都是想當然。

# 莫愁前路無知己——袁世凱與他身邊的那些女人們

女人是蒼天的造化，是人世間令人怦然心動的花朵。

袁世凱與他身邊的女人們，有許多故事。你不要以為他只會開歷史的倒車而不懂風情。解讀其風流往事，未必只能說風情。

男人的存在是因為世間女人的存在而被證明的。人說，有許多作家沒有結婚，像福樓拜、安徒生等人，卻把人間的情感寫得那麼生動，真是令人難以想像。誠然，女人可以是美麗的風景，可以是悅耳的歌聲，也可以是一片深不可測的大淖、沼澤，一不小心就可能使人斷送生命。歷史傳說以妲己、褒姒為例，告誡世人不要沉湎酒色。人常說，人生得一知己足矣。人生如果能夠擁有紅顏知己，應該是一種情感的幸福，卻只可遇而不可求。如民間傳說中的梁山伯與祝英臺，心心相印，情投意合。其實，身邊沒有女人，不一定就沒有愛情，沒有情意。人也常說，妻妾成群，未必就擁有真正的愛情。人說的都有自己充足的道理，而一切並不是都那樣絕對。男男女女之間，情誼是多種多樣的，有愛情，也有親情和友情，當然，也有冷酷無情之無情與薄情寡義之薄情。如今的女性讀書人也不乏此輩，甚至比那些惡貫滿盈的臭男人有過之而無不及。女人相夫教子、勤儉持家、秉承慈善，被嘲笑為封建，不知道這是否就是現代文明的標誌。特別是一些電視熱播的相親節目，一個男人，只要有房有車有錢財就會成為香餑餑。有一個環保主義者，因為他關注垃圾，被人以為貧窮，直到他最後說出自己家產雄厚而使那些「漂亮美眉」後悔不堪，這又該說明什麼呢？

文學是一種想像，讓人不斷超越自我與現實。從古代詩歌中，讀灞橋折柳，聽「勸君更盡一杯酒，西出陽關無故人」的豪情，讀「寒蟬淒切」，品味「楊柳岸曉風殘月」的悲苦，讀「萬人叢中一握手，使我衣袖三年香」，體會「回眸一笑百媚生」的滋味，莫不令人悵然。

惺惺惜惺惺。一切都可能見仁見智，都可以討論，唯獨不能理解網路上為何張口便罵，似乎不罵就說不成話，似乎不會罵人就不是人！線民無錯，錯只錯在那些看家的網路管理員未盡管理、淨化的職責！如此以往，只是墮落，卻不知無恥。無恥，又如何不無情？

其實，情義無價！所以，人愛著，總走不出自己的怪圈。

自古英雄多風流。袁世凱他不一定是什麼驚天動地的英雄，但他的生活中絕不缺少風流。雖然他被人辱罵、詛咒，似乎極其污濁、卑微，似乎無比殘忍、冷酷、歹毒，首鼠兩端，毫無信譽可言，其實他也重情義，講孝道，也曾經是一個多情的男子。他的風流是公開的。

袁世凱的身邊有許多女人，總結起來主要有三種，一種是他的母親輩，一種是他的姐妹們，一種是他的妻妾，大大小小，雖沒有三宮六院，但一妻九妾，也比一般人家多得多。每一個女人都是他身邊開放的花朵，成為他精神生活的重要部分。在民間傳說中，慈禧也是他身邊的女人，而這只能是一種傳說。所謂情人總是屬於一個傳說。

# 袁世凱與他的母親

在中國傳統中，母親是神聖的，是一個民族偉大的信仰。

母親是兒女的尊嚴。中國傳統的道德教科書《二十四孝》是以那些優秀的人物如何孝敬父母為教育題材的，它所講述的內容，大多數是述說兒女對父母虔誠的敬愛，最後都得到良好的結局。這是民族的道德傳統，不是什麼封建迷信，更不是什麼文化毒素。

俗語說，兒是娘身上掉下來的一塊肉，所以，兒再要臉面，也不能夠嫌棄母醜或母貧。俗語又說，兒行千里母擔憂。許多民間歌謠傳唱著「小喜鵲，尾巴長，娶了媳婦忘了娘」，告誡世人不能忘記母親的養育恩情。民間傳說，羊羔兒跪著吸食母乳，就是意味著對母親的感激，如果不孝敬生養自己的母親，就是禽獸不如。

母愛最純潔。當我們聽到「家中的老媽媽，已是滿頭白髮」和「常回家看看」這些歌時，心中總是難以平靜。

風俗規定，兄弟相聚，父母在上。中原地區朋友之間來往，到了家中，一定要先向對方的母親問好。兄弟般的好朋友之間，說話時總是問「咱娘好吧」。民間結拜，便是同胞，一定要給母親磕頭。

尊敬母親不僅僅是一種美德，而且成為一種生活方式，兒女外出或遠走他鄉，要常常記取對母親的看望。項城地方風俗以生活儀式與相應的傳說時時提醒人們這些。每年的農曆二月二、五月初五、六月六與九月九，都是傳統的母親節。項城和許多地方都有一個關於節日的傳說，講述二月二龍抬頭的故事，說當年有一個禿尾巴老李（一條受過搭救的龍），受到天帝的懲罰，必須離開家鄉，但是，他思念搭救他的母親，每年的二月二這一天，他一定要回來看他的母親，於是，這一天就成了探望母親的節日。在飲食風俗上，有搬棗山（春節擺放在神龕前面的棗花兒饃，上面有盤龍圖案）、吃煎餅（意在補圓破陋的蒼天）和油炒的黃豆（傳說是母親給兒子的定心丸），以紀念這個節日與傳說。俗語告訴人「麥稍兒黃，閨女去看娘」，「六月六，割娘心頭一塊肉（意為還給娘身上肉）」。在父親母親七十三、八十四的特殊年齡階段，兒女要為父親和母親做過鎖、過節、過檻的儀式。項城地方風俗有舅當家，即兄弟分家，要請母親的娘家人舅父來主持；舅當家的風俗在許多民間故事中被描述。這都是風俗中尊敬母親的表現。

袁世凱最愛他的娘親劉氏。項城鄉間傳說，如果某人不孝順，死後會變成野狗流浪，所以，清明插柳枝兒，其意在表明尊敬母親。柳樹與榆樹、椿樹等多籽的樹木，在項城民間被稱為母親樹。唐代有一個故事至今流傳：某媳婦辱罵母親，後來變成拉磨的驢子。

曾經有一種風俗，北京人自以為了不起，常常喜歡稱呼別人「你他媽的」云云，以為這樣才親切、自然、隨便。可是，作為一種風俗，罵對方的娘，可能造成很嚴重的後果，來到中原地區就儘量不要這樣說，如果這樣說了，你可能會挨打，甚至會因此而失去生命。

袁世凱有兩個母親，一個是十月懷胎生他的母親劉氏，一個是含辛茹苦養他成人的母親牛氏。或者說，他應該還有一個娘，是他父親袁保中在劉氏之前娶的那個娘，只是那個娘死得早，只留下袁世敦這個二哥，後來與袁世凱鬧騰得沸沸揚揚。

項城老鄉這樣解釋說，袁世凱命貴，有天子命，因為後來要做大總統，要做皇帝，所以將會克父克母，而且他已經克死了他的幾位哥哥和弟弟。也正因為他母親乳房生瘡，沒有充足的奶水，恰好牛氏喪子，奶水充足，所以過繼給了牛氏這位孀娘。這是一舉兩得的幸福，一來袁世凱可以得到兩個母親的疼愛，比人家費了心思認乾娘要更加自然；二來按照民間社會的禁忌，他和他的父母都躲過了生命中的一劫。按照風俗文化中一般道理所講，聖人無父，大人物總要克死了父親，才能有後來的大作為。一切都是命運的安排，命運又如何不是一個傳說？

袁世凱的母親深深愛著袁世凱，她們不知道她們這個兒子後來會成為中華民國的大總統，日後會有指揮千軍萬馬的才能。袁世凱同樣深深地愛著他的兩位母親。他長大成人後，身在遠方，心中常常牽掛著母親，常常在與家中親人來往的書信中問候母親，如「母親大人膝下叱名請安。二位姨奶奶及諸妹均此問好」（〈致二姊函〉光緒元年七月廿六日，即一八七五年八月二十六日）、「再稟者，前日母親大人寄壽岩一函，男未與他看，但將母親大人意思告與壽岩。何也？函內直言男所稟的，豈不謬哉！當場麼能轉得開臉，豈不大失和氣，且語病太多，實不能與他看」（〈致母親函〉光緒三年秋，即一八七七年秋）等，可見一斑。

袁世凱在日常中保存了實力，等待著更多的機會。袁世凱尊敬兩位母親，是有多種原因的。袁氏家族男丁壽不過六旬的事實，成為一種情結折磨著他，從其高祖父以來，家中女性承擔著更為沉重的生活壓力與精神壓力，這使他倍加珍惜這份親情。當然，更多的是人之常情，袁世凱深深懂得兩位母親的艱辛。可以想像，少年袁世凱在南京時，其父病亡，母親一人帶著他度日，難為之處應該很多。守護母親是兒女的天職。筆者在二十世紀八〇年代初在項城家鄉曾經調查到關於袁世凱鎮壓山東義和團起義的歷史材料，地方傳說袁世凱在山東巡撫任上，其母親牛氏隨往，無辜受到義和團恐嚇、驚嚇，此事極大地激怒了袁世凱。除了政治上穩定的需要和自我保護策略的因素之外，其出於親情受損而報復，應該是符合邏輯的。

袁世凱雖然被過繼給自己的叔父，但他對自己的親生母親劉氏仍然關心備至。與對待養母牛氏一樣，除了書信中的問候，他日常給以贍養，禮節甚多。

袁世凱在母親生前恪守孝道，在其身後同樣極力維護其尊嚴。其生母劉氏因為不是正房，屬於庶出，按照家鄉風俗，可以被拒絕埋入祖墳。所以，袁世凱葬母就形成一場大風波。袁世凱身擔重任，乃朝廷大員，回家葬母應該一派風光，因為他具有衣錦還鄉的色彩。但是，其同父異母的兄長袁世敦卻從中作梗，借劉氏庶出為名，堅守所謂的規矩，不允許劉氏埋入祖墳。這使得袁世凱極為丟臉。更有甚者，袁世敦竟然身穿大紅袍，出面與袁世凱對峙。項城風俗中，遇到喪事，家中親屬應該身穿白色的孝服，表示哀悼；身穿紅袍，不僅僅是不守孝道，而是決裂，斬斷親情。袁世敦報復的原因在於他在官場上被人暗算，遭到革職處分，袁世凱應該幫助他，但是，袁世凱出於種種考慮，沒有幫助他，他就深懷不滿，借機給袁世凱難看。袁世凱知道袁世敦的意思，但是，他遵守「出父有長兄」的風俗，在家必須遵從兄長的意見，無可奈何地接受了此侮辱性的報復。於是，他只好接受其他親屬的建議，改葬洪土窪。筆者在長篇歷史小說《袁世凱》中詳細描寫了這一段生活：

光緒二十八年的秋天，項城袁寨裏裏外外都擠滿了人，三眼銃一陣接一陣響著，人聲如沸。袁宅裏裏外外重新修整一新。庭院裏置放著一具金碧輝煌的龍架，靠南方向著巨大的供桌，整豬、整羊和整條的雞，香、裱、蠟燭和各色綢緞令人目不暇接。嗩吶、鑼鼓漫天尖叫，吵得人什麼也聽不見。

家人哭著。兩旁有請來的僧人和道士，他們正做法事，超度亡靈。

龍架上的匾在花叢中露出端倪，人細瞅去，可見上面書寫的「賜項城袁府劉氏夫人一品封典」字樣。項城縣令為大喪主持助理，像親臨戰場的指揮員，分配各色人等各自行事，人人都是小跑。

從袁宅通向袁寨的東門，一路兩旁都是弔唁的各地官員，他們眼巴巴地朝袁宅大門方向望去，等著大喪快一些結束。秋天的塵土特別多，到處爬滿了紅頭綠身子的大蠅子，開水已經多時不見了，有跑前跑後的小夥計嚷著：「四村八鄉的水井都被打乾了，去沙河拉水的車還沒有回來。」

又一通火銃響，連著幾陣鑼和乒乒乓乓的鞭炮。有人奔跑著，到袁宅大門高聲喊：「河南省巡撫張人駿張大人到——」

袁世凱正領著幾位兄弟，披麻戴孝，跪在袁世敦面前，一再央求：「兄長，讓娘進了老墳吧！這麼多的人來，為咱袁家增光，您連這個面子都不肯給嗎？」族中有人幫著相求。

袁世敦曾為袁世凱跑前跑後，辛苦奔忙，前一些日子他被革職，而袁世凱不幫他復職，對此，他極其惱火。他一身皂服，仰起頭，大聲喊著：「不中，嗨嗨，就是不中。一千個不中，一萬個不中！我嘛，是革職的小官，你是朝廷的大臣，可是，在家就得守家中的規矩。孀子她不能入正穴，不能與爹並葬！這是多少輩的規矩，誰也不能壞！」

有人遠遠地在外面看見這情景，指點著，說：「看呀，總督也頂不得哥。誰讓他娘是個妾咧！嫡庶反目，看他們怎麼出殯！」

袁府的長輩有勸袁世敦讓步的，有勸袁世凱讓步的。但任人如何說，袁世凱堅持自己的娘要入祖墳，要從正門出，而袁世敦則堅絕不同意。袁世凱舅家的人苦口勸說也沒有人理會。

袁世凱淚流滿面，嗚咽著說：「二哥，大哥死得早，您就是大哥。您說吧，到底讓不讓俺娘進祖墳？若是讓，來日我回家養老度日，百年之後陪娘陪爹安息，也算我奔波幾十年的一點心願。若是您不讓，放心，我袁世凱再踏項城縣土地一步，算我不是人！」

袁世敦皮笑肉不笑地說：「凱兒，你是俺兄弟。你是在逼我？我可不講你做多大的官，你就是當了朝廷，我也照樣不讓！想回來，你回。不回來，也沒有誰硬拉你。不論是家中的規矩，還是憑風水先生說過什麼，俺孀子就是不能入正穴。這是誰也不能改的事。」

袁世凱大吼一聲：「袁世敦，你還要不要良心！若你不讓，別怪我無禮！」

袁世敦「呸」了一聲，轉進屋內側，穿起一身的紅袍，昂著頭，說：「凱兒，你不是官大嗎？我就是不讓！除非你把我殺了。來吧，朝頭，朝胸，都可以打。你開槍呀，我若眨一下眼，那算我不是人。你開槍呀，袁世凱，小凱兒！」

袁世凱一把拉起幾位兄弟，咬著牙，哭喊著說：「俺娘不進祖墳，俺就進師寨洪土窪！有誰敢裝孬，我拿他當狗殺了驅邪氣！」
袁宅裏猛地靜了下來。（〈**袁世凱葬母**〉節選）

袁世凱葬母出現的家庭風波表面上平息了，但已經成為袁世凱與袁世敦兄弟之間不可彌合的感情鴻溝，這也表明袁世凱對母親劉氏的深厚情誼。中國傳統社會講究名分，以宗法為基本結構形式，在祖墳與祠堂中，包括被寫進家譜的位置，是非常重要的名分。母以子貴，袁世凱的母親因為袁世凱的政治身份有「賜項城袁府劉氏夫人一品封典」，地方最高行政長官主持儀式，可謂榮耀。但是，官不壓親，這只能成為風俗生活中袁世凱一生最大的遺憾。奉養娘親，無論多少艱難困苦，都在所不惜，這是以宗法社會為背景的文化認同的最高原則。

## 袁世凱與他的二姐

項城袁氏家族龐大，袁寨以袁宅為主，是袁世凱高祖父以來家庭成員的居住地。其家風崇尚敦厚、團結，袁世凱的堂兄弟、堂姐妹非常多，總體上還算相處和睦；其同胞兄弟姐妹之間，袁世凱與他的二姐關係最為和諧，也最為親密。二姐最疼愛他，對他的成長有很大的幫助，兩人的情誼尤為深厚。

袁寨村，河南鄉間極普通的一個村莊，出來一個不平凡的人物。二姐學名袁讓，傳說其乳名叫鳳蓮，長得清秀端莊，舉止落落大方，喜歡讀書，會寫文章，還會寫詩。傳說她非常聰明，做事非常果斷，很有心計，就是命運不濟。尤其是她的婚姻，成為她人生的痛結。直到二十世紀的六、七〇年代，項城地方有一些老年人對她還有印象。她因為婚姻問題不順利，孤苦無依，後來一直與袁世凱家人生活在一起，據說她在洹上養壽園聽到袁世凱將要稱帝的時候，她說自己的弟弟有此命，而自己的這些弟妹即弟媳婦德行不厚，為此表示憂慮，因病去世。

筆者在長篇歷史小說《袁世凱》中，多次描寫到袁世凱這位聰明伶俐的二姐。一次是袁世凱小時候到柿樹林去玩，她站在寨牆上關照他，囑咐他小心，不要與野孩子玩，還說自己是女孩兒，不能走出家門。一次是袁世凱與叔祖父袁重三一起趕廟會，夜宿城關，受到驚嚇時，他嚷著要回家與二姐玩。還有一次是袁世凱考試未中，身心疲憊之極，得了一場大病。筆者安排一個情節，讓二姐做了油香的黃豆給袁世凱吃，讓他放了很多屁，使得腸胃通暢，從而消除了疾病。他們之間既是親密無間的姐弟關係，又是無話不談的朋友關係。

袁世凱仰起臉，怔怔地望著袁重三，兩肩一起一伏地抽搐著，可憐巴巴地說：「四爺，咱回家吧。我回家，和二姐玩。二姐她等我等急了吧！」

袁重三的臉色猛地變了。袁家的二姑娘是孩子們中最出色的一個，一雙水靈靈的大眼，烏黑的頭髮上常插滿金銀花簪，誰見誰喜愛。凱兒和她玩得最好，姐弟倆在一起吃，在一起睡，誰也不能把他們兩人分開。可柳杭的大戶田家托了人來，要聘二姑娘為他們田家的媳婦。田家的孩子是個瘸子，禿子，又傻，這不是癩蛤蟆想吃天鵝肉嗎？簡直是欺負人！但是，田家是大戶，得罪不起。蒼天有眼，大戶人家為富不仁，他們田家殘疾人尤其多，所幸的是瘸子死了。二姑娘又許配河北地懷慶府進士毛昶煦家，是保慶朋友做的媒。可據說毛家的孩子也是病懨懨的，瘦得不像人樣。有人傳來消息說，毛家的孩子已經活不了幾天了。袁家的人都因此犯了愁。

袁世凱見袁重三不說話，抹了一把淚，嚷著說：「好四爺，我要給二姐買一把紅傘！」

袁重三驚訝地問：「幹什麼用？」

袁世凱破涕為笑，得意地說：「我要和二姐一起過家家！讓她撐起紅傘，騎在毛驢上，我帶著她去玩。這城關的人他們一個個模樣都太兇狠，讓人害怕。走，咱們回去吧，我的二姐待我最好。我與她玩，我再不來城關了。」

袁重三若有所思地把他背起，向客舍走著，一邊笑著說：「好啊，這也好！二姐知道他弟弟想著她，這會兒一定正唱歌呢。」

袁世凱拍著手說：「四爺，我聽見了，二姐正唱『小白姐，做花鞋……』」

爺孫兩個一起拍著手，齊聲唱著：

小白姐，
做花鞋，

做的花鞋擱板上，
雞叨跑，
狗撵上，
小白姐氣得哭一場！
小白姐，
你別哭，
明兒來個探花郎，
……

唱著唱著，袁世凱伸著小手，趴在袁重三的肩膀上慢慢睡著了。袁重三把他抱起，解開衣襟放在床上，任眼角上流出了兩道小溪。淚水汩汩流著，流淌著老人的愧疚。他喃喃地說道：「二姐的命真苦，憑這樣的德性、才情，該嫁一個探花郎，才不辱沒袁家的聲望。」（〈趕會〉節選）

毛昶煦，袁家的好親戚、好朋友，袁世凱二姐的好公公。所謂「柳杭的大戶田家托了人來，要聘二姑娘為他們田家的媳婦」，「田家的孩子是個瘸子，禿子，又傻」，這只是鄉間的傳說，未必實有其事。「二姑娘又許配河北地懷慶府進士毛昶煦家」與「毛家的孩子也是病懨懨的」則確實是事實。對此，筆者曾經在懷慶府所在地河南省沁陽作過考察。毛亮煦、毛昶煦兄弟，是武陟縣人，皆進士出身，在地方上有顯赫的聲名。袁保慶是袁世凱的養父，曾經在毛昶煦幕府任職。北京達智橋胡同的北側，松筠庵的斜對面，有一處嵩雲草堂，相當於河南會館。同治末年，兵部尚書毛昶煦與袁世凱叔父袁保恆等人籌資，在會館內修建了精忠祠，供奉岳飛像，召集河南同鄉逢節日、忌日進行祭祀，以加深感情。史載，當年公車上書，嵩雲草堂成為各省舉子集會、簽名的場所。當時，袁家與懷慶府毛家有此世交，聯繫成為姻親，增強友誼、情分，是很正常的。懷慶府毛家也是家門表面興旺，實則未必。家中子嗣不旺，毛昶煦常常借題發揮，抒發其鬱悶情懷。其地有孝女塔，傳說唐朝有一少女為病危父母借壽，即許願減去自己的壽命數，為父母增壽添福，削髮為尼，皈依空門，並在此建一茅舍，面壁誦經，祈禱佛祖庇佑父母。之後，她自投絕壁，捨身飼虎，希望神佛如願。此地因而取名孝女塔，此崖為孝女崖。毛昶煦曾經在孝女塔前題詩：「巍巍唐州塔，一千二百秋。孝女何處去，魂隨七賢遊。」而且，同治元年（一八六二），張之洞考場失意，曾經入左副都御史、內閣學士毛昶煦幕府襄助督辦團練、圍剿撚軍事宜。毛家、張家、袁家，是三家相連並立。後來袁世凱與張之洞的聯繫，也應該與此有一定的關係。

袁家、毛家結為姻親，立下婚約，並訂立婚期、親迎之日。但是，毛家的兒子先天病弱，沒有等到袁讓過門，卻在這個關口不幸病亡。二姐欲哭無淚，只好認命，赴京如約、守節。按照兩家的約定，袁讓作為毛家的媳婦，先舉辦一個婚禮，與亡人結親，算是名正言順，然後，再舉行喪禮，之後可以毛家媳婦的身份改嫁。但是，時運不好，一切行為都受限制。二姐的婚禮還沒舉行，就遇到了國喪！同治皇帝死了，全國人等不許鼓吹，停止娛樂，婚禮屬於喜慶被限制舉行。所以，二姐命苦，十七歲的青春年華，正是含苞待放的浪漫季節，卻被無情摧殘，不能舉行婚禮，就只能守寡，這一守就是幾十年。可見，封建禮教害人，摧殘人性，不僅僅害苦了平民百姓，連那些大家閨秀照犧牲不誤。要說，二姐也就因此成為一個傳說。

袁世凱對二姐的尊敬包含著愛慕與感激，他後來的書信中流露出這種特殊的情感。對於一個少年，這種感情也是很正常的。筆者在自己的作品中也多次描寫這種情景，如：

二姐，我的二姐，許久沒得您的音訊了，您現在還好嗎？我怎麼會將您忘了很久呢？二姐，您的四弟，正奔波在回家的路途中。我好想您，我的沈雪梅，她與您長得那樣相像。有多少回我……我離您越近，心中卻越怕。怕什麼？我自己也不知道。（**〈南京的七月〉節選**）

爹死後，世上沒有一個親近的人了。一日三餐，飯也不香了，茶水好像也變了味兒，袁世凱憋得難受。連著幾天，他沒有吃飯，眼眶明顯地凹了起來。慢慢地，袁世凱病倒了，昏睡了幾天。待一場綿延的寒風、淋漓的雨水過後，他的病照郎中的話說應該是自然而然地好一些，但是多少天來一直不見有什麼好轉。

二姐回到娘家來了，她對袁世凱說：「好兄弟，你千萬不要太傷心，古來英雄有幾個不是受足了苦難才大顯身手的？從前孟聖人說，天將降大任於人，必定讓人筋骨匱乏，身心困頓而不堪。只有這樣，才能磨煉人的心力。」

他搖了搖頭，只覺得滿嘴苦澀，怎麼都張不開口。多少天過去了，他渾身乏力，焦躁不安，肚子脹得難受，想吐又吐不出來。

二姐親手給他熬制順氣的藥，他咬著牙喝下，片刻，大口吐了起來，將五臟六腑都吐了出來，心裏空空蕩蕩，才覺得好受一些。他無限感激地望著二姐，淚水奪眶而出。

二姐點了點頭，微笑著，半日不語。她凝望著他，許久，輕聲說：「好弟弟，人無論多麼艱難，咬一咬牙就過去了。千萬不要自暴自棄，隨波逐流。」接著，她講了一個故事，說從前有一個人叫姜子牙，什麼都不順利，但是他堅信自己能夠成就一番大事業，苦思冥想，孜孜以求，終於成為治國的聖賢。她說了許多許多，每天都如此。（〈河南貢院〉節選）

二姐有本事，非常能幹。能者多勞，所以就幫助母親料理家務。據說，她是可以改嫁的，但是，她性格倔強，固執己見，不想落下再嫁的名聲，以好女不嫁二夫為名，犧牲了自己的幸福。按照常理講，一個人一切都聽從所謂命運的安排，看起來是順其自然，其實未必不是一種愚昧。愚昧不僅僅屬於不識字的大老粗，不僅僅屬於窮苦人。偏執的代名詞就是俗語中的別筋，或叫傻子，再俗一點，叫犟。人吃五穀雜糧，故意清高，不是聰明，或許有許多無奈吧。也有人說，袁世凱曾經勸說二姐別太認真，還是從俗。袁讓心高氣傲，堅持與母親一起幫助袁世凱照料家務，讓袁世凱在外面盡情馳騁於官場，去做光宗耀祖的大事業。筆者聽老一輩人講，毛家後來也敗落了，二姐回到母親身邊，她對母親牛氏、伯母劉氏都非常好，對袁世凱娶來的于氏則顯得苛刻，但她對袁世凱的二夫人沈氏與朝鮮娶來的兩位夫人都很客氣，這是不是因為袁世凱與于氏夫妻不和的緣故？秋不得而知。後來，有人對她講述養老的道理，於是，她就做了變通，還是收養了一個親戚家的兒子和一個女兒，算是過繼給了自己。

現實生活中的二姐能力強，脾氣也大，家族中的許多事情交由她管理，其得心應手。許多時候，她與袁世凱書信往來，從書面語言的措辭上可以感受到她的文采還是不錯的。在一些重大問題上，袁世凱非常信任他的二姐，經常與她切磋交流，可見這位二姐對他有十分特殊的影響作用。

筆者曾搜集到袁世凱與他的二姐之間的一些來往書信，可以看出袁世凱對二姐的信賴，看出他們之間特殊的情感交流方式，也可以從中看到袁氏家族各種人物之間的複雜關係，看到袁世凱與各方面人物的交往及他在家庭生活中的真情流露。在此舉例如下。

家書一件，少年袁世凱已懂得與二姐一起操心。

**光緒元年七月廿六日（一八七四年八月二十六日）〈袁世凱致二姊函〉**

二姊大人賜覽：

前號敬帶呈寸稟並諸衣物，計已入覽。近數日母親大人精神如何？飲食能加進否？念念。

刻下秋水方大，萬難就道，可不必著急，俟秋末再議妥策。家中捐項既用不著，可全數交李蘭九姑丈帶來（封固秤好），以便清款算賬。

三哥既亦不進京，可招其來陳照料。遵四叔大人之命也。然來亦無事，不過外面多一人，可放心耳。

南院六姑處記有弟皮馬褂一件，可飭人拿來，交便人帶來為盼。不遑多陳，此請

近安。

弟凱肅廿六

母親大人膝下叱名請安。二位姨奶奶及諸妹均此問好。

這封信談的是家務事，其寫於光緒元年（一八七四）七月，袁世凱只有十六歲。信中的三哥、四叔、六姑和九姑丈，還有兩位姨奶奶，都是袁世凱的家人。袁世凱弟兄六人，雖然他過繼給了袁保慶，但仍然以此排行。其三哥即袁世廉，當年與袁世凱在洹上相處，留下一起釣魚的照片。其四叔即袁保齡，此時，袁世凱在北京袁保齡家中讀書。

著名學者、袁世凱問題研究專家駱寶善先生說，這是目前所能見到袁世凱最早的一封家書，而且正好就是寫給其二姐的。

從書面文字來看，十六歲的袁世凱文筆已經相當不錯。

**光緒三年九月廿六日（一八七七年十一月一日）〈袁世凱致二姊函〉**

二姊大人尊前敬稟者：

久未有便，故鴻鱗數月未達。前高卓如南歸，未必經陳，所以亦未肅稟，不勝依依之至。前家眷抵京，接讀手諭，並詢壹是，不勝感慰。第不知近者母親大人精神飲食如何？

高麗參仍常服否？腫症□（此處模糊）全愈否？夜間能安眠否？有便務詳示知。吾姊大人刻下尊躬如何？精神飲食一切如何？丸藥煎藥依然服否？三妹諒必仍從吾姊大人識字，伊心痛心跳之症犯否？

昨日毛大姻伯來，言合宅均晉，諭不必掛念。日前弟亦進城見禮。孫二哥、諸弟俱言甚好，囑可寬注。

來京同居之語，弟已面商三、四叔大人與漢仙，俱言隨母親大人之意。如欲同居，即將書房院撇出，另收拾一院住之；如欲另居，前邊甚近相連有宅一處，已打聽好，不久亦將買成，住之亦可。大料同居之事，甚中合三、四叔父大人之意，待母親大人到京隨意可耳。三嬸母大人性情少改，不甚多事，與之同居諒必無妨。

前聞母親大人諭內人來京，甚為不可。如不欲來京，則皆不來，如欲來京，則亦皆來。弟既不能承歡膝下，又使內人亦來，是何事也，弟心何安也。弟之所為無他，因陳郡斷非住家之處，無人在外照應亦斷斷不行。母親大人雖辦事多年，然總在內，耳目之及甚狹，且年近五旬，身體多病。勞心過甚，誠為不可。來京有三、四叔大人在此，萬不至使母親大人著急勞心，且良醫最多，亦可調治復元。計算用費，同居亦甚有限，過百銀足矣，另居亦無大費，過三百銀足矣。

明年母親大人五旬正壽，弟不歸，心斷難安，歸則功荒學廢，後年大場來，將何以應之，殊覺兩難，惟來京乃為上策。且弟以多病之軀，終日佩藥補養，自來到今，大小病二十餘次，直算無一日不在病中，一日服丸藥兩次，前日猶吐血症犯，臥病十餘日，（此斷不可稟與母親大人，免得老親掛念）至今漸復元。

零用積少成多，如寫信向家要錢，弟甚無臉。弟既不能養家，反在外使家養己，斷不成道理。然如是，豈是可了之局。三、四叔大人待弟厚而又厚，但同學人多，又安能盡靠照應，小補貼之費不得不然。如皆來京，小補貼弟無庸自備，易而且省。如不進京，弟不出京，將何以了。弟出來數月，功名不成，斷無臉回家，欲於汴省謀一事，可以糊口以托足□（此處模糊）。前有此意，三叔大人決意不肯，弟亦無奈，又不能將此境面稟三叔大人，祇對對答答過此數月，然亦頗費周轉，待母親大人來京再講。今早起與三、四叔大人商議，悉言今冬途遠多阻，於母親大人病身不宜，待來春正、二月，氣融日和，再多派幾個家人與六叔大人同去接來到京，隨意居處，麼說麼好，三、四叔大人無不聽從。

南莊糧食聞能足吃，不勝欣慰。徐四已換矣乎。弟觀所有之家人，惟王成忠勇能辦大事，但不過性情懶惰，使之看莊，照應莊稼頗覺相宜。京中有楊和，亦是老人，可備使用。南莊如得一成，庶不至荒蕪田畝，一年進如許出息，以備小用。令成收了糧食，到冬賣之，化為銀兩，由日盛昌兑票莊兑來京可耳。如典與人，恐荒了地畝。用他人，多不靠實，即靠實而無材能，此任非王成不可，且可以大放其心。明春即差成順便回去，弟處有楊和亦足用矣。可否，請母親大人酌而行之。

此事弟本當回家接之，但因下科將至，如再碌碌，弟何面見人也，即妻子亦何面見也，所以不敢誤了功夫。第使幾個腹心人貸接可耳。然亦殊覺自罪，慚愧之至。

陳郡課錢，如能收回更好，如不能，令鄒升年年要收，遇便帶來可也。

大姊與姊丈諒必早已回矣。籲！回想昔日姊妹與弟聚首輸情，今則遠隔千里，竟成南北之人，不知何日復得一會。晨坐思之，不覺淚下傷已，何天之不諒人也。大姊忠厚好強，不料壽岩何如是之不自振也。弟旁觀憂憤，只無奈何。楊姻伯亦如是之糊塗，焦甚，焦甚。

去歲此時同居，今年此時遠分，弟獨何心，能不對老秋而興悲哉。內子年幼，望姊大人念兄弟之情，務善引訓，使盡其道。弟誦讀如故，功夫莫荒，但身弱多病，不敢甚勞。然雖多病，亦不敢自棄。每當病臥，思己之功名不就，無不攘背而起，展書味誦，但不知老天負我不負我乎。俗云，老天不負苦心人。如弟自盡其道，諒亦不負弟矣。

吾姊大人芳名彰於天家，懿範垂於後世，義勇副乎英豪，誠弟所可望而不可即者也。但願勉勉焉，無遺父母羞辱，無盡虛誕於國家而已。

頃聞陳府中錢店被搶，不知實否，且聞至今猶未落雨，不勝惦念之至。觀今者之形勢，天下將亂矣乎。來京之事亦當觀時而動，如道路不通，斷不可輕動，待道路平靜方可。

毛府所帶之物，種種不一，不能盡帶，因子明大哥騎馬故也，故擇其要者帶回。其如肥子、刨花、豆麵等，皆托張姑丈帶回。其如丸藥急用者，先托子明帶回備用。高麗參，

四叔大人言，暫刻無甚好的，恐不能吃，俟買了好的再遇妥便帶回。

弟雖無大吉，然亦無大咎，堪慰清注。肅此，敬請

近安。

弟凱謹稟菊月念六日燈下

外，帶回春丹兩包，一包是四嬸帶，一是毛府帶。活絡丸一包，毛府帶。益母膏十罐，是四嬸帶。因不好帶，故先帶四罐。

這封信寫得較長，談的仍然是家務事。這也是他與二姐通信中最能顯示兩人姐弟情深的一封書信。

袁世凱時年十八歲，懂得理家，頭腦不糊塗，卻體弱多病。

首先，其書信主體應該是「回想昔日姊妹與弟聚首輸情，今則遠隔千里，竟成南北之人，不知何日復得一會。晨坐思之，不覺淚下傷已」，順便談及一些零零碎碎的家務事。袁世凱先提及「昨日毛大姻伯來，言合宅均晉」。這位毛大姻伯，應該就是河南懷慶府的親家吧，不然，還有誰來「言合宅均晉」呢？後又提及「毛府」的東西，「吾姊大人芳名彰於天家，懿範垂於後世，義勇副乎英豪，誠弟所可望而不可即者也。但願勉勉焉，無遺父母羞辱，無盡虛誕於國家而已」。此時，他是支持二姐守寡的。兩人身體皆病弱，相互問候，屬於同病相憐吧。

此時的袁世凱一心讀取功名，向二姐傾訴：「弟誦讀如故，功夫莫荒，但身弱多病，不敢甚勞。然雖多病，亦不敢自棄。每當病臥，思己之功名不就，無不攘背而起，展書味誦，但不知老天負我不負我乎。俗云，老天不負苦心人。如弟自盡其道，諒亦不負弟矣。」這是真心話，他表達的核心應該是「自盡其道」的期待。

既然是家書，便會對家務事不厭其煩，書信中問候語甚多，可見十八歲的青年已經會用心思處理母親與二姐的身體狀況、三妹讀書、對姐夫楊壽岩不滿意等問題。其言「第不知近者母親大人精神飲食如何？高麗參仍常服否？腫症□（此處模糊）全愈否？夜間能安眠否？有便務詳示知。吾姊大人刻下尊躬如何？精神飲食一切如何？丸藥煎藥依然服否？三妹諒必仍從吾姊大人識字，伊心痛心跳之症犯否」云云，甚為詳細周到。從上面文字中，可以看到二姐身體與心情不太好，但仍操持家務，且教育妹妹讀書識字。

其次，他表達了對母親的思念、牽掛，說到「明年母親大人五旬正壽，弟不歸，心斷難安」，以及自己「以多病之軀，終日佩藥補養，自來到今，大小病二十餘次，直算無一日不在病中，一日服丸藥兩次，前日猶吐血症犯，臥病十餘日……至今漸復元」的狀況，而且他特別提到「此斷不可稟與母親大人，免得老親掛念」，表現出其為母擔憂之意。同時，他又提及「弟出來數月，功名不成，斷無臉回家，欲於汴省謀一事，可以糊口以托足□（此處模糊）」，即到開封賑災一事，袁世凱去那裏的主要原因不是躲避科考，而是「弟既不能養家，反在外使家養己，斷不成道理」，感到「甚無臉」。

最後，袁世凱談到「南莊糧食聞能足吃，不勝欣慰」與北京「楊和老人」幫助理財、陳州「課錢」等經濟收入與日常花費。他提到「錢店被搶」與「觀今者之形勢，天下將亂矣乎」，表明對時局的關心與洞察，這顯示出一個人在政治上的素養。

**光緒四年四月（一八七八年五月）〈袁世凱致二姊函〉**

二姊大人尊前敬稟者：

頃袁心鏡敬詢母親大人及友躬均稱平敉，不知刻下能如故否？龜膠諒必常服，張先生又來看乎？念甚，念甚。

賑務實屬萬難。南陽匪徒猖獗，楊敬鎮、崔季鎮、宋祝三三軍會剿。昨探言，崔軍敗一仗，傷人甚多，宋祝三勝一仗，所殺已（亦）皆饑民，楊鎮連負數仗，勢亦狼狽萬狀。吾之賑款，只有直隸平糶三萬石，計月底即可到界，東漕八萬石，亦計月底可到。部議生息銀五萬兩，仍不知於何時始見。余若新中丞、張漢仙所辦之糧（漢仙辦之糧，乃吳子健所捐之款，非□□（此處模糊）漕也），猶待下月再講。合計糧米亦不過近廿萬石，如何能救六七百萬無告災黎。汴省之糧尚可支持十餘日，正在設法籌款，但不知胡底止矣。

頃有人自澠池、洛陽等處來，言伊地人肉，賣廿八文一斤，孫殺其祖母而賣之，弟殺其兄而賣之，種種未聞之奇，不一而足。

求雨數次，未聞膏霖。三叔大人同和帥步禱，亦不見一日細雨，此所謂天逼人亂者也。數月之後，遍地皆成寇矣。

三叔大人精神照常，惟飲食減者多矣。弟一切如故，大局已定，亦可照舊攻習，然仍五六日進城一次。弟必盡此赤心，捐此腐軀，上以報國，下以報叔父而已。幸勿為念。肅此，敬請

福安。

弟凱謹稟

二位姨奶代為請安、問好。諸妹均好。

外，漢仙二叔一信，弟已與之回信矣。

再稟者，小石姑丈因有要務，不能過陳，弟再三告請，伊執意不肯，弟無奈，只聽之而已。且有撫臺之命，伊亦不敢隨意當誤。三叔大人擬令一叔來省，侄將另打主意。讀書人名節要緊，無出息之名，豈可分受之乎？且將來之事，萬弄不動，所以「君子見機而作，不俟終日」者也。

弟凱又肅

這一封信是袁世凱在開封幫助堂叔父袁保恆料理賑濟災荒事宜時所寫。其稱「賑務實屬萬難」，與「南陽匪徒猖獗，楊敬鎮、崔季鎮、宋祝三三軍會剿」，三軍連連敗北，人肉被買賣，與旱災日益嚴重等，這些內容未見諸正史，是災荒史研究的重要史料。

其中的三叔就是袁保恆，此時帶著袁世凱來河南賑災。從中也可以看到，袁世凱其實是一個有志氣的人，「照舊攻習」，即不忘科考，極力向二姐表示「弟必盡此赤心，捐此腐軀，上以報國，下以報叔父」。

**光緒四年五月（一八七八年六月）〈袁世凱致二姊函〉**

二姊大人尊前敬稟者：

前由馬遞連遞兩函（並劉建棠信），諒登清覽。

近者，母親大人精神飲食如何？夜眠如何？腿腰犯疼否？刻下仍服何藥？念甚。吾姊大人前日欠安，不知已全愈否？精神飲食如何？仍服藥否？念甚。

昨接四叔大人來信，言三叔大人謚得「文誠」。余已陳於前函。陳郡諸事，弟派巡捕李品三會商王文采、鄒升料理，外帶百金，聊可小補。不足，已囑其另為籌畫。汴中諸事，弟已料理清楚，幸為勿念。家中諸叔如出主意，可言弟所囑者，皆四叔大人之意。

吾姊大人旌表之請，已蒙賜允，原折稿呈上披覽。弟年少無知，兼以事多，心多想不到，母親大人及吾姊大人如有所見，可即囑李巡捕會商王、鄒，遵而行之。

弟賤軀如故，夜深不能多稟，詳俟續陳。此敬請

近安，並詢

宅晉吉。

弟凱謹稟夜十

從京來者，有三嬸、老苗、大勤妹、四叔、都叔、王哥、小咡、鬧弟。王哥送大姨奶奶回家。

可先預備孝衣。母親大人可備白衣黑裙。二位姨奶奶亦如是。吾姊大人可備白衣白裙，弟婦亦如是。諸妹有無均可。四叔大人好講究過節，不得不先備焉。

汴中用度甚艱，項城生息銀如可全繳，不如寄至省城，備三叔身後之用。外局好看，且四叔素講義氣，分紋斷不肯負我者也。翻正自項拿回，一半時不能放出，不如暫借於四叔，以爭此面。即弟辦事，家中亦無從說閒話。可商於母親大人，如可，即飭李品三赴項，力逼拿來。如非此好機會，則後日亦不深好逼他，歸還不知當在何日。切切勿失此

時。祈吾姊大人及母親大人斟酌之。

不可與他人看見，此私說也。

弟又稟

這封信是在袁保恆因為賑災勞苦過度而病逝於任上，袁世凱安排喪事，私下寫給二姐的。所以他特意交代「不可與他人看見」。

袁保恆對於賑災事業勤勤懇懇，一絲不苟，雷厲風行，其作風深深影響著袁世凱。筆者在長篇歷史小說《袁世凱》中以大量篇幅描寫了袁世凱「開封學步」這段生活。在封建官僚的群體中，袁保恆是一位難得的敬業者。他因為到家鄉賑災，多方奔走，上下溝通，諸如李鴻章、胡雪岩等，卻常常事與願違，而且不斷遭到那些卑鄙小人的無端阻撓。項城家鄉傳說袁保恆多方求助，得不到回應，曾經學商湯祈雨，禱告不應，一夜之間鬚髮全白，坐在案前死去。他去世之後，得朝廷嘉獎，諡為「文誠」，乃弟袁保齡接替其職責，繼續盡心盡力。這應該是影響袁世凱處事作風與品格的重要事件。

**光緒八年二月初七日（一八八二年三月二十五日）〈袁世凱致二姊函〉**

二姊大人尊前敬稟者：

正在盼信，如大旱望雨，忽得十二月朔及二十日兩示（十一月初十日信未接收，十月信已於正月初五日接到矣），忻感交集，千里相隔，猶諄諄教訓，敢不懍尊乎？母親大人去冬尚未犯舊症，可幸之至。惟濕熱作渴，夜不能寐，殊為可慮。仍宜慎起居，節飲食，不可斷服藥。入春入夏交節之際，尤宜十分謹慎，衣服不可脫，免致受涼。三、五妹前患瘟疫，計亦風寒所致。此後，三、四、五妹衣服亦宜檢點。

吾姊大人近來精神、飲食諒必照常。起居飲食尤須謹慎，丸藥不可斷服。牛寄二百金既收到，甚好，日來時為掛念也。

延陵待人無不忠厚，而與弟相處最好，相待極優，朝夕晤談，諸蒙賞識，恨無以報知己也。惟此軍情形太苦，弟每關薪水四十金，在弟僅可敷衍，而在延陵已第一薪水，無有出乎右者。且火食餵養、差弁薪水亦延陵自發，即在天下各軍，亦薪水之極多者。

四叔父以道臺多年資格，才冠當時，在天津僅百金一月，而火食、餵養仍由自出，較之弟不相上下。而弟何如才，遽能受祿上比四叔父，能不惶悚抱愧也乎？能不勉力前進也乎？便中仍乞常賜教誨，至幸。

昨接天津信，京寓平安。煦姻伯已授司馬兵部尚書，大拜不遠矣。來示言臘十九接十一月廿二日稟，嗣後十二月初六日、初十日、正月初八日、二月初三日四稟，未知能否登覽。道路太遠，寄信不易，或由天津寄來最快，大洋已行輪船，有信寄天津，距此間只一日也程也。務時來信。前以盼家信嘔血喉疼，今已服藥數副，全愈矣。延陵帥於初三日赴岡崳，昨午歸來。諸事尚平安。肅此，敬請

福安。

弟凱謹稟二月初七日

昨晚有議派弟赴都有要事，尚未定。兩位姨奶奶前叱名請安。諸妹均好，學益。

李鴻章創立了淮軍，吳長慶是他的幹將，袁世凱是吳長慶的最愛。這封信是光緒八年（一八八二）春天，袁世凱自吳長慶軍營中寫給二姐的。其中的「延陵」就是當年袁保慶的故交、鐵哥們兒吳長慶。吳長慶字筱軒（亦稱小軒），號延陵，安徽廬江人，在登州辦海防，接納了袁世凱。他對待袁世凱甚為寬厚。袁世凱在書信中說「相待極優，朝夕晤談，諸蒙賞識，恨無以報知己也」，自己「每關薪水四十金，在弟僅可敷衍，而在延陵已第一薪水，無有出乎右者」，充滿感激之情。吳長慶接納了袁世凱，確實是在報答袁保慶當年對父親吳廷襄和自己被困於撚軍中拼殺突圍時給予的救助。這是改變袁世凱一生命運的重要轉折。

袁世凱投軍確實有生活中的被迫無奈因素，但是，不像筆者在小說中寫的那樣是理財無方而窮困潦倒，才誘惑家鄉的夥伴兒去投軍。筆者如是描寫，是做藝術表現，是為了增加情趣。

袁世凱投軍是在光緒六年（一八八〇）。此時，袁保恆病逝，袁氏家族家道中落，因為分家，袁世凱的家產已經不足以供養家中日益增長的需要了。他曾經兩次參加科考，都失意，但是他一直沒有灰心。他已經成家，娶妻于氏，尤其是他還有幾個妹妹沒有出嫁，土地出租的收入頗為單薄，所以，他就想借此機會掙些錢，補貼家用。他想著在軍營中再找機會，一定要完成科舉考試，實現獲得功名的心願。他投軍並不是為了躲避家鄉人羞辱他的難堪，而且得到了家中的贊同，袁保齡給他寫了推薦信，還給他拿出一些盤纏。他念念不忘蒼天不負有心人，卻陰差陽錯，在吳長慶軍營中嶄露頭角。而事實上，正是沒有考場得意，他才能官場得意，才有此後的大作為。

其如此寫給二姐，是對二姐的尊敬與信任。

**光緒八年三月十九日（一八八二年五月六日）〈袁世凱致二姊函〉**

二姊大人尊前敬稟者：

前有人自家鄉來，道四妹事，將疑將信而已，悲痛難堪，數夜不眠，心慌意亂，正擬遣人回里探看各情，忽於十八日晚奉到由府遞兩信，果有其事，不禁五內俱裂，肝膽俱碎。吁，嗟乎！由南歸來，年方三歲，情早可憫，幸母親大人及姨奶奶加意撫育，既教且養，略知大義，天分亦極聰明，方望其指日成人，不負親望，而孰意至於此耶！弟去歲在陳，觀其已頗知道理，而甚愛之，竟至不測，將何為情。言之淚下，思之傷心！

思從前先人去世之年，妹方少弱，不覺情傷十分，不料弟與四妹竟長別矣。夢寐中亦見其形狀，早起□□（此處模糊）更傷情，四妹亦有靈也。恨不得插翅飛來撫墓痛哭，稍抒哀痛。本擬為奠，奈在軍中諸多不便，故含哀而止。四妹身後穿何衣、用何棺、葬何處，務詳細告我。王成到家，令其赴四妹塚上燒紙，已付紙資。提筆心跳淚下，不能詳言，余問王成。

至已移住東院仰山堂後，十分惦念著急，已函告陳郡太守並諸友，令其即速搬出。如再不從，少不得請四叔函致方伯，勒其騰出。如能令其住西院，亦可。惟祈勸老親不必著急傷心，格外保重，即弟在兩千里外亦心安也。近來精神、飲食果如何？腿疼、頭疼、痰擁諸症果如何？均祈速詳示知。

王成到後，如無要事，即令速回東防。如有事，或搬家或赴河北，即速寄來信，飭人送至歸德，托牛鎮加排遞寄來尚快，陳州府馬封太遲，二月初間信，至今一月餘始交來。

吾姊大人近來勞瘁傷痛，均可想見，仍乞時自保重。大事尚多，此身非輕也，務以自重為念。毛家五弟之太山趙雪堂已授曹州鎮，可商令五弟赴曹讀書最好。

此間任中丞月杪來巡，近來操練逐日認真。李中堂丁內憂，張振帥署直督，裕澤生署粵督，塗朗帥督鄂。

四叔時有信來，大約下月中旬方能移家眷赴津。劉姑娘又得小弟，名曰威祖，餘均好。勳弟婦已有喜音。前漢仙寄津二百金，昨接津函，四叔欲作秋後到科之用，弟深恐家中著急，如需用項，可稟津取回。此次王成回去，道太遠，不能多帶，僅帶去六十金，聊備零用，俟秋後年杪再隨時寄項也。弟到衙門亦非急事，如須用，務飭人取回可也。

弟腰疼已好久矣。延陵下月赴津，留弟守軍。

弟官照、監照均忘於家，務交王成帶來，至要，下場非此不可。昨接來示，即欲回陳南試，而吳大叔再三不肯，俟秋間再作計議。老親如欲弟回家，亦不敢北試也，已察商天津矣。如吾姊以文達公事渡河，則家中情形更不堪想。際此多故，老親膝下無人事奉，弟安能不痛心而馳念也。欲回里而四叔不肯，吳大叔亦不肯，不回里而時念家中無人。進退兩難，幾不欲生。吾姊命運可謂壞極，然總須保重。上事老親，下立賢嗣，千萬年事業，尚賴吾姊一人也，可不念乎。

南鄉先塋千萬不可亂動土，而南方尤為不宜。可囑看墳者，亦不准人隨意動土，至要。東院移住不可亂改門，亦不可亂塞門，仍舊住之可也。

王姨奶奶苦守多年，最喜四妹，今日將何以為情。惟勸以撫教三妹，指日成人，庶可稍慰。三妹天性更好，亦不愧吾家子女也。以後衣服飲食均須格外檢點。五妹亦須告陳姨奶奶時自保重，少食零物，小兒生病皆食物所致。繼兒之母亦告以隨時檢點其衣服食物，住舅家非長事，且老親亦不放心也，在膝下尚可稍慰慈懷也。

前交時姓帶去一祭，未知已否入覽。王成已付十金川資，回來給五金足矣。方今手下人萬難求全，未有不知銀錢好者也，安知主人甘苦。心緒□（此處模糊）亂，非筆所盡，余問王成可也。肅此，敬請

福安。

弟凱謹稟三月十九日

母親大人膝下叱名請安。

兩位姨奶奶前叱名請安。兩妹均好。

這封信像是一篇關於四妹的祭文，以此又提起「吾姊命運可謂壞極，然總須保重。上事老親，下立賢嗣，千萬年事業，尚賴吾姊一人也，可不念乎」，可想見其欽佩二姐之情。當然，他牽掛的仍然是「老親」飲食、精神及其「腿疼、頭疼、痰擁諸症」，所以請二姐勸其多加保重。

這裏值得注意的是，書信中提到的「南鄉先塋千萬不可亂動土，而南方尤為不宜。可囑看墳

者，亦不准人隨意動土，至要。東院移住不可亂改門，亦不可亂塞門，仍舊住之可也」。這是袁世凱相信風水的文字證明，也是關於項城風俗生活的歷史記述。

袁世凱相信風水能給人的命運帶來影響，這與他後來的一系列作為有直接聯繫。歷史確實如此充滿偶然。

**光緒十年六月廿五日（一八八四年八月十五日）〈袁世凱致二姊函〉**

二姊大人尊前敬稟者：

久未奉手諭，時深馳念，未知近者母親大人起居如何？精神飲食能如故否？孺慕何似。友躬近來如何？亦以為念。

五月廿一日，吳大叔因病即世，痛悲數日，百事不能理。此一知己，而今已矣。想二姊聞之，亦應太息矣。此間已議建祠，朝鮮王派百官設位致祭。日內派副營幫帶郭副將赴金州送吳大叔靈車而返里，務期將其身後事照料妥葉，方為心安。父親大人去世時，吳大叔情誼甚厚，不可忘也。亦將以千金送奠。此時不報，更在何時。無論如何著急，此千金不可不用也。

軍中甚安。李傳相知遇甚厚，亦一知己，無可報者也。弟尚頑壯。肅此，敬請

福安。

弟凱謹稟六月廿五日

母親大人膝下叱名叩安。兩姨奶奶前叱名請安。三、五妹均好。

函封
內要家信，敬祈慕琦仁兄世大人即飭送捨下。
欽差北洋大臣奏派總理親慶等營營務處會辦朝鮮防務袁安報
安報

世愚弟袁世凱拜
光緒十年六月廿五日發八月廿九日到

這封信講了兩件事，一是吳長慶病逝，一是「李傅相知遇甚厚」。

吳長慶是袁世凱一生命運轉機的大救星。筆者在長篇歷史小說《袁世凱》中寫了袁世凱與吳長慶、張謇先後交惡，後者屬於真實，其中有誤會，前者屬於虛構，意在於言他。如其所說，「痛悲數日，百事不能理。此一知己，而今已矣。想二姊聞之，亦應太息矣」，其想念的是「父親大人去世時，吳大叔情誼甚厚，不可忘也」。此為知恩圖報。此時正在朝鮮，袁世凱受恩於吳長慶，得罪了其部下。

「李傅相知遇甚厚」，則是袁世凱命運的伏筆。沒有李鴻章，就沒有袁世凱。

**光緒十一年九月十八日（一八八五年十月二十五日）〈袁世凱致二姊函〉**

二姊大人尊前敬稟者：

東渡時□□弁□□（此處模糊），及回津，該弁仍未行。九月十八日奉八月十九日手諭

（鄭弁帶），敬悉一切。母親大人飲食照常，左膀疼痛，喘咳不昧，殊為馳慕。此時已全愈否？藥方仍常服否？參茸俟赴朝鮮採買，天津無此物也。心戰不能多說話，想是氣血兩虛。

此次東渡，往返不及一月，事雖棘手，卻無遺誤。本擬在內地謀事，而無如諸王大臣及中堂均堅使弟赴朝鮮充四等公使，亦小欽差局面。……弟年少識淺，不料蒙太后留意，諸親王、軍機大臣、中堂推重，如此知遇，更有何言。從前帶兵，身任戰事，故危險。此時作使臣，無人能害使臣，何險之有。今日時勢，惟出使尚有出頭之日。帶兵練操，又無戰事，將何由名達天聽也。此事已七次辭卻，而當道執意不允。四叔亦力辭。中堂大怒，謂不以國家大局為計。陳芰南觀察前充商務委員，今換名，同局面，其才力不及，且有病，中堂因令其告退。吳清帥已請假一月回南。中堂十五日已出京，今日見，久談，甚高興，將專折保弟為三品銜知府，充四等公使。俟奉上諭，即派人送信。

趙東魯地買亦甚好。下月初派楊和送數百金為今年零用。此差□□（此處模糊）月薪公有五百金，除用尚存二三百金，家給不必慮也，請堂上放心，毋急焦為叩。繼光明年可換先生，每年以百金請先生尚不難。好先生嚴純一、嚴道鄉均可請。袁克仁老實，可仍以從前薪水作為管事甚好。至銀錢不必著急，請核算每年須用若干，乞示，即及時派人送寄。

此差比帶兵好，此時帶兵亦無味。李少雲夫人亦將赴都同篤山居。少雲欲隨赴東，將調為隨員。伊已補大名同知，因缺苦，不願赴任也。

三妹首飾及桌面各件，丸藥等物，均俟楊和送回。弟年未三十，名揚中外，大臣推重，九重垂青，亦大喜事，乞詳稟堂上，毋以為念。必自保重，以副慈望。昨夜始回津，百忙，不及為三哥上稟，□（此處模糊）寄往張營同覽。肅此，敬請

福安。

弟凱上稟九月十八日

諸尊長前，均叱名請安。諸弟妹侄均好。

這是一封報捷的書信。

袁世凱人逢喜事精神爽，遇到喜事，忍不住向自己心儀的二姐及時報告，讓其分享自己的幸福與快樂。所以，其言「弟年未三十，名揚中外，大臣推重，九重垂青，亦大喜事，乞詳稟堂上，毋以為念」。而他最感激的，也是最得意的，則是李鴻章對他的知遇與提攜，如其所述「中堂十五日已出京，今日見，久談，甚高興，將專折保弟為三品銜知府，充四等公使」，該是滿面春風。這是人之常情。

其實，李鴻章對他不僅有知遇之恩，而且有救命之恩。吳長慶推薦袁世凱，李鴻章極力提攜，不僅因為私交深厚，更重要的是袁世凱的能力出眾。袁世凱在朝鮮的所作所為維護了國家利益，李鴻章向慈禧推

在朝鮮時期的袁世凱

薦袁世凱，稱其血性忠誠，才識英敏，力持大局，獨為其難；至於其言「環顧宇內，無出其右者」，也是有根據的。袁世凱有功於朝廷，惹怒了日本人，伊藤博文等人要求清政府嚴懲袁世凱肇事，被李鴻章堅決駁回。

**光緒十四年六月初六日（一八八八年七月十四日）〈袁世凱致二姊函〉**

二姊大人尊前敬稟者：

壽屏至七月初二日始到，適又無船開，故遲而又遲，急不可言，恐已趕不及期。海外辦事，均不能按定時日，殊為慚悶。七月初八九將有船行，將遣王弁專賫壽屏等件行，囑其至津即趕回鄉。

六月十七日奉讀四月初七日、五月初五日兩慈諭，及五月初五日手示，均敬悉一切（繼兒稱盛杏蓀乃改為大伯。伊近與弟換帖，不可再稱太年伯，無年誼）。並悉母親大人又發舊病，已請閻先生診視服藥，殊深孺慕。未知近來精神飲食已否復元？夜能睡否？仍服藥否？秋涼後乞格外慎重，毋至受涼。吾姊大人病漸愈否？服閻方有效否？藥方已抄寄否？均極馳念，尚乞詳示。

弟力請開差，另派人接替，又請天津友人周郁丈、劉薌丈再三代求，而中堂只允待至十月必允回里，而假滿後仍須東來。弟意決計不再來此，然此時辭請無益，擬俟八九月親自赴津，面求傅相開去此差。倘不能允，則只好先於十月回里為堂上擇日祝壽後，再定來不來可也。弟意總以不來為好。惟十月回里，中堂允准，則十月定可回里，乞稟毋為念，外間謠言未足信也。無論如何，十月一定回去。應稟各事條列於左：

七月，黃河未合龍，饑民尚多，仍以不做壽為好，俟十月弟回里擇期舉辦，遍出壽啟，亦好措詞。否則黃河為災，饑民遍野，弟亦顯官，恐人譏議，有妨慈德。至親友水禮盡可收，客亦可請，戲亦不妨唱一二日，小舉動無妨也。至出壽啟，大開壽筵，須俟弟回為妥。

三妹回南，可派王弁等送去，或加派均平去尤好。納綢乃宮中物，市上無可買者，年底王必送些，此時已無存，又無處可買，先湊找衣料二件，系沈婦獻三妹者，乞轉交收。俟王送時，再遞寄淮城可也。

功牌亦年終請領之件，此時無存，似不便做假，乞先將名姓開來，待十月任滿事請領帶上，不至誤。均平要功名，武耶？文耶？武不甚難，文則不易，乞便中飭詳言之。

壽屏惟中堂所撰件極好，乞於至日飭掛好，讀堂上賜聆之。衛、徐所撰，只講文章四六，不易解也。朝鮮官必有送者，候其來再寄上。此處以在海外，不便大舉動，只請友人同僚聚宴而。至天津、煙臺等處，已多有送幛子者，以在海外，且堂上未在此地，均已璧之未收。俟十月至津後，再訂期稱祝，請客收幛可也。此間無好裁縫，敬做衫褂一套，小衫兩件，蟒裙一件，恐不甚好，乞代呈試服之。此間工料均不好，裙子由上海買來，未知當慈意否？又有沈婦做鞋、褲腿等小件，乞呈收。佛蘭絨二匹帶上，乞稟請堂上分賜吾姊，俟冬天服之。洋布、綢件已交王弁三十金在天津買，此地無之。

繼母此時不可吺吺時向弟索物，瓜期即至，虧空甚多，實在苦不可言，均俟弟補缺後必可償債。伊嫁一苦官，亦伊之命不好，將誰怨乎？此時要鍍金首飾，不如將來打真金首飾數付，酬謝其事親之勞，乞諭知之。弟在此處所穿所吃，可詢王弁便知，實未嘗自厚其身，但能省一錢，必呈乞堂上一笑。至首飾，饑不可食，寒不可衣，無用之物也。

鹿茸昨得新鮮者，已飭趕製帶呈（項據崔繼澤云：奉慈諭，不服茸，故不帶）。如意一柄，乞呈收。並朝珠一掛，似不甚好。其餘零星諸件，另有單附，乞點收示知為幸。外百金，乞呈作賞號零用。

三哥仍在天津代弟謀今年回去事，已定十月回。四叔病漸愈，秋間八月擬銷假。

繼兒媒事，吳清丈切懇請允，不得不許，已托周郁山、羅稷臣執柯作媒允定。惟吳家多翰林學士，繼兒須十分下功夫讀書，方可見其岳翁，不至遺笑。吾家富貴不能比吳，而有一好小孩，亦可敵之。明年先生擬請任道鄉或嚴純一為好。繼兒漸大，欲其十五前後能進學，而張先生恐講究不甚高明。任、嚴二公，弟同學多年，陳州無有比此二人再有講究者。如請之，每年給以薪修百金，不過四五年，繼兒即能入泮。年給百金，十年不過千金，而訓出一好小兒，可為百萬金之根本；如教不好，雖有家業，亦無人能守，況創業乎？吾家已三代顯官，子孫將衰，如不盡力教訓，恐不能繼先人事業。自古歷代宦家必不能久，即此時，三代顯達者，亦不可多見，至繼兒已四代矣，安能不擔心警惕也。必須請有講究之先生，切實教訓為好。如任、嚴不能請來，則不必換先生，可再請張先生教一年也。先生不可多換，認準一個先生教數年最好。張先生脾氣太好亦無妨，只要其功夫不間斷為要。待弟回里後考查其講究如何，再為商議，秋後先定亦無妨。如真有好先生，可送張先生一年幹修亦無不可。

五妹漸大，亦須預為辦置衣物，擬俟明年湊款，徐徐預備，免至臨時又支絀拮据。好在尚近河北，辦理較易。

篤山四弟煙癮太大，身子又弱，此地禁煙甚嚴，不准進口，又無處可買，伊甚以為苦。昨請其至仁川毛四姑奶奶處調治戒煙，而伊意不肯戒，欲回京。已再三挽留之，未知其能忍耐不吃煙否耶？如真不肯住，只好送川資，聽其去耳，俟弟回內地再為照應可也。伊又欲捐官，須借三千金，而弟此時安有此力？已允其俟補缺後再借之。

下月即忙辦交代。弟忙碌如前。余由王弁面稟。肅此，敬請

近安。

弟凱叩稟六月初六日

兩位姨奶奶前叱名請安。三、五妹均好。三妹丈讀書如何？念念！繼母子清吉。

這封信主要講了三件事，一是以壽屏為話題，討論關於母親過壽的事情，與二姐相商，彙報自己的想法；二是對于氏的不滿；三是對兒子的婚事作評價。

做壽是風俗中體現的尊老敬老大事，鄉村有名望的人家為老人祝壽，總要請客、唱戲，以示祝賀、歡慶。袁世凱既考慮到「先於十月回里為堂上擇日祝壽」，也考慮到「黃河未合龍，饑民尚多，仍以不做壽為好，俟十月弟回里擇期舉辦，遍出壽啟，亦好措詞。否則黃河為災，饑民遍野，弟亦顯官，恐人譏議，有妨慈德」，這說明袁世凱不但講面子，也講出身，講原則，講形象。他提出一個折中的辦法，就是「至親友水禮盡可收，客亦可請，戲亦不妨唱一、二日，小

舉動無妨也。至出壽啟，大開壽筵，須俟弟回為妥」。此舉是有背景的，即「外間謠言未足信也」。謠言有很多，捕風捉影，數不勝數。

吳大澂的篆書顯示出情真意切，全在他高看了
袁世凱不滿意妻子于氏，有許多傳說。「繼母」，並不是父親又娶的後娘，而是俗稱的「繼兒他娘」。袁世凱與于氏結婚袁克定，為其取名「繼光」，意為繼承祖業，光大門庭，按家鄉風俗即稱「繼兒」、「小繼兒」，也有傳說叫「記」即「痣」，因為孩子生下屁股上有一大塊青痣而得名。袁世凱埋怨她「此時不可呶呶時向弟（袁世凱）索物」，發出牢騷說「伊嫁一苦官，亦伊之命不好，將誰怨乎」。

關於袁克定與吳大澂女兒的婚事，袁世凱似乎並沒有什麼思想準備。此時，吳大澂是朝廷大員，是著名的金石學家，地位遠高於袁世凱，其輩分應該是其父輩，卻因為其賞識、欽佩袁世凱，主動提出結為姻親。這同樣是政治聯盟，有放長線釣大魚的嫌疑。袁世凱對二姐說出自己的心裏話，稱「惟吳家多翰林學士，繼兒須十分下功夫讀書，方可見其岳翁，不至遺笑」，流露出自卑、自謙，也不無擔憂，提出要對兒子加強教育，重金延請名師。所以，他以俗語中的「富不過三代」為話題說，「吾家已三代顯官，子孫將衰，如不盡力教訓，恐不能繼先人事業。自古歷代宦家必不能久，即此時，三代顯達者，亦不可多見，至繼兒已四代矣，安能不擔心警惕也」。

這也說明吳大澂有慧眼，他早就看出袁世凱的遠大前途。賞識袁世凱的人，並不僅僅只有李鴻章幾個人。想起世間一些王倫之流的做派，真正能像李鴻章、吳大澂他們那樣秉公謀私也真不

知好到哪裡去。

**光緒十六年四月初三日（一八九〇年五月二十一日）〈袁世凱致二姊函〉**

二姊大人尊前敬稟者：

日前連奉閏月初四日慈諭，及是月初三日由三哥處轉來手示（寄三哥稟，極周道妥當，殊為佩服）。均經叩悉。慈躬服食如常，至為忻慰。至乳上疙瘩，據鄺先生所云亦甚有理，可即服其藥為要，仍以靜養為宜。前在此訪一單方，據云甚有奇效。以螃蟹殼用瓦製為灰，以水沖服，又以栗子毛包用瓦炙灰，用水調擦抹，久之自可除根。姑乞稟明，酌服為叩。

繼母計此時將抵陳，此間細情想已瀝陳。惟其性情甚劣，倘能真行其道，則幸甚。如再無理取鬧，可令其回南頭，待弟回陳再作安置。處不明白人，真亦無法。值此慈躬方宜靜養，安能聽其時常生事。且現今局面尤須謹慎，切不可准其出外玩看。前已時常切訓，特恐其一離此，或不能記著。

下月仍將籌兌用款，以濟辦喜事之需，過上半年再作打算。

弟於三月十一日奉准照吾前寄銜職，已遵換頂戴，聊博老親一笑。惟幼承母訓，不十年間，由布衣晉職至今，惟才德不及先人萬分一，而謬膺此榮，且年亦太少，時切悚惕。花早放者不能耐風，木再實者根必傷。此二語足為懍戒。惟有矢勤矢慎，盡心竭力，上報天恩，下慰慈望而已。至鄉間照例報條可不必送，只向牛營、南頭各至親處一告而已。在老親或以子榮為慰，而在弟自顧才德，追念先人，誠不知何以為喜。日前杜門不見賀客，良有以也。

弟有用婢，未告納。去冬十月有娠，後因漏胎二次，疑不為娠，近形跡已大露，據醫生及老媽云，的是有娠，在其左，或卜男，計六七月可解生。十三年來，未立繼丁，老親時為盼，今果生男，可又慰慈懷，乞代稟。惟未告納，已將生子，殊為罪慚。海外生子，殊多未便，又添些費，自笑自苦。至該婢解生在即，不便不納，已暗納，未告人知，乞稟告慈聽。今年喜事甚多，老親將因喜除病，卜壽期頤，至為叩祝。

王鳳祥可令早回，繼兒本歸伊照拂，此時換楊厚福、崔繼澤等，繼兒亦不甚怕他，可悶。於老九功夫尚好，繼兒頗有進益，毫不思念其母，乞毋為念。劉姻丈至今未來，盼甚。匆匆肅此，敬請

近安。

弟凱叩稟四月初三日

兩庶母大人叱名代為請安。五妹均好。三妹時有信否？近況何如？

這封信講了三件事，一件事是找到了為母親治乳病的藥方，一件事是再次向二姐抒發自己對于氏的不滿，一件事是告訴二姐自己在海外又娶了妻室，並且有孕。

他喜不自勝，稱「今年喜事甚多，老親將因喜除病，卜壽期頤，至為叩祝」。

袁世凱對二姐的尊敬與信賴，同他與于氏之間的恩怨相比，態度非常明顯。他與于氏的結應

該很深，如其所言，「惟其（于氏）性情甚劣，倘能真行其道，則幸甚。如再無理取鬧，可令其回南頭，待弟回陳再作安置。處不明白人，真亦無法」。其怨恨之情，躍然紙上。或許正是因為他與于氏的夫妻關係不融洽，才有其後來有多個妻室作為情感的補充與發洩吧？

值得注意的是，其中的「告納」，是一種制度，也是一種風俗，成為袁世凱感情生活中的重要內容。其書信中稱，「弟有用婢，未告納」。清政府法律規定，嚴懲官員嫖娼，但是，不禁止官員納妾，納妾之後要告白，所以叫告納。告納之後，也就可以登堂入室，名正言順，他人對此也無話可講。袁世凱在朝鮮納妾，娶來金氏她們，金氏生下袁克文，袁克文做了名士，成為民國四大公子，後又有兒子著名科學家袁家騮，也算為袁世凱家族爭得了榮譽。

從這些書信也可以看到，袁世凱家中的管理權，尤其是財政大權是由二姐袁讓具體負責的。

**光緒十六年五月十九日（一八九〇年七月五日）〈袁世凱致二姊函〉**

二姊大人尊前敬稟者：

五月十七日王弁回韓，奉四月十一日慈諭及同日手示，並詢悉種切，既慰且念。母親太夫人乳疙瘩今又漸長，殊為可慮。破氣血藥斷不可服，姑看鄭先生藥能否見效。此症自以靜養為是，所有家務各事可請王姨奶奶照料，母親大人可不必多勞心力。前寄兩單方，一為用螃蟹殼煅灰沖服，外用毛栗包煅灰抹擦，一為用黃豆芽煮爛敷搨。未知試用否，至念。近日精神飲食能如常否？

吾姊大人舊症想已全愈。據王弁云，較去年好多，至為忻慰。似仍不可斷服藥，惟望加意調養為要。

五妹喜事，已改定十月初八日在陳州辦，甚好，自可稍為鬆動。本擬俟王弁回，即令楊弁去送款，既已改期，似可稍遲遲。天津首飾早已打好，惟無便，尚未寄去。

前次因繼兒不願回去，乃暫留讀書。本擬待其《左傳》讀完，即令於明春回去。茲奉嚴諭，不勝悚惶。俟秋間即派於老九送其回陳。

老九捐官事似可稍緩，功牌事俟便寄。茶、菜各件均已叩登，與繼分食矣。引女留陳甚好，亦可暫慰慈懷也。引結實否？可令好好學做活。

弟昨聞慈躬不安健，乳疙瘩又長，數夜不能眠。乞即將近來情形速詳示為叩。

此間近無多事。十叔昨來此，詢悉陳州一切。惟此處不便為之謀事耳。三哥仍在天津，中堂待之甚好，與弟亦頗有益事。

慈躬既不甚安健，乳癰自非細病，宜即設法求退。特近來內廷及中堂信任甚專且重，仍不易為力，俟便為設法。頃已將各情形請三哥面稟中堂。惟此時由內廷作主，中堂只推不能作主，殊無奈何。今春皇上對中堂云，袁某甚有才識，我用他事甚多，可令其好好辦，不可令其回來等諭。七爺及軍機、總署諸大臣均謂不可令弟回，似中堂此時不可開口也。匆匆肅此，敬請

近安，並乞速覆。

弟凱叩稟五月十九日

兩庶母大人前叱名請安。五妹均好。引女清吉。

此後寄信，可外皮寫：寄天津，投北洋海防營務處。內皮寫：內要信，乞蓉舫仁兄大人速送交袁大老爺甫清泉收啟，弟世承拜幹。此寄法較由煙臺為速便。

這封信寫的事情既有家事，又有國事。家事瑣瑣碎碎，有母親乳病未愈，有妹妹婚姻，有兒子讀書，有兄弟捐官等。國事有朝廷對袁世凱的重用，即書信中所提「今春皇上對中堂云，袁某甚有才識，我用他事甚多，可令其好好辦」。

其所述國事牽涉到一個歷史事件，即袁世凱與光緒皇帝之間的關係問題。這封信的寫作時間是光緒十六年（一八九〇）五月，遠在光緒二十四年（一八九八）即戊戌年變法之前八年。白紙黑字，這不是追述，而是原始文獻，明明寫著光緒皇帝對袁世凱「用他事甚多」，怎麼會是康有為、梁啟超這些人向光緒皇帝推薦，才有袁世凱被皇帝所知道並重用呢？

袁世凱如此寫與二姐，一方面是說自己在朝鮮做得很累，不想再繼續做下去，所以向頂頭上司李鴻章請求回來；另一方面不無得意之處，說明朝廷與李鴻章等人對自己出眾能力的肯定。

袁世凱的二姐管理著袁世凱的後院，為袁世凱操持家務、家業，兢兢業業，對袁世凱事業的發展提供、給予了莫大的幫助與支持。袁世凱尊敬她、信賴她，對她充滿感激之情。筆者在長篇歷史小說《袁世凱》中給她安排了另外一種結局，讓她嫁了人，而且嫁了江南一個有名望的人家，在袁世凱事業發展最關鍵的時候，從另一個角度拐彎抹角，走出門，利用舊交情幫助說情，促成了袁世凱練新兵的願望。這是小說筆法，給袁世凱這個聰明、漂亮的二姐做了美化，是為了增強審美與愉悅的成分。文學作品表現歷史事實，未必完全依照史料，可以通過虛構等手段做合理性處理。

# 袁世凱與他的妻妾

袁世凱第一個妻子是于氏。

于氏是河南淮陽縣一個農民女兒，袁世凱不喜歡她。于氏是袁世凱人生不得意時，牛氏她們為他安排的一樁婚姻，屬於包辦。按照一種說法，是先結婚後戀愛那種。遺憾的是，袁世凱沒有與她嘗試什麼戀愛。從一些書信中可以看出，于氏常常講究穿戴，如光緒十四年（一八八八）六月初六日給二姐的信中，袁世凱寫道：「繼母（即于氏，袁克定之母）此時不可啾啾時向弟索物，瓜期即至，虧空甚多，實在苦不可言，均俟弟補缺後必可償債。伊嫁一苦官，亦伊之命不好，將誰怨乎？此時要鍍金首飾，不如將來打真金首飾數付，酬謝其事親之勞，乞諭知之。弟在此處所穿所吃，可詢王弁便知，實未嘗自厚其身，但能省一錢，必呈乞堂上一笑。至首飾，饑不可食，寒不可衣，無用之物也。」袁世凱非常討厭她，對她沒有多少好感。他對她的態度非常冷淡，之所以遷就她，更多是因為于氏在他母親身邊，擔心她鬧騰而影響母親的身體與心情。如光緒十六年（一八九〇）四月初三日的信中所寫，「值此慈躬方宜靜養，安能聽其時常生事」。當此時「弟（袁世凱）有用婢，未告納」，其無興趣於于氏，更是有了新歡，見異思遷與喜新厭舊之情日益增長。

袁世凱對于氏表現出這種態度，有兩種重要原因。一是于氏是淮陽鄉村財主家的小家碧玉，其家道殷實，卻沒有太多教養，在感情生活上，屬於不懂風情那種人。袁世凱走南闖北，少年時代即出入風花雪月場地，哪裡會在感情上接受她呢？所以，其相結合，也只是奉父母之命、媒妁之言，例行公事般應付。二是屬於傳說中的事件，從書信中也可以推測到這件事情發生的可能性，即袁世凱的母親屬於庶出，于氏於不經意中羞辱了袁世凱的母親，造成對袁世凱感情的極大傷害。或許，袁世凱因此會暴力對抗，藉以捍衛自己的尊嚴。筆者在河南鄉村調查丈夫打老婆的風俗現象時，注意到其中一個重要原因在於妻子辱罵丈夫母親，或者是直接辱罵，或者是辱罵孩子時說什麼「龜孫」、「鱉孫」，激怒對方而形成暴力事件。筆者不是刻意為這種現象辯解，而是述說這樣一種事實。袁世凱對母親無微不至的問候、牽掛，其表現出的孝道是真誠的，在當時社會是正常的。

對此，筆者在自己的作品中做了這樣一段描寫。

于氏的娘家是陳州（今河南省淮陽縣）鄉下大於集的，娘家曾是有過錢財的人，但卻是一個看不起學業、不識得禮節的莊戶財主。當年，于氏嫁來，都是劉氏、牛氏做成的姻緣，她們只求有一個女子拴住袁世凱的心，也圖上自己早日抱上孫子。袁世凱也曾對于氏有過好感，可他心中總是常常泛起沈雪梅那明亮的雙眸，他一遍遍在心中喊道：我的沈雪梅，現在，我袁慰亭正在落魄中，你還記得我嗎？你在哪裡？

天漸漸多了幾許熱，家中鋪上了竹編的涼席。但是，袁世凱的心頭依舊揮不去那些無名的燥熱。

這一天，袁世凱夫妻二人平躺在床上。袁世凱翻了幾頁書，眼角生出一絲睡意。他正想把書扔在一邊倒頭睡去，轉眼望見于氏在手指上纏繞紅褲腰帶，纏來纏去，遂喊了一聲：「你俗不俗啊，簡直就像個馬班子馬班子，下等妓女。的！」

于氏眼翻了翻他，「哼」了一聲，撇著嘴說：「我馬班子？我是有姥姥家的。」「啪！」袁世凱猛地掃向于氏一耳光，破口大罵：「你罵我什麼？你敢罵我是偏房生的呀？你個狗東西，看我不休了你——你個賤種！你他娘的，老子我給了你臉，你，你，你卻踩著上鼻子上頭上天——看我不宰了你！看我不要休了你！」

于氏哭得更痛，把頭髮撕扯得一團草蓬，撞向袁世凱，歇斯底里地說：「好啊，袁世凱，姓袁的孬種，你殺了我吧，你休了我吧你！你若是說話不算數，你就不是人！想一想你有什麼呀你！你光會整日撅著屁股看書，光會來了人吹牛。你窮得什麼都沒有，還在我面前耍什麼威……」

袁世凱不再理他，起身揚長而去。（〈**馬班子**〉**節選**）

在後來的日子中，一直到袁世凱做了大總統，于氏都沒有得到應有的夫妻恩愛。袁世凱對他一直例行公事，在他有了更多如花似玉的妻妾之後，更是如此。男權主義時代，婦女遭受到多方面的摧殘與蹂躪，除了表示同情之外，許多時候我們也只能望洋興嘆。事實上，于氏在家伺候婆婆，也是非常辛苦的。袁世凱在朝鮮的時候，于氏曾經去過兩次，同樣也是例行公事。這時候的袁世凱其實就是河南鄉間一個庸俗的丈夫。

袁世凱的二姨太太是朝鮮人，生了六女兒，這個女兒後來嫁給了孫寶琦的兒子。袁世凱第二個妻子是沈氏。沈氏也是普通人家的女兒，生在南方。因為其地位太普通，並沒有留下太多歷史文獻供我們研究。傳說，沈氏有煙花巷間的經歷，貌美，有才學，是袁世凱青少年時代在南京結識的紅顏知己。袁世凱對她寵愛有加，除了二姐之外，沈氏長期管理家產與家務，對袁世凱子女的生活與學習用心甚多。其中，袁世凱的二兒子袁克文受她教育最多，跟著她學會了琴棋書畫，成為才學出眾的文藝少年，此後雖出身官宦世家卻無心於官宦，而醉心於風花雪月，被世人比之於曹子建。

筆者對袁世凱與沈氏之間的關係，在自己的作品中做了許多虛構。筆者為她取名沈雪梅，讓她在南京秦淮河畔精彩亮相、閃亮登場，與袁世凱一見鍾情，鼓勵袁世凱奮發有為，再讓她死而復生，包括後來在北京讀書時，袁世凱總是不能忘懷沈雪梅，又有後來袁世凱的好朋友周馥幫助她在上海安置生活，出現袁世凱千里尋找沈雪梅等，都是以英雄與美人的模式表現的，目的只在於增強可讀性。青少年時代的袁世凱縱馬於南京城裏裏外外，應該有許多風流韻事，可以想像其不乏多情與荒唐。

袁世凱在朝鮮的家庭生活主要由這位沈氏負責。她調教袁世凱身邊的幾位婢女，卻無法阻止袁世凱另有新歡，到底袁世凱還是「暗納」，甚至「有娠孕」，出現流產，後又懷孕。

袁世凱在朝鮮娶來的三位夫人，其實是托朝鮮人幫助買來的。袁世凱在同一位朝鮮人的通信中也曾經出現買用婢與買花並樂的內容。如光緒十二年（一八八六）四月，袁世凱寫給朝鮮外督辦官員金允植的信中就說：「園有名花，室有佳婢，抱膝把盞，消此長春，度不負千金春宵，亦不惹世俗煩惱，再加以細雨微風，鶯歌燕語，橫笛短簫，敲棋撫琴，種種好音，當比外督辦快活奚啻千百倍也。」可想而知，二十八歲的袁世凱正是精力旺盛、如狼似虎的年齡，又是一個慣於行走風月場的人物，多少荒唐事都會出現。或者可以說，此時的袁世凱耐不住春心騷動，一不小心為自己弄了個夫人。我們常常稱之為弄假成真、弄巧成拙，其實，許多事情總是無心插柳柳成蔭。筆者在描寫這一段生活時，有意安排了袁世凱與朝鮮王宮的矛盾糾葛，金允植他們先是送給袁世凱豹子，又送給他許多禮物，為了拉攏和監視袁世凱，牽線搭橋，使金氏、李氏、吳氏三個漂亮的朝鮮姑娘成為他的夫人。同時，筆者又加入了「麋子的故事」、「百日紅」以及東洋俠女行刺等故事，沒有簡單依照「用婢」、「未告納」的歷史。這些都是想像，都是為了增強文學作品的表現力與感染力。

晚年的袁世凱仍然保持著風流習性，娶了楊氏、張氏、劉氏、郭氏等，甚至還鬧了一個稀裏糊塗接受兒子獻禮的鬧劇。傳說，袁克文喜歡上了一個姑娘郭氏，偷偷摸摸，不敢明目張膽對家人說明。在袁世凱過問這件事情的時候，他竟然做了順水推舟的荒唐事，假意說自己為父親尋了一個女人，袁世凱也不加推辭，順理成章地接受了。等到娶進門來時，郭氏大失所望，對袁克文怨恨不已。筆者在自己的長篇歷史小說《袁世凱》中安排了一個場景，讓袁克文與這位郭氏在袁家後花園芍藥園中私通。當然，這未必是成人之美，而是借荒唐事述說一段風流。如果願意相信，你就只管相信這些風流吧。

袁世凱的五姨太太楊氏是天津人，生了四個兒子，是袁家的總管。其中的九兒子與黎元洪的女兒結了親。晚年的袁世凱總是努力表現出精力旺盛的樣子，他身邊的女人們因為時局變化也出現不同變化，包括他稱帝時，妻妾們為后為妃而鬧騰。袁世凱的二姐老了，沈雪梅也老了，于氏一直受冷落，故後來者居上。傳說袁世凱第五個女人楊氏接替了二姐與沈氏，掌握了內室的管理權，而且還有板有眼。楊氏對袁世凱百依百順，心領神會，極大地寬慰了袁世凱晚年疲憊不堪的心靈。也有傳說，袁世凱相信沖喜的風俗，他為了避開袁家命不過六旬，晚年接納了豆蔻年華的少女為妾，縱慾過度，所以傷了腎，再加上國事繁忙，形成尿毒癥而不治，最後一命嗚呼。這應該有道理，但是，如此風流總被雨打風吹去，縱然其死在牡丹下，未必就能夠成為大風流！

袁世凱身邊有這麼多女人，就有了許許多多的傳說故事。這些女人，特別是他的一妻九妾，為他生養了十七個兒子和一群女兒（或曰十六，或曰十九，或曰二十三），可謂人丁興旺。這十七個兒子和一群女兒要娶親，要嫁人，要成為社會方方面面的親屬聯繫，成為袁世凱家族的主體，成為他聯繫社會各方面力量的紐帶，編織成一張巨大的網。袁世凱與他的兒女親家在編織著中華民國的故事，如端方、蔭昌、那桐，如黎元洪、徐世昌、孫寶琦、吳大澂、陳啟泰，等等。於是，就有了一段又一段說不完的傳說。

袁世凱的家族歷史像一枝瓜藤，數不完的女人就像數不完的花朵，或開放得姹紫嫣紅，或結出甜蜜果實，綿延不息。後來，結出了袁世凱這個最大最甜蜜的果子，這個紅透東方的中華民國大總統和八十三天的洪憲皇帝。它生長在五千年歷史的原野，紮根於中國歷史文化的土壤，曾經那樣光彩無限、鮮豔無比，而其閃放出的未必都是漫天的芬芳，卻給人帶來不盡的思索。

俗語說，三個女人一臺戲。袁世凱身邊有這麼多女人，該有多少連臺好戲！

# 渡盡劫波兄弟在
## ——袁世凱、孫中山與日本

袁世凱與孫中山，袁世凱、孫中山與日本，這兩個問題的聯繫非常特殊，甚至可以看做是一個問題，用一個詞作概括，叫革命。

革命所包含的意義非常豐富。而且，革命也常常會被誤讀。

我們知道，革命是從自己民族經典上「湯武革命」、「其命維新」的記述說起的。革命僅僅被理解為暴力，其實是一個誤解。「維新」的實質是不斷獲得盎然的生機。改天換地，未必就一定要血流成河，像法國大革命一樣把皇帝送上斷頭臺。清朝被推翻，是千百萬仁人志士奮鬥的結果，以遜位代替殺戮，是歷史性的貢獻。有一些人因此批評袁世凱對清朝的軟弱，責怪他沒有斬草除根，這是偏執。

但是，當革命需要流血時，就必須流血，就不能害怕流血。流血的人失去生命時，被稱為烈士。烈士的標誌就是為了大眾，為了民族和國家的偉大事業，而不是僅僅為了個人。

# 袁世凱與孫中山

在我們評說袁世凱時，孫中山是一個迴避不了的話題。

袁世凱有許多惡名，都與孫中山有關係。他們之間從素不相識，到互有耳聞，到初次相會而一見如故，成為共同獻身年輕的中華民國的朋友，再到最後反目成仇，成為不共戴天的敵人，這中間有許多話題。其實，他們都具有民族主義的思想，阻礙歷史進步的清朝是他們共同的敵人。當新興的共和事業受到誰的威脅時，誰就應該是時代的敵人。

時過境遷，一切都發生了重要變化。孫中山與袁世凱都成為了歷史，一個被尊為國父，另一個被稱為竊國大盜。相對於他們對歷史的功過，究竟應該怎樣評說才合乎歷史的真實呢？一切都應該從實際出發。

## 關於詩人孫中山

一首詩這樣唱道：為什麼我眼裏含著淚水，因為我對這片土地愛得深沉。詩歌源於極度的熱情和忘我。孫中山作為革命家，在風雨如磐的日子裏，對民族自由、平等、解放事業如癡如醉，其一生之壯美，又如何不是多情的詩人呢？

孫中山是共和先鋒，與共和志士們並肩戰鬥。光復會誓言中的「光復漢族」，代表著時代潮流。孫中山（一八六六至一九二五），廣東香山（今廣東中山）人，名文，字德明，號逸仙。其早年旅居日本時，曾化名為中山樵，所以得名孫中山。一八七九年，孫中山隨母親赴檀香山讀書，一八九二年畢業於香港西醫書院，接觸並接受西方現代文明教育，因不滿中國黑暗現實，發誓獻身反對清朝的民族革命。一八九四年十一月，孫中山從上海奔赴檀香山，組織反清革命團體興中會，開始領導以排滿為重要內容的暴動。一八九五年十月，孫中山組織廣州起義，起義失敗後，流亡海外。一九〇五年八月，孫中山在東京組織策劃將興中會、華興會、光復會等革命團體合併為中國同盟會，被推舉為總理。一九〇六年開始，其領導的同盟會主要在華南各地活動，與哥老會、三合會等秘密組織聯合，多次舉行武裝起義。一九一一年十月辛亥革命爆發後，孫中山從美國趕回國內，在南京成立中華民國臨時政府，被選舉為中華民國臨時大總統。其後，與袁世凱合作，不久二人決裂，其組織討袁，史稱二次革命。一九一三年，二次革命失敗，孫中山再度流亡日本，並於一九一四年在東京組織中華革命黨，繼續宣傳組織討伐袁世凱。一九一七年，廣州建立軍政府，孫中山任大元帥。一九二一年，孫中山在廣州就任非常大總統，準備北伐。陳炯明叛變後，孫中山被迫離開廣州，逃至上海。一九二三年二月，孫中山回到廣州，重建中華民國陸海軍大本營。一九二四年一月，孫中山主持召開中國國民黨第一次全國代表大會，確立聯俄、聯共、扶助農工三大政策，史稱新三民主義。一九二五年三月十二日，孫中山在北京病逝。

孫中山與袁世凱一樣，懷有遠大的理想抱負，其人生轟轟烈烈，深刻影響著中國社會的發展變化。對於這樣一些影響社會發展進程的人，我們已經遠遠不能用所謂的「成功人士」來概括他們，而使用「大人物」這一概念應該更合適。大人物之大，在於心胸，在於氣象，在於作為。後來，我們把袁世凱稱作賣國賊，稱作竊國大盜，把孫中山稱作推翻清王朝的革命先行者，稱作中華民國的締造者——國父，形成惡魔與天使兩個反差巨大的形象。也有人為此鳴不平，如豐振一稱，應該用事實說話，用史料來證明對歷史人物功過是非的評價。他們說，袁世凱被不公平地妖魔化了，如果他晚年不受到日本人的算計與他兒子、楊度及籌安會中一些人的誤導而稱帝，其貢獻卓越，甚至可比於華盛頓。同時，也有楊天石與海外一些學者，強調重新評說歷史，不斷挖掘歷史、發現歷史，用歷史資料與歷史事實總結歷史規律，揭示歷史真相。他們對歷史文化研究中無限誇大孫中山個人的歷史功績與社會意義、無休止地神化孫中山高不可攀的社會形象，包括不負責任地扭曲歷史、隨意述說歷史等現象提出不同程度的批評。

筆者認為，歷史人物的功過是非都是有具體條件的，應該尊重歷史的真相，應該認真對待史料，更應該注意從不同的視角多方面研究歷史。長期以來，在社會歷史評價中，袁世凱與孫中山確實都被不同程度地極端化述說過，現在，又有人把歷史翻了一個底兒朝天，顛倒過來說袁世凱與孫中山。如電視劇《走向共和》等作品把袁世凱打扮成救民於水火之中的民族英雄、共和英雄。也有人在以發現的名義重說歷史，尤其是有一些學者引經據典，振振有辭，把孫中山奮鬥、拼搏、獻身民主共和事業簡單述說成愛說空話（以高喊革命口號泛論博愛為例）、招搖撞騙（以四處鼓呼民眾革命均貧富為例）、獨斷專行（以要求革命黨成員向其個人宣誓為例）、荒淫好色（以所謂誘惑朋友女兒宋慶齡為例）、不重情義（以排除異己為例），甚至帝王思想極其嚴重（以中山陵佔據鍾山美景為例），把他與日本人的來往作為其出賣民族國家利益的證據，等等。

這同樣是不符合歷史事實、不顧歷史條件的偏執與極端，或者可以說是不折不扣的危言聳聽之言語行為。

歷史就是歷史，述說歷史事件與歷史人物，首先應該尊重歷史資料的保存與發現，應該設身處地作多方位設想。就目前而言，我們至少可以說，袁世凱與孫中山他們首先都是生活中必須有吃、喝、拉、撒、睡等生活行為的俗人，都是一日三餐離不開五穀雜糧而生活、具有七情六慾的俗人，而存在於日常之中，存在於普通人之中，然後才是不同社會政治角色的人。他們作為歷史人物，對於中華民族的命運改變，都有不同程度、不同方面的重要影響與重要貢獻。或者從平常人的眼睛看，用很俗的語言解說他們的行為，袁世凱作為中華民國的大總統，與孫中山一樣是具有大智慧的人，也絕不缺少自己特立獨行的思索，並不僅僅是什麼傳說中不學無術、庸俗不堪、首鼠兩端、一味投機鑽營的政客。他本來應該大展宏圖，實現自己富國強兵、民族獨立的非凡夢想，為什麼一定要千方百計毀掉自己辛苦經營的江山社稷，一定要使用什麼極其卑鄙下流、愚蠢不堪的手段，讓自己在歷史上留下惡名與罵名呢？孫中山更不用說，他本來是一個跋涉奔走世界各地呼號革命，把民族獨立解放與民族、民生、民權作為自己一生的嚮往而不惜獻出自己的一切的人，這樣一個具有民族英雄色彩的人，為什麼非要如此借助日本人的手惡搞自己的民族，為自己的民族留下不盡的禍端呢？

曾有西方人的漫畫，列強爭食中國這條長著辮子的龍。人們常常有局外人清的說法，局外就真的能夠看清歷史的真相嗎？歷史是一個進程，而對歷史的再認識，或許需要更長的時間。

歷史固然不能假設，但歷史從來不拒絕來自各方面的述說。

孫中山是一個偉大的革命家，而其作為詩人，在歷史評說中卻常常被人所忽略。或許，我們讀懂了孫中山作為詩人的存在，會更深入地理解歷史文化中的孫中山這個人。

憤怒出詩人！

而憤怒由何處所生？一切愛恨情仇都非無緣無故。

近代中國社會充滿憤怒的情緒，是詩歌與熱情並行的時代。中國古代文化歷史上，詩歌是最燦爛的一頁。中華民族素來有憂國憂民的文化傳統，人們總愛歌唱位卑未敢忘憂國的文化強音。所以，在近代中國社會的腥風血雨中，每一個具有正義感的知識份子都不會對此袖手旁觀，許多知識份子盡情歌唱著自己的憤怒，抨擊黑暗與腐朽。孫中山是他們中傑出的具有詩人氣質的革命家，其追求民族解放、自由、獨立的人生，其實就是一曲壯美的史詩。

世界列強瓜分中國，皆為饕餮之徒。清王朝腐敗不堪，色厲內荏，對外軟弱無能，對內殘酷無情，倒行逆施，激起民眾的強烈反對。西方帝國主義列強覬覦中國，如饕餮，暴殄天物，掠奪無度，更加劇了中華民族的災難，中華民族危在旦夕。從這種意義上講，太平天國與義和團這些農民起義是民眾的必然反抗，是對民族權益、民眾權利的正常維護。所以，孫中山十分欽佩他們敢於造反鬥爭，曾經自稱洪秀全第一，他是洪秀全第二。你可以站在一種立場上盡情數叨洪秀全他們如何腐敗，如何愚昧，甚至與清王朝對歷史、對社會的反動有過之而無不及云云，指責他們的暴力行動阻礙了社會歷史發展。但是，千百萬民眾的反抗在事實上與日益增長的物質文化需要一樣具有自己的必然性與合理性，任何一種社會性的不滿情緒都有具體的原因，不滿就是不平衡，有壓迫就必然有反抗，此屬於官逼民反，起義是天經地義的。那麼，一些所謂的文化精英們，為什麼無視最廣大人群這種最基本的訴求呢？一些精英，其實不乏虛偽，其高喊窮則獨善其身，達則兼濟天下，而其窮時可能不得不獨善其身，其達時卻極少兼濟天下！諸如獨樂園的歌聲，哪裡有對天下貧苦的半點憐憫？過去我們講知識越多越反動，這是一種嚴重的偏頗。但是，一個知識份子無視人民大眾的利益，一味替極少數享樂階層說話，這樣的知識、見解，又有什麼真正的價值呢？

歷史歌唱天下大同的理想社會，但大同不拒小異，傳統即求同存異。

如果把眼睛轉向歐洲大地，就可以看到在許多民族的獨立運動中，有多少民族為了自己的解放不惜流血犧牲。許多民族捍衛自己的尊嚴，特別關注挖掘和保護自己的民族文化傳統，激勵、鼓舞民族鬥志。民族主義因此所表現的極端化行為，常常成為時代矯枉必須過正的根據。在傳統文化中，民族的記憶基礎其實就是對歷史文化延續方式與傳承內容的尊重。國難出忠臣，國難興邦，這是文化良心的記憶表達與應答。這是那些養尊處優、自私自利、麻木不仁者所無法想像的。

如當年都德的《最後一課》所記述的，國文老師在教室中聽到了普魯士士兵來到操場上的聲音，他用力喊出：「法蘭西，萬歲！」

這聲音在民族危亡的關頭意義更特殊。

文化需要尊嚴，文化需要維護和關心，文化更需要用良心守護和引導。孫中山與那些歌唱愛國主義的詩人們，秉承著民族文化的聖火，在黑夜中奔波、跋涉、探索，儘管其詩歌中常常流露出不無偏激的民族主義情緒與傾向，但他們的風範值得歷史尊重、珍重。

詩人孫中山屬於近代中國這個特殊的時代，其詩歌有不平凡的氣象，燃燒著報國、救世的激情。其詩歌主要保存於《孫中山全集》。與袁世凱的詩歌相比，孫中山的詩歌有另一番特色。

孫中山無意做一個附庸風雅、吟弄風月的詩人。一八九七年，他曾經對一位日本友人宮畸寅藏說：「弟（孫中山）不能為詩，蓋無風流天性也。」這是謙虛，也是在強調自己踏踏實實、求實求是、務真務實，不會故作高深。他的詩歌是他革命的宣言與歷史的記錄。革命家需要慷慨獻身，需要激情燃燒，需要不斷激勵和鼓舞自我。在社會生活中，革命不僅僅是一種對抗、反抗的激烈方式，而通過流血犧牲，換來自由與平等，常常成為一種情緒、一種情結。

青年孫中山曾經是一個醫生，他要醫治中國的社會，所以革命了。青年時期的孫中山曾經把救國的希望寄託在對能夠影響政府決策的上層政治人物身上。如其在《上李鴻章書》中，直接提出了富國強民的四項意見：「竊嘗深維歐洲富強之本，不盡在於船堅炮利、壘固兵強，而在於人能盡其才，地能盡其利，物能盡其用，貨能暢其流——此四事者，富國之大經，治國之大本也。」但是，李鴻章拒絕了他。他一次次呼號，一次次上書，總是事與願違。他從實踐中得出結論，認為只有流血的革命，才能打碎舊世界，換來新中國。

砸碎一個舊世界，就能建設一個新世界嗎？砸碎就是毀滅，首先從國家機器上破壞。孫中山手中沒有武力，只好聯繫、動員民間社會的各種力量，號召大家團結起來，為推翻清朝而鬥爭。孫中山立志推翻清朝的腐朽統治，曾經建立以復興中華傳統為口號的興漢會，提出「驅除韃虜，恢復中華」。他也曾經成立興中會，與興漢會一樣，意在恢復中華民族傳統，取得民族平等權利，反對民族壓迫。自一八九五年至一九〇〇年之間，孫中山多次策動廣州起義和惠州起義等革命，其目的都在於復興漢民族傳統的「倒清立國」。他不畏艱苦，不怕失敗，常常往返於中國廣東、香港和日本東京、橫濱等地，積極宣傳推翻清朝的民族革命主張，希望爭取到更加廣泛的支持。孫中山在這裏表現出相對狹隘的民族主義傾向，他簡單地把取代滿族政治權利作為自己最直接、最明確的革命對象。而這正是當時社會政治的實際。歷史是無情的，在近代中國社會，反滿的民族主義是當時浩浩蕩蕩的潮流，泥沙俱下焉，一切都名正言順。

一八九九年是孫中山生命中不平凡的一年。他派興中會會員畢永年與日本人平山周到廣東、江西、湖南、湖北等地聯絡哥老會等反抗清朝的群眾組織，商議共同舉義，聯合反清。同時，孫中山指使陳少白、鄭士良在香港設立會黨領導指揮機關，與廣東三合會取得密切聯繫。這年的冬季，興中會便邀約哥老會、三合會等組織的領導人在香港彙集，陳少白、鄭士良、畢永年等人與日本人宮崎寅藏、平山周等人一起商議聯合發動起義。他們歃血為盟，以興中會、三合會、哥老會聯合成反清同盟。

就是在一八九九年這一年，孫中山領導了轟轟烈烈的惠州起義，給清朝以沉重打擊。孫中山豪情滿懷，對革命的勝利充滿信心。這年的秋天，他發出命令，聯繫廣東三合會和湖北等地的哥老會，準備發動武裝起義。為了便於起義聯絡，他寫下〈詠志〉這首絕句，詩歌被規定為起義軍交流使用的聯絡暗語：

萬象陰霾掃不開，紅羊劫運日相催。
頂天立地奇男子，要把乾坤扭轉來。

這裏，孫中山使用了「紅羊劫運」的典故。這只是一個傳說中的概念，借指遭遇國難。古人以為丙午、丁未是國家多發生災禍的年份。民間信仰中，丙、丁為火，色紅，未屬羊，故稱紅羊。如唐代殷堯藩在〈李節度平虜詩〉中歌唱道：「太平從此銷兵甲，記取紅羊換劫年。」南宋時期的作家柴望，曾以詞〈摸魚兒〉「問長江、幾分秋色，三分渾在煙雨。何人折盡絲絲柳，此日送君南浦。帆且駐。試說著、羊裘釣雪今何許。魚蝦自舞。但一舸蘆花，數聲霜笛，鷗鷺自來去」等句聞於世，著有《丙丁高抬貴手》一書，他在該書中總結了從戰國到五代之間各個歷史時期發生的各種社會動亂，發現它們一般多發生在丙午年和丁未年。他發現，此一千多年間，丙午年和丁未年的動亂次數有二十多次，六十年一循環，其規律性與緊密性可以想見是多麼明顯。宋徽宗、宋欽宗被擄走的「靖康之恥」也發生在丙午年（一一二六）。他因此告誡人們每逢丙午年和丁未年時，做事情一定要謹慎。民間信仰中，火與羊被視為不吉利，丙午年、丁未年被視作易動盪的年份，為劫難的代表與象徵。如清龔自珍〈百字令・投袁大琴南詞〉就有詩句：「無奈蒼狗看雲，紅羊數劫，惘惘休提起。」歷史上恰巧六十年就出現一次「丙午丁未之厄」，此「紅羊劫運」所以迷惑使人信以為真。

洪秀全以天王的名義詔旨減稅，號令天下造反。廣東是太平天國英雄的故鄉，是洪秀全的家鄉，也是孫中山的家鄉。孫中山以洪秀全為紅，以廣州羊城為羊，以為紅、洪就是偉大，以為五羊便是吉祥。紅羊不是革命者的劫運，而是福音，是大吉祥。同時，他以為紅色象徵流血的革命，羊城為廣州的預示，紅羊即註定將要成功。所以，他宣稱革命的時機就要在廣東大地興起，預示著失去人心的清朝統治者劫運就要到來了。

孫中山與許多嶺南人一樣篤信風水，此處反其意而用之，以「紅羊」諧音太平天國領袖洪秀全、楊秀清的姓，鼓呼革命，也是對太平天國起義的一種延續與傳承。他曾說：洪秀全是反清第一英雄，他是第二。他決心做一個像洪秀全那樣的「頂天立地奇男子」，推翻清朝，「要把乾坤扭轉來」。

孫中山的詩歌產生於革命鬥爭的崢嶸歲月，充滿豪情，充滿悲壯。既然是革命，就難免流血犧牲。他有紀念戰友犧牲的詩篇，寫得非常激切與沉重。或曰，其詩情源於革命，源於革命豪情、革命鬥志！

一九〇六年，孫中山的戰友、青年革命家劉道一從日本回國，在自己的家鄉湖南從事革命宣傳和組織工作。這年的冬天，醴陵、萍鄉、瀏陽等地舉行武裝起義，這是同盟會成立後的第一次武裝起義，劉道一具體負責與同盟會在日本東京總部的聯絡工作，非常出色。一九〇七年一月，劉道一不幸被捕，在長沙英勇就義，年僅二十二歲。劉道一也是同盟會成立後第一位流血犧牲的會員，為了鼓舞鬥志，同盟會總部舉行隆重的追悼活動。孫中山奮筆寫下這首〈輓劉道一〉：

半壁東南三楚雄，劉郎死去霸圖空。
尚餘遺業艱難甚，誰與斯人慷慨同！
塞上秋風悲戰馬，神州落日泣哀鴻。
幾時痛飲黃龍酒，橫攬江流一奠公。

「三楚」為用典，有兩種意思。一是地域與風俗個性的概念，源自《史記・貨殖列傳》：「越、楚則有三俗。夫自淮北沛、陳、汝南、南郡，此西楚也。其俗剽輕，易發怒，地薄，寡於積聚。江陵故郢都，西通巫、巴，東有雲夢之饒。陳在楚夏之交，通魚鹽之貨，其民多賈。徐、僮、取慮，則清刻，矜己諾。彭城以東，東海、吳、廣陵，此東楚也。其俗類徐、僮。朐、繒以北，俗則齊。浙江南則越。夫吳自闔廬、春申、王濞三人招致天下之喜遊子弟，東有海鹽之饒，章山之銅，三江、五湖之利，亦江東一都會也。衡山、九江、江南、豫章、長沙，是南楚也，其俗大類西楚。郢之後徙壽春，亦一都會也。而合肥受南北潮，皮革、鮑、木輸會也。與閩中、幹越雜俗，故南楚好辭，巧說少信。江南卑濕，丈夫早夭。多竹木。豫章出黃金，長沙出連、錫，然堇堇物之所有，取之不足以更費。」二是楚雖三戶，滅秦必楚，唯楚有才。這才應該是這首詩的本意。這是說要把反抗暴政的革命事業進行到底，因為這片土地有維護正義的光榮傳統，推翻清朝反動統治的革命力量來自於三楚大地。

「黃龍酒」的典故來自歷史傳說，源自於著名的岳飛故事。岳飛曾經激勵戰士們奮勇殺敵，收復中原，對戰士們說，一鼓作氣，直接打到敵人的後方，大家一起痛飲。這同樣表達了孫中山堅持鬥爭的決心與信心。

「橫攬江流一奠公」，以江河為祭酒，這又如何不是豪情萬丈！

當時，黃興在〈輓道一弟作〉中表達了同樣的情懷：「英雄無命哭劉郎，慘澹中原俠骨香。我未吞胡恢漢業，君先懸首看吳荒。啾啾赤子天何意，獵獵黃旗日有光。眼底人才思國士，萬方多難立蒼茫。」

戰友，是一種特殊的情誼，並肩作戰，同仇敵愾，一往情深。孫中山與黃興同輓年輕的劉道一，是革命情誼高於天。

詩歌可以看做歷史，是因為詩句中記錄、保存了時代最真實、最細緻的歷史。

革命家出生入死，為的是民族解放，即使其顛沛流離，亦在所不辭。一九〇七年三月四日，孫中山被日本當局驅逐出境。他百感交集，會晤自己的同盟會戰友、著名的女英雄唐群英，作詩〈別唐群英〉贈別：

此去浪滔天，應知身在船。
若還瀟湘日，為我問陳癲。

這裏，孫中山述說了自己的不屈意志，表明自己時刻牽掛著革命和革命的力量。「應知身在船」，是說東渡的歲月，也是說身不由己的困窘，在戰友面前辭行，是壯行，是相互勉勵。他在詩歌中記錄了兩位年輕而不俗的革命家，一個是唐群英，一個是陳癲。

唐群英是個女英雄，中國近代女權運動先驅。唐群英（一八七一至一九三七），湖南衡山人，清振威將軍唐少垣的三女。傳說其聰慧出眾，十五歲即吟出「鄰煙連霧起，山鳥喚晴來」的詩句，後著有《吟香閣主詩草》四卷。唐群英的丈夫是曾國藩的堂兄弟，其夫病逝，她便走出家門，與同鄉好友秋瑾一起奔赴日本。在日本期間，她結識了劉揆一、劉道一、黃興、趙恆惕等湖南籍反清人士。她曾經加入黃興等人發起的華興會，後又經黃興介紹，結識孫中山。唐群英積極參加留日學生的各種革命活動，擔任過「留日女學生會」的領導職務。她是孫中山領導的同盟會中第一個女會員，被孫中山贊為「創立民國的巾幗英雄」，授勳「二等嘉禾章」。她嚮往革命，曾寫出「斗室自溫酒，鈞天維換風。猶在滄浪裏，誓作踏波人」的詩句，創辦《留日女學生會》雜誌，宣傳排滿革命，創辦《女子白話句報》、《亞東叢報》，主持復刊《神州女報》，是中國近代社會革命女先鋒。

陳癲，即陳樹人（一八八四至一九四八），近代嶺南著名的美術家，其早年留學日本，畢業於西京美術學校和東京立教大學，十七歲即開始參加反清鬥爭，曾經在《廣東日報》、《有所謂報》等報刊發表文章，鼓吹排滿的民族革命，一九〇五年在香港加入同盟會。這個人性情很特殊，為革命事業辛苦奔走，常常不修邊幅，唯喜歡飲酒，是孫中山期望很高的戰友。後來，辛亥革命後，陳樹人曾經歸隱鄉里，又受孫中山之邀請，成為民國政府的秘書長，後來又曾被民國政府開除，再任民國政府官員，反反覆覆。晚年的孫中山曾經寫下〈贈陳樹人〉：「史臣重朱家，君乃隱於酒。時事尚縱橫，雄心寧復有？」一九〇七年三月，陳樹人並沒有在瀟湘湖南，而詩中言「若還瀟湘日，為我問陳癲」，孫中山這樣牽掛他，對人這樣說起他，一方面是把他引以為自己得意的朋友，另一方面是仍然在深情述說著唯楚有才，是在表達自己與朋友們、戰友們一起將排滿的革命進行到底的信念。

革命家於不經意處成為詩人，這是時勢造英雄。孫中山領導如火如荼的抗清運動，以太平天國起義領袖洪秀全自比，其運動範圍不僅在國內，而且在世界各地，他特別重視在國家周邊地區集結、援引各方面的革命力量。其詩歌記錄了這段特殊的歷史。一九〇七年十二月鎮南關起義，孫中山親臨戰場。革命失利後，他率軍退入安南（今越南），在馬背上吟成了七絕〈安南行〉：

咸來意氣不論功，魂夢忽驚征馬中。
漠漠東南雲萬疊，鐵鞭叱吒厲天風。

孫中山投身於推翻清王朝的革命鬥爭，經歷了無數次生死攸關的緊急時刻。他把生死置之度外，表現出大無畏的英雄氣概。

孫中山的革命生涯艱難曲折，許多人並不理解他，甚至共同戰鬥的朋友也常常排斥他。他不屈服於命運，其詩歌激昂慷慨，表現出其歷盡坎坷而不悔的堅韌品質。在與清王朝鬥爭的時候，他常常無立足之地，備受國內外反動力量的迫害。在與袁世凱的鬥爭中，他雖然有南方革命黨的支持，仍然遭受著各種誤解。袁世凱死後，時局更加混亂，軍閥叢生，有槍便是草頭王，你方唱罷我登場。軍閥們只認眼前利益，各有所圖，他們把近代社會的革命視作出人頭地的機會，勾心鬥角，爭權奪利。他們絲毫不理會孫中山關於民生、民族、民權的政治主張，一心一意為個人的夢想拼殺。所以，當時的孫中山並沒有也不可能一帆風順獲得革命的指揮權。

廣州越秀山的紅樓，孫中山戰鬥過的地方。一九一八年五月二十日，桂系軍閥對孫中山百般排擠，他憤而辭去大元帥職務。他感到空前的失望、失落和氣憤。

此後，他自廣州前往梅縣，住在鬆口銅琶村的謝逸橋家。在這裏，孫中山讀到謝逸橋往日的詩篇，回想起自己與這位華僑出身的革命戰友的交往，回想起他對自己革命事業的支持，感慨萬分，寫下〈虞美人・為謝逸橋詩鈔題詞〉：

吉光片羽珍同璧，瀟灑追秦七。
好詩讀到謝先生，另有一番天籟任縱橫。
五陵待客賒豪興，揮金為革命。
憑君紐帶作橋樑，輸送僑胞熱血慨而慷。

香港，靜靜等待著來自香山（中山）的孫中山，有山有水。謝逸橋者，華僑巨擘，大商人也。其字逸橋（乙橋），一八七四年生於廣東省梅縣鬆口鎮。謝良牧（一八八四至一九三一）是其同胞弟兄。其祖父謝益卿係英屬檳榔嶼的僑領。兄弟二人推崇以儒興商，有文采，有詩情。一八九五年十一月，謝逸橋在馬來西亞檳榔嶼伯父家見到程壁光。程壁光從國內來此避難，是興中會會員，也是孫中山的朋友。「吉光片羽珍同璧」即指程壁光。程壁光介紹孫中山的事蹟，激發謝逸橋熱情，他聲稱自己要追隨孫中山「澄清天下」。光緒三十年（一九〇四），謝逸橋、謝良牧兄弟東渡日本留學，在東京見到孫中山與黃興，並由孫中山親自監誓主持儀式，加入同盟會。謝良牧任同盟會會計部長，到南洋各地籌設同盟會地方組織，被委任為新加坡支部主持人。他們在日本東京、橫濱各地聯絡革命力量，圖謀排滿反清的革命事業。謝氏兄弟曾跟隨孫中山，從日本橫濱到越南西貢，與法國駐越外交官商議在西貢組織同盟會的事宜。當年廣州新軍起義失敗後，黃興從香港到檳城，與孫中山商議再次在廣州起義，並在香港設立統籌部。在起義前夕，孫中山到歐美各國華僑中去遊說籌募軍餉，謝逸橋和謝良牧在英屬、荷屬等埠募捐，籌得大量銀元，有力支持了起義，所以孫中山歌曰其「揮金為革命」。後來，孫中山由廣州抵粵東，從大埔三河乘輪船上溯到鬆口探望謝氏兄弟，在謝家愛春樓住，讀得謝逸橋的詩作，相談甚歡，親贈兩副楹聯：「博愛從吾好，宜春有此家」，「愛國愛民，玉樹芝蘭佳子弟；春風春雨，朱樓畫棟好家居」。言語之中，充滿對謝氏兄弟的由衷感激。孫中山還把謝逸橋比做秦七，即北宋著名的詞人秦少游。秦少游的詞清新婉麗，蘇軾稱讚其有屈（屈原）、宋（宋玉）之才，王安石稱其有鮑（鮑照）、謝（謝靈運）之致。這不僅是欽佩之情，而且寄託了許多期許。「五陵」，當是引用唐代王昌齡的詩句「仗劍行千里，微軀敢一言。曾為大梁客，不負信陵恩」，是借用當年信陵君與侯嬴之間的友誼，歌唱自己與謝氏兄弟高尚而真摯的情誼。他把謝氏兄弟稱作聯繫各方面革命力量的橋樑與紐帶，歌唱其「輸送僑胞熱血慨而慷」，是發自肺腑的聲音。

孫中山詩歌清揚、真摯，與袁世凱詩歌中的撲朔迷離、欲言又止形成鮮明對比。二人共有的是氣勢豪邁，是改天換地的豪情，是無比自信、堅韌不拔的追求。他們也並不缺乏共同的信念，他們的雙手能夠握在一起，不純粹是偶然。

當然，道不同而不相為謀，二人的分道揚鑣也是必然。

## 袁世凱與孫中山的握手和分裂

人們常常說，沒有永遠的敵人，也沒有永遠的朋友。但是，有永遠的利益嗎？即使是利益，也分為國家、社會、民族的利益，更有個人的利益。

鴉片戰爭是中華民族的恥辱，炮彈是罪惡的符號。袁世凱與孫中山能夠成為朋友，是因為國家、社會、民族的利益，並不完全因為個人狹隘的利益。

筆者在長篇歷史小說《袁世凱》中作了這樣的描述：

國民黨成立大會之後，選出九位理事，孫中山被一致推為理事長。袁世凱向他表示祝賀，送來一些貴重的禮品，並一再表示，以後多聽取國民黨的意見。同時，宋教仁提出要去南方省親，行前，袁世凱讓人給他送來一套珍貴的西服和一筆可觀的錢。宋教仁連連表示感謝，又一再婉辭謝卻。

袁世凱請孫中山搬進總統府，說：「這樣我們可以談得更方便。」

於是，天一亮，他就和梁士詒趕來，一同進了早餐，即請孫中山暢談建國方略。

孫中山重申了他的三民主義，分別闡述他關於民族、民生、民權的主張。他講，天下應該耕者有其田，才能解決國計民生，又談到發展鐵路，改變幣制，增強流通，講到他願獻身於人民富強事業的宏偉抱負。

袁世凱目不轉睛地望著他，連連點頭稱讚。

孫中山越講越得意，他覺得，袁世凱和自己一樣，是有強國之志的，如今真有相見恨晚的感覺。

袁世凱說：「立國之要，首在於人才濟濟。我有一位英國朋友叫莫里循，他多次在我面前稱讚您，稱您是共和的旗幟。請孫先生多推薦賢良，振興民國。梁啟超以往是誤會過我的，但茲後，我們經常通信來往，現在我們化解了成見。上年組閣的時候，我還請他回來任司法部的副職。我以為，他是贊成共和事業的，我們應該吸收他那樣的人回國參加政治。」

「對！」孫中山點頭稱是，說，「無論是誰，只要放棄仇恨共和的態度，擁護共和，贊成共和，我們都要爭取過來。現在是民國初建，需要各方面的聖賢、豪傑、英雄，需要盡情發揮他們的聰明才智。同盟會暗殺清朝的權貴，並不是惡意毀滅人性命，而是為了反抗清朝的殘酷壓迫。」他接住說，「同盟會改組成國民黨，在召集國會後成立正式政府時，一定全力支持您當選總統。您是唯一能領導共和民主事業，像華盛頓一樣的領袖！我，黃興，我們都放棄競選。」

「不！」袁世凱激動地站起身，說，「孫先生，您說的這一點，我是不能贊成的。您德才兼備，年富力強，有著崇高的威望，您做總統才最合適。請你不要懷疑我的誠意。我已年衰，只是臨危受命，深感才短。我是不行的，應該由您來擔當如此重任。我和大家鼎力相助，全力支持您，使咱們的國家能早日富強！」

孫中山說：「不，一定要由您來擔任大總統，我們今天要，明天還要，最少在十年內。我們請您擔此重任，是為了加強您的責任，便於您來放手做一切利國利民的事業。我們的共和國家還很年輕，少不了要經過一段艱難的道路。但是，人心齊則泰山移，只要大家擰成一股繩，什麼樣的困難也難不住我們，擋不住我們前進的步伐！您該當仁不讓才是。」

中國的火車是被人趕著才跑動的，像一隻羊群或牛群。袁世凱說：「您見多識廣，道理比我多。我只怕力難勝任。」

孫中山和他並肩站立著，莊重地說：「建設共和國家，是每一個中國人責無旁貸的。我以為有兩條是最基本的，一是有一支強大的軍隊，抵抗列強侵略，二是開闢交通，發展經濟。十年內，咱們盡力為這兩項任務奮鬥。您練成一百萬精兵，我造好二十萬里鐵路！」

袁世凱緊緊握住孫中山的手，連聲說「太好了」，繼而振臂高呼道：「孫中山先生萬歲！」

孫中山也舉起拳頭高呼：「袁大總統萬歲！」

最後，兩人握緊雙手共同高呼：「神聖的中華民國，萬歲！」

孫中山在張家口考察，準備大修鐵路。這不僅僅是一幅文學作品中的場景。雖為想像，未為虛構。筆者如此描寫，是有歷史根據的，是以歷史材料為依據所做的歷史生活的復原，屬於情景再現。

此引袁世凱民國元年正月初四（一九一二年二月二十一日）的〈致孫中山等人電〉：

南京孫大總統、黎副總統、各部總長、參議院、各省都督、各軍隊長鑒：清帝辭位，自應速謀統一，以定危局，此時間不容髮，實為維一要圖。民國存亡，胥關於是。頃接孫大總統電開，提出辭表，推薦鄙人，屬速來寧，並舉人電知臨時政府，畀以鎮安北方全權各等因。黃陸軍總長暨各軍隊長電招鄙人赴寧等因。世凱德薄鮮能，何敢肩此重任。南行之願，真電業已聲明。然暫時羈絆在此，實為北方危機隱伏，全國半數之生命財產，萬難恝置，並非由清帝委任也。孫大總統來電所論，共和政府不能由清帝委任組織，極為正確。現在北方各省軍隊暨全蒙代表，皆以函電推舉為臨時大總統，清帝委任一層，無足再論。然總未遽組織者，特慮南北意見因此而生，統一愈難，實非國家之福。若專為個人職任計，捨北而南，則實有無窮窒礙。北方軍民，意見尚多紛歧，隱患實繁。皇族受外人愚弄，根株潛長，北京外交團向以凱離此為慮，屢經言及。奉、江兩省，時有動搖，外蒙各盟，迭來警告，內訌外患，遞引互牽。若因凱一走，一切變端立見，殊非愛國救世之素志。若舉人自代，實無措置各方面合宜之人。然長此不能統一，外人無可承認，險象環集，大局益危。反覆思維，與其孫大總統辭職，不如世凱退居，蓋就民設之政府，民舉之總統而謀統一，其事較便。今日之計，惟有由南京政府將北方各省及各軍妥籌接收以後，世凱立即退歸田里，為共和之國民。當未接收以前，仍當竭智盡愚，暫維秩序。總之，共和既定之後，當以愛國為前提，絕不欲以大總統問題，釀成南北分歧之局，致資漁人分裂之禍。已請唐君紹儀代達此意，赴寧協商，特以區區之懷，電達聰聽，惟亮察之為幸。袁世凱。咸。（〈孫中山與袁世凱〉節選）

以二者作對比，可以想見袁世凱與孫中山之間在民國初建時期面對共和的各種條件與現實。

袁世凱為什麼不願意到南京就職？這是許多歷史研究者詰問袁世凱的焦點。這裏有兩個重要因素。其一，確實如袁世凱所說的社會政治穩定的因素，「北方危機隱伏，全國半數之生命財產，萬難恝置」，「北方軍民，意見尚多紛歧，隱患實繁。皇族受外人愚弄，根株潛長，北京外交團向以凱離此為慮，屢經言及。奉、江兩省，時有動搖，外蒙各盟，迭來警告，內訌外患，遞引互牽。若因凱一走，一切變端立見，殊非愛國救世之素志」。如果從時局的現實情況而言，這些確屬實際，袁世凱所說不是假話，也不是推託之詞。當然，一個政治家談論什麼「立即退歸田里，為共和之國民」，這與其洹上悠閒中歌唱釣魚之樂、作出歸隱為閒散之人的假像沒有什麼區別。此可謂真真假假、虛虛實實，俗語來講，這是一個大玩家。

南北議和，疑雲重重。其二，南京是六朝金粉之地，雖然有虎踞龍盤的盛譽，其地理位置未必就是國家首都最合適的選擇。而且，這裏是袁世凱青少年時代留下傷心往事的地方。中華民國臨時政府在南京成立，選舉了孫中山為中華民國臨時大總統；孫中山也表示只要袁世凱接受革命黨的訴求，接受三項條件：第一，中華民國首都必須在南京；第二，新當選大總統必須在首都南京就職；第三，必須接受《臨時約法》。尤其是第三條，他們提出責任內閣，限制大總統權力膨脹，避免歷史上專制獨裁的種種惡果，規定內閣總理副署大總統的政令，向國民議會集體負責。這是告別專制的最佳選擇，在袁世凱看來，卻是一個權利的陷阱。這三個必需的條件，都具有限制、改造的意義，一是與清王朝在地域上劃清界限，割斷舊情；二是讓中華民國以嶄新的姿態出現在世人面前，鼓舞民眾開始新的生活；三是打破舊的政治專制體制，讓新總統置之於法律規定權利方式條件下。應該說，這確實是中華民國締造時期欣欣向榮的難得機遇。然而，袁世凱有自己的考慮。他以自己在舊時代官場中訓練的方式，以兵變為幌子恐嚇北上迎接他的幾個讀書出身的使者，十分輕鬆地戰勝了新的政治對手孫中山他們。而這一切，又如此自然，如此名正言順。

相命是一種信仰，也是一種職業。也有人講，南京的風水不好，不宜於作為國家政治中心。傳說紫金山麓、揚子江畔，因為歷史上秦始皇開鑿了秦淮河，破壞了石頭城的風水，所以，後來東吳之後，甚至直到朱元璋建都南京，都沒有長久。這種傳說以歷史為證，在社會上具有非常強的影響力。袁世凱篤信風水，甚至連家裏門口往哪裡開都在信中對他的二姐講許多，又怎能對此無動於衷呢？我們今天可以破除迷信，但袁世凱屬於舊人，他不願意離開北京也就可想而知。

從政治利益與生活習慣上講，袁世凱不願意到南京去就職，事實上就是不願意接受建都南京，不願意接受《臨時約法》。他的政治嗅覺告訴他，讓他失去北方勢力範圍，無異於當年載灃他們將他逐出權力中心。他更加明白自己身處於南方革命黨的中心南京之後，一切都會失去其得心應手的便利。他所接受的青少年時代的生活知識與文化經驗也告訴他，南京冬天因為江水寒冷相襲而奇冷，堪稱砭骨，夏天因為滿城的石頭被烈日烤曬，一天到晚桑拿般濕熱，令人難以忍受，是有名的火爐。袁世凱身體肥胖，怕熱，應該是對此有一些難言之隱吧。而最重要的是在他看來，南方人自私狡詐，不易駕馭、控制。面對這些過於精明的精英群體，袁世凱有足夠的擔心、疑慮，甚至不乏恐慌。

其實，南北各有其便。

袁世凱起家於小站練兵，其當年的部屬多來自北方，這既是他的政治資本，也是他的勢力範圍，屬於他的根據地。作為政治老手，他充分理解這一點。北方人直率、粗獷、重義氣，更不用說北方文化講究知恩必報，講究滴水之恩當以湧泉相報，知恩不報非君子也，最恨恩將仇報、忘恩負義、薄情寡義、無情無義。尤其是燕趙多豪俠之士，講究士為知己者死，敢於為朋友兩肋插刀，出生入死，赴湯蹈火。歷史上的荊軻刺秦王和傳說中的劉備、關羽、張飛桃園三結義家喻戶曉，明清時期以來關羽神廟即關帝廟遍地林立，人們把關聖帝君作為家庭的保護神，這也是崇尚義字當先的表現。袁世凱生長在這樣的氛圍之中，利用這些社會心理特點與風俗思想傳統，非常成功地控制了他的朋友們，並形成強大的聲勢。事實上，一直到辛亥革命之前，袁世凱下野之後，北方出身的眾多將領與社會政治名流，許多人一直在呼籲袁世凱出山，希望朝廷重用他。此時的袁世凱無論是政治聲望還是社會信任基礎，在北方都遠遠勝過孫中山。

孫中山雖然也有許多生死與共的同志、朋友，但是，他遠遠不能夠像袁世凱那樣對北方勢力駕輕就熟。相反，即使是在南方，甚至是在他的家鄉廣東一帶，他也總是受到各種勢力的包圍與排斥，常常一籌莫展。其革命事業的艱苦備至，也正體現在這裏。

南方文化固然有三楚的傳統，但是，其缺乏北方主要是中原地區長期以儒學為主的傳統思想教化，多呈現出文化板塊的對峙。比如，吳地與越地之間，吳越與荊楚之間，荊楚與巴蜀之間，包括湖廣之間、八閩之間、八桂之間、巴蜀之間、川滇之間，等等，差異甚為明顯。這主要是歷史造成的。

以廣東為例，客家人與地方百姓之間的械鬥不斷發生，形成地方風俗的重要內容。在辛亥革命前後，廣東的會黨如哥老會、三合會等地方群眾自發組成的社會組織，曾經與革命黨攜手進行反清鬥爭，有力支持了革命黨。但是，民國建立之後，南方革命黨很快出現兔死狗烹的冷淡處理，甚至給予無情打擊。會黨中有許多人在反清鬥爭中英勇頑強，如黃明堂、許雪秋、王和順等，為革命作出很大貢獻，在社會上很有威望，他們也有在民國政府建立以後自命革命元老的念頭與行為，他們需要表達自己的合理訴求。軍政府、省議會成立之後卻將他們完全排斥在外，出現與滿運相始終，堅忍痛苦、百折不撓之洪門兄弟，則無人齒及，而且加以嫉視，於是，他們反目成仇，自己樹立起「大都督」，更使得革命黨鄙視。對此，孫中山缺乏冷靜的思索和策略，他沒有調查事實真相，而是與其他人一樣指責他們，對他們說要遵守國法，否則「政府不得不依法懲治之」云云（《孫中山全集》第二卷，第三五九頁，中華書局一九八一年版）。最嚴重者是陳炯明，他做了廣東都督，首先打擊會黨，裁減民軍，消滅了王和順的惠軍，捕殺會黨領袖和民軍領導人石錦泉、溫阿拱、陳芸生和許雪秋等人，極大地傷害了地方民眾的心。而陳炯明的這些舉動，竟然還受到孫中山的高度評價，孫中山稱其「辦理尤其合宜，民害之除，社會之幸也」（《國父全書》，第四七三頁，臺灣中華學術院一九七四年版）。固然會黨有愚昧不堪、好劫掠、不知道民主共和，說白了就是沒有文化，缺乏組織與教化，但如此對待昔日患難與共的朋友，對待曾經給予革命巨大支持的同路人，則難免有傷透人心之嫌，會黨與民軍辱罵他們薄情寡義也不是完全沒有道理的。所以，會黨不屈服，甚至發動報復，如王和順、關仁甫他們就倡議社會揭竿而起，決心推翻軍政府。當時民軍人數仍然有十幾萬之眾，許多大的流血衝突隨時有可能發生，雙方都處於非常危險的境地。不獨如此，革命黨一邊罵別人獨裁專制，一邊自己肆無忌憚，實行新的獨裁，以民國專制代替滿清專制，應該說，這絕不是什麼新的中華民國所期待的。他們強制地方報紙不准刊登不利於廣東軍政府的消息，也不准刊登會黨的消息，諸如《廣州總商會報》、《廣州公言報》、《陀城日日新聞》等報紙發表同情民軍的言論，皆被取締。最令人不能夠接受的是，一個以中華民國為旗號的廣東軍政府竟然明目張膽殺害因為發表同情會黨狀況的記者陳聽香，其罪名為所謂「依附叛軍」，「擾亂大局」（〈粵都督槍斃報館發行人〉，《申報》，一九一二年四月十六日）。所以，「粵省反正以後，軍政不能統一，幾陷於無政府地位」（〈粵都督告退之照會〉，《申報》，一九一二年三月二十三日）。南方的混亂原因是多方面的，但這至少表明政治形勢的不樂觀，與北方相對穩定的局面進行比較來看，袁世凱不看好將首都輕易遷往南方，有其道理。如此匆匆忙忙遷都，未必就是最好的選擇。

當然，政治家對權利的嚮往，甚至可以成為其人生的信仰，這才是袁世凱不願意離開北方的重要原因。也正是因為信念不同，尤其是社會政治理念的分歧，袁世凱與孫中山之間的矛盾越來越尖銳，衝突逐漸上升為你死我活的軍事鬥爭，只好刀兵相見。

袁世凱稱帝是一場鬧劇。無論其原因究竟是什麼樣子，在事實上都形成了歷史的倒退。從君主立憲的熱烈呼號，到接受革命軍、革命黨要求迫使清帝退位，袁世凱走進共和、民主的大潮，曾經受到南北共同的擁戴。他同樣激情澎湃，他曾經鍾情於改天換地的新世界，不得不往前走。如孫中山所言，世界潮流，浩浩蕩蕩，順之則昌，逆之則亡。無論何時，民主與自由都是民族最基本的嚮往。不論我們的傳統社會是否對專制社會有多少留戀，或者說我們的民眾習慣了在專制社會條件下思索，這都不能說我們拒絕民主與自由。袁世凱錯誤判斷了國內外的形勢，尤其是他不爭氣的兒子，自命不凡，自以為是，為了家天下的夢想而造假，欺騙其父，使其誤以為四面八方皆贊同帝制。再加上楊度、張鎮芳這些人以想當然的方式炮製什麼帝制合情合理的思想，在事實上形成對袁世凱的嚴重蒙蔽與巨大欺騙。這些行為加劇了袁世凱對皇權的嚮往，促使其逐漸背叛了新興的共和事業，也就背叛了一個嚮往新生、嚮往民主與自由、嚮往富強的新時代。

許多學者說袁世凱認准了君主立憲制是中國社會的必然選擇，或曰一切都在於選擇，選擇便會有具體的思想文化的認同。這一切都是袁世凱自己造成的。他曾經恨透了以載灃為代表的清朝小朝廷，卻又步了人家的後塵，從眾望所歸，到眾人失望，到最後眾叛親離。

那麼，袁世凱能夠超越自我嗎？

其實再想，人生有涯，而知也無涯，袁世凱與孫中山的握手和分裂，又如何不是他們生活方式與思想文化之間的差異所形成的呢？一個為了追求民族解放的事業，漂泊世界，到處受到打擊迫害，高舉民族、民生、民權的大旗，英勇無畏。一個為了個人的夢想，雖然多次處於風口浪尖，一次次如履薄冰，謹慎小心，到處搜羅人才，大力培養自己的黨羽、心腹，處心積慮，眼觀六路耳聽八方，但其畢竟是一個舊時代官場中行走的人，敢於正眼看世界，只是一種膽識，如何能夠擺脫所謂的官僚思維呢？

從來一心想著做官的人與一心想著做事業的人是很難融洽的。一心想著做官的人可以通過做事實現自己的夢想，為了榮華富貴，為了光宗耀祖，一切利用他人的機會都不會放過，就難免結黨營私，就難免排除異己，一切都出自於城府。所以人們常說侯門深似海，人們鄙夷其老奸巨猾，官大自奸，待其年老，人罵其老而不死是為賊也。一心想著做事業的人，特別是決心獻身於偉大事業的人，把自己的命運、前途與民族進步和社會發展相聯繫的人，把生死置之度外，雖然也常常心有餘而力不足，或者常常事與願違，但總是有一輪明月、一輪朝陽在胸間，所以其堅韌不拔、孜孜以求、坦坦蕩蕩。如此敞開胸懷，便失去城府，不夠精明強悍，不夠左右逢源，不夠見風使舵、處處逢場作戲，就常常舉步維艱。此艱難困苦，正是人生的寶貴財富，是出類拔萃之英雄人物大風流的表現。袁世凱與孫中山應該就是這兩類人的代表。他們都有自己的追隨者，無論身前還是身後，從安陽袁林到南京中山陵，風起雲湧，總有說不完的是是非非；歷史到底是什麼樣的面孔呢？它總給人捉迷藏般的虛幻印象，真真假假。

歷史來源於紛繁的社會生活，不可能那麼簡單；在歷史的評價中，除了好與壞，還有功過並存，更有時好時壞。隨著歷史不斷被解說，許多話題會啟發人深入思索，去接近真實與真理。

人們常說，思路就是出路。人的信念、理念、價值觀、思想立場尤為重要。如果我們細緻對比袁世凱與孫中山兩人的詩文與書信、他們的具體行為，包括他們身邊的朋友與各色人等，就會發現他們各有千秋，都有俗的一面和不俗的一面，似乎袁世凱多了一些俗的內容，孫中山多了一些不俗的內容。他們都是我們面前的鏡子。

# 關於孫中山與日本問題

說袁世凱，不得不說孫中山，而說袁世凱與孫中山，就不得不說他們與日本人之間的聯繫。面對日本，他們都是民族主義者。

孫中山在日本演講，提出無邊無界的大亞洲主義。在近代中國社會歷史上，日本給中華民族帶來了極其沉痛的災難和記憶。直到今天，我們雖然可以在日本人遭到九級地震和海嘯時，及時伸出援助之手，給予同情與關心、幫助，但讓我們完全忘卻日本人當初留給我們的災難與恥辱，恐怕對許多人來說都是不大可能的。當然，我們提及歷史，是前事不忘後事之師，是為了世界的和平與發展，是為了杜絕歷史上那些野蠻之至、滅絕人性的侵略戰爭再發生。

中國向來以老大自居，自稱天朝。日本是一個善於學習的國家，歷史上曾經有許多人漂洋過海，來到中國學習，史稱「遣唐使」。後來，兩國的交往漸漸發生變化，如明代所發生的頗為頻繁的倭寇事件。到清代，日本實行脫亞入歐的政治改造，即明治維新之後，以甲午戰爭戰勝了中國，以日俄戰爭戰勝了俄國，都是以小欺大，令人刮目相看。中國人對此普遍的疑問在於，究竟日本取勝的秘訣在於什麼呢？

近代中日之間的外交關係，是我們認識袁世凱與孫中山等問題的一個重要視窗。一切歷史人物都屬於歷史生活。

當年日本明治維新的群雄，以明治天皇為中心，伊藤博文他們咄咄逼人。日本也曾鎖國。一八五三年的七月，一個美國人帶著他的東印度艦隊，開進了日本。於是，日本的國門在武裝倒幕（幕府）的喊殺聲中，伴隨著許多不平等條約，轟然洞開。他們實行政治改革，將指揮國家發展的權利從幕府轉向天皇，這就是他們所實現的明治維新。明治天皇建立了自己的中央集權政權，實行中央軍事一體化，廢藩置縣，廢除武士身份，向國外派出外交公使，主動修改與外國來往的條約等，調整、改革幕府時期的各種弊端，以順應社會發展規律。但是，日本並沒有一蹴而就，如願以償，而是更加被動，在國內外各種事務之中，尤其是在外交上，它失去了更多的權益，出現了一些本來就沒有的不平等條約。為了改變自己的尷尬處境，日本開始欺負自己的鄰居朝鮮，與中國爭奪這種「朝貢關係」的名分，然後把國內的矛盾轉向國外，「王顧左右而言他」，即轉移視聽，於是就出現了與中國相爭的局面，無中生有，挑起種種事端。野心逐漸滋生，逐漸膨脹，最終忘乎所以。

美國人的船催醒了日本，給日本帶來了發展的機會。最初，朝鮮人拒絕了日本，繼續保持與中國的藩屬關係。日本人與中國簽訂了《中日修好條規》與《中日通商章程》，分別有十八條、三十三條。其中《中日修好條規》第一款說：「嗣後大清國、大日本國信敦和誼，與天壤無窮。即兩國所屬邦土，亦各以禮相待，不可稍有侵越，俾獲永久安全。」其醉翁之意不在酒，在於與中國爭奪朝鮮的「朝貢關係」，在於逐步佔領朝鮮，進而奪走我臺灣，最後佔領我中國疆土。日本一方面派出大量人員考察歐洲發達國家，延請歐洲人在日本政府擔任要職，一方面積極籌畫對中國的侵略陰謀，明確提出要對外發展，吞併不適應環境的弱小國家是當然的。

在中國人看來，東瀛充滿野蠻：男女同浴，是日本人沒有羞恥。

當年日本人介入中國人的反清鬥爭是有條件、有目的、有步驟的。他們中的許多人對中國人反對清朝舉行各種暴力革命如此熱心，絕對不是簡單地誠心誠意地為了幫助中國人走出黑暗，走向什麼富國強民強兵的康莊大道。說白了，日本人熱心幫助鬧革命的中國人，主要是為了顛覆中國政治，為了使中國陷入日益混亂的局面，他們好渾水摸魚，是為其來日侵佔中國作長久的準備。他們並不是什麼真正的人道主義、國際主義。

不可否認，在列強肆意欺負、蹂躪中華民族，令人悲憤交加的歲月裏，許多人從自己的近鄰日本迅速崛起中，看到了希望。孫中山與這些人一樣，把日本的經驗視作自己民族的前途。當然，任何認識過程都需要條件，需要時間驗證。正如臺灣一位學者所講：孫中山在其革命起步的早期，一度將其希望寄託於日本，希望日本能作亞洲各國之幹城，領導亞洲各國來反抗西方的列強，形成了他早年的「大亞洲主義」的理想，直到一九一四年日本強佔膠州灣與青島並進而將當年侵略朝鮮之手段施之於中國之後，他才開始對日本有了較透徹的認識。然而孫中山一生反列強、反帝國主義的主觀意識，卻始終沒有重大轉變。所以，他在日後的革命生涯中，一直把爭取中國的自由民主和聯絡支持亞洲各弱小民族的獨立和振興，作為其對內對外的一貫方針。他也認為復興亞洲文化，振興亞洲地位乃是亞洲人自己的責任，亞洲各國應同心協力來反抗列強的殖民主義。他主張以中國原有的王道文化，去對抗西方霸道文化，任何國家，不分大小強弱，要一律平等相處。因而在面對世界強權政治的現實情況下，中國先求中華民族的自我振興，而後再去支持亞洲各國爭取民族獨立運動。在此前提下，興中會時代，孫中山在橫濱的住所，便成為中國、日本、印度、暹羅、朝鮮、菲律賓等國民族振興志士的聚會地所在。（胡春惠：《孫中山與亞洲新興國家的民族振興》，民革中央，二〇〇八年九月二十六日）

孫中山在日本看到，寺子屋是日本廟宇僧侶所辦的識字屋，是日本國民學習的地方。其開化社會，功莫大焉。孫中山多次被英國人、日本人驅逐出境。他不屈服於這些與清王朝有共同利益關係的殖民主義者和帝國主義者，同樣不屈服於命運。他在朝氣蓬勃的日本看到了救國的希望，找到了在那裏流亡或學習的朋友、同志和戰友。他選擇了借助日本人的幫助推翻清朝的統治。借助，便是有求於人，便不得不講究交往的藝術。

日本人不會輕易接受這位革命家。他們密切關注著孫中山在日本的各種活動。目前日本外務省外交史料館保存著《各國內政關係雜纂支那之部，革命黨關係（含亡命者）》（此編號為1. 6.1.4-2-1：參見楊天石《從帝制走向共和》之〈孫中山在一九〇〇年——讀日本外務省檔案札記〉，社科文獻出版社二〇〇二年版第七十八至八十六頁）。檔案中保存了許多關於孫中山與日本人來往的內容。如其中所介紹，日本人非常明確孫中山的政治目的：「孫逸仙及其一派黨徒策劃之目的為，以江蘇、廣東、廣西等華南六省為根據地，建成一獨立的共和政體，然後逐步向華北方面伸展勢力，推翻愛新覺羅政權，最後統一支那十八省，在亞洲建成一大共和國。」楊天石《從帝制走向共和》之〈孫中山在一九〇〇年——讀日本外務省檔案札記〉所引用《福岡縣知事深野一三致外務大臣青木周藏的報告》，社科文獻出版社二〇〇二年版。日本人一直在圖謀利用孫中山他們實行自己逐步侵佔中國的計畫，並不是無條件地支持孫中山。其又一證據為，一九〇〇年九月，孫中山與日本人平山周來到臺北，準備發動惠州起義，他請求日本人支持，而日本政府根據形勢變化很快拒絕了他，並且在密電中說「要嚴密監視他們的舉動，並且作出最大的努力，防止他們的陰謀實行」楊天石（〈外務大臣青木周藏致駐福州領事豐島舍松等電〉，《歷史檔案》一九八六年第三期）。同時，與孫中山交往的日本人也曾慫恿他起義，「他（日本人內田良平）自己糾集土匪，在華北舉事，佔領朝鮮，引發日俄戰爭」（楊天石《從帝制走向共和》之〈孫中山在一九〇〇年——讀日本外務省檔案札記〉，社科文獻出版社二〇〇二年版）。

再一個問題就是關於孫中山「租讓滿洲」問題。必須說明的是，這是錯誤的。不能夠因為排滿，就可以將東北所謂的「滿洲」讓給日本人。滿族是中華民族的一員。當然，孫中山如此行為有其不得已的一面，也有其沒有看清社會歷史發展的一面。此如人所說，人非聖賢孰能無過？應該明白，這是孫中山的一種策略。

其中材料仍然依據日本國會圖書館所藏電報、信函：

（一）一九一二年二月三日日本人森格與益田孝電報：

中國財政窮乏，在年底以前如無一千五百萬元，即難以作戰，而革命政府亦將陷於混亂。現因漢冶萍公司之五百萬元借款業已成立，故又以招商局為擔保，向我國郵船會社及英、德、美國等進交涉，擬再借款一千萬元。此項借款，如在五日之內仍無實現之希望，則萬事休矣；孫、黃即可能與袁世凱締結和議，將政權轉讓與袁。關於租借滿洲，孫文已表應允。日本為防止革命軍瓦解，如能在漢冶萍公司五百萬元借款之外再借與一千萬元，則孫等與袁世凱之和議即可中止，而孫文或黃興即可赴日訂立關於滿洲之密約。如借款不能到手，則軍隊大有解散之虞。南京動搖，孫文必遭變故。故我國如有決心斷然實行滿洲之事，即請在四日之內以電報示知，續借一千萬元。如是，即可使其中止與袁世凱之和議。

（二）一九一二年二月八日日本人森格致益田孝信函：

（森格語）：如今世界為黃種人與白種人之戰場，為制止白人勢力先鋒俄國之南下，確保日本存在之安全與東洋和平，日本認為有以日本之力量保全滿洲之必要。為此，日本已不惜以國運為賭注，犧牲多數人之生命與財產。當俄國仍圖南下、德人佔據青島之際，滿洲終必假日本之手予以保全。以今日之大勢論，僅賴中國政府單獨之力保全滿洲，雖閣下恐亦難以確信，而以日本之立場觀之，更不能不深感一任中國政府獨自維持之危險至極。事實已很明白，滿洲僅賴中國政府之力已不能保全，此已為貴我雙方之所共認，故可斷言：滿洲之命運業已定矣。可以預料，革命政府之前途必有諸多困難，基於地理上、歷史上之特殊立場，如無日本之特殊援助，則其成功之可能實甚渺茫。倘閣下（桂太郎）決心捨棄命運已定之滿洲，一任日本勢力發展，以此換取日本之特殊援助，完成革命大業，則日本必將立即採取必要手段以滿足其要求。為保全滿洲，日本已不惜進行第二次戰爭。當今之際，閣下如能默默合作，則（日本）國家懸系已久之大問題可得解決，避免第二次戰爭，以小努力取得大利益。不知閣下決心如何？若閣下所思與鄙人一致，望速裁斷。

（三）一九一二年二月八日日本人森格致益田孝信函：

（孫中山語）：長久以來，（桂太郎）自身為中國苦慮，為黃種人心憂。為東洋和平計，滿洲無論如何亦須保留於東洋人手中。因此，當此次舉事之初，余等即擬將滿洲委之於日本，以此希求日本援助中國革命。但日本疏遠余等，不相接近。當余發難之時，曾申請在日本立足，而日本官憲不允余入境。在此情形下，余以日本政治家並無包容余等之度量，因而離日轉依美國。然由於地理上、人種上之關係，中國如無日本之同情與支持，即將一事無成，此乃運命儀關，故余為如何取得日本之同情而煞費苦心，其結果，日本有志人士為革命政府盡力者日漸增多，而日本政府迄今仍無轉變表示，是以余等為日本政府之態度如何而日夜心憂。

（四）一九一二年二月八日日本人森格致益田孝信函：

（孫中山語）：上述桂公之意，若在余自歐洲歸國途中，甚或在到達香港時獲悉，則余當即繞道日本，決定此一問題。然今日時機已失，事已遲矣。蓋當時凡革命軍之事，俱可依本人與黃興之方針而定，今則不然。如今各省贊同余等主張者，自動舉起革命之旗，加入余等行列，余等既缺兵權，又缺財權，故在貫徹主張時不能無所顧慮，凡大事必須由眾議決定。其尤要者，最近革命政府之財政匱乏已達極點，缺少財源，無以供應軍隊，幾陷於完全破產之境地。倘近數日內，無足夠之資金以解燃眉之急，則軍隊恐將解散，而革命政府亦將面臨瓦解之命運。在此嚴重時刻，倘余等數日間不能露面，恐將產生余等窮極逃走之流言。基於以上實情，在舊年年末以前，不論採取何種手段，亦須籌得足以維持軍隊之資金。之所以斷然實行漢冶萍日中合辦，以取得五百萬元資金者為此，此次又苦心焦慮，欲以招商局為擔保，籌措一千萬元借款者，亦為此。然而，雖經種種籌畫，而時光荏苒，交涉迄無結果。一面，軍費之困窮日益嚴重，於軍隊解散、革命政府崩潰之前，作為最後之手段，唯有與袁世凱締訂和議，以防天下大亂，而後徐謀軍費供應，策劃再舉，以武力掃除北京勢力，擬定革新天下之方案。近來已頻頻與北方就和議進行交涉，談判已漸趨成熟，雙方條件大體一致，只要南方決心一下，南北休戰言和，合為一體，隨時均可實現。然余等對於獲得財源，仍懷一線希望。倘或有幸，此刻能獲得防止軍隊解散之足夠經費，余等即可延緩與袁議和，俟年關過後再進一步籌借資金，而後繼續排袁，仍按原計劃，堅決以武力消除南北之異端，斬斷他日內亂禍根，樹立完全之共和政體，此即余等之設想。但據迄今為止之經過情形看來，獲得財源，仍無希望。倘或不幸，在五天之內，即至九日，舊曆年關之前，意欲籌得之一千五百萬元經費，如仍無成功之希望，則萬事休矣。只好在革命政府未倒之前，掌握機先，達成南北和議，將政權一時讓與袁世凱，除此別無他策。而政權一旦轉入袁氏手中，其後事態如何演變，實難遵料，而與日木簽訂密約之類，恐將無望。

（五）一九一二年二月十一日日本人森格致益田孝電：

頃據孫、黄所見，招商局借款之前途，難關尚多，頗費時日，故已不能依靠，目前軍隊大有解散之虞。在舊曆年關以前，除漢陽鐵廠之五百萬元借款外，尚須另行籌措一千萬元，是乃絕不可少之需要。如此項款額不能到手，彼等即不可能離開南京。彼等業已答應租借滿洲，要求在十天以內提供一千萬元。如能承諾，則黄興可即日前往日本，以簽訂秘密合同，究應如何辦理，希火速給予明確回答。茲事干係甚大，萬望全力以赴。

孫中山的身旁站立著日本人，他們未必就真正是朋友。文中的森格與益田孝都是日本三井物產公司的人員，他們來到中國，一方面為三井財閥集團供職，另一方面刺探中國情報。他們之間的電報與函件，主要圍繞著孫中山他們關於滿洲問題中的日本國家利益，可以看出他們並不看好袁世凱政權。這是研究袁世凱與孫中山之間在辛亥革命中複雜關係形成與發展的重要材料。這五份材料從不同方面記錄了孫中山與日本人的政治交易。在非常時期，他們或許採用了此不得已的方式，通過與日本人的合作換取日本人對他們從事革命事業的支持。日本人看到的是，如果沒有軍費，「南京動搖，孫文必遭變故」，他們看好孫中山的正是「關於租借滿洲，孫文已表應允」。孫中山非常明白自己「既缺兵權，又缺財權」，「最近革命政府之財政匱乏已達極點，缺少財源，無以供應軍隊，幾陷於完全破產之境地」的處境，所以，他並不是心甘情願地讓位與袁世凱的，而確實是不得已。顯然，日本人也非常清楚孫中山他們的家底與意圖，即「可以預料，革命政府之前途必有諸多困難，基於地理上、歷史上之特殊立場，如無日本之特殊援助，則其成功之可能實甚渺茫」。而孫中山所表達的則是「為東洋和平計，滿洲無論如何亦須保留於東洋人手中。因此，當此次舉事之初，余等即擬將滿洲委之於日本，以此希求日本援助中國革命」，他很清楚自己的力量與袁世凱相差甚大，「軍費之困窮日益嚴重，於軍隊解散、革命政府崩潰之前，作為最後之手段，唯有與袁世凱締訂和議，以防天下大亂，而後徐謀軍費供應，策劃再舉，以武力掃除北京勢力，擬定革新天下之方案」，「在革命政府未倒之前，掌握機先，達成南北和議，將政權一時讓與袁世凱，除此別無他策」。那麼，從這種道理講，南京中華民國臨時政府與孫中山的真實意圖，袁世凱也自然最清楚不過，所以他虛與應付，難免有逢場作戲的味道。用誠實要求政治家，絕對是一種奢望。那麼，歷史的真實到底何在呢？

黃興也曾與日本人在一起，這是漢陽的戰鬥中。其實，漂亮的話說得越多越不可信。日本人多次提到「孫文屢向我朝野表示，日本如能援助中國公民，將以滿蒙讓渡與日本」云云（楊天石《從帝制走向共和》之〈孫中山與租讓滿洲問題〉所引《日本的亞細亞》（日本黑龍會出版部，第三三二頁），社科文獻出版社二〇〇二年版）。孫中山自己也公開講：「滿蒙可任日本取之，中國革命目的在於滅滿興漢，中國建國在長城以內，故日本亟應援助革命黨。」（楊天石《從帝制走向共和》之〈孫中山與租讓滿洲問題〉所引《日本的亞細亞》（日本黑龍會出版部，第三四〇頁），社科文獻出版社二〇〇二年版）。他甚至表示「為了立即打倒專制橫暴的袁世凱，確立全體國民所支持的革命新政府，收到中日結合的實際效果，希望日本至少以預備役將兵和武器編成三個師團，支持中國革命軍」（楊天石《從帝制走向共和》之〈孫中山與租讓滿洲問題〉所引山中峰太郎著作

《アシアの曙》（第二三五頁），社科文獻出版社二〇〇二年版）。所以，在有聲有色地表示理解日本人「本土資源的貧乏」對東北的「當然之國策」的諒解，「承認日本移民和開拓的優先權」時，他卻又表示「東北三省是中國的領土，吾等堅決維護固有的主權，雖寸土亦不容侵略」（楊天石《從帝制走向共和》之〈孫中山與租讓滿洲問題〉所引山中峰太郎著作《アシアの曙》（第二三四頁），社科文獻出版社二〇〇二年版）。其「寸土亦不容侵略」，何況大片滿洲乎？

固然，一切都是白紙黑字，都似乎是鐵證如山。但是，歷史的真實常常在於字裏行間。革命家變化莫測，為自己贏得時機，出水才看兩腿泥。孫中山熱愛自己的祖國，他並不真心讓出滿洲，況且還是「租讓」！這應當是緩兵之計。他沒有與日本人討價還價，而是非常慷慨，以所謂大亞洲主義的姿態，大談特談什麼中日之間甚至可以沒有界限，如此慷慨，讓人懷疑到底是真是假。政治家常常以老子的《道德經》做門面，聲稱無為，以退為進；以孔子的《論語》為修身養性的寶典，自我安慰，自我砥礪，養浩然之氣，伺機而動；以孫子的《孫子兵法》為行動方式，講究智慧、謀略，信奉大智若愚、兵不厭詐、知彼知己、洞察秋毫，講究用兵如神、面對現實，云云。所以，不要與政治家談論道德與原則，不能僅僅根據這些書信、電報而得出孫中山出賣民族利益的歷史結論。或者說，檔案畢竟是檔案，檔再多，都是由紙和墨形成的，一切都要看實際，看結果。實踐是檢驗真理的唯一標準。

一九一二年一月一日，孫中山親手書寫總統誓詞。孫中山的革命思想與文化思想皆產生於十分複雜的社會革命實踐活動中，既有強烈的理想色彩，又有直面現實的時代色彩，博大精深。如其宣傳社會主義，希望中國革命能夠與國際社會主義運動相結合。他嚮往西方現代文明，又十分清楚資本主義貧富差距對社會發展造成的極大危害，所以強烈呼籲重視民生，呼籲社會革命，甚至提出開發東沙島嶼，進行社會主義試驗。如其對「資本家以機器為資本，壟斷利源」的批判，他認為資本家的專制與封建專制都是社會的障礙，都有被打倒的一天。他的革命熱情確實遠遠勝過現實中的探索。作為一個具有鮮明的民族主義立場的革命家，他對於與日本人的交往既不是兒戲，也不是什麼不擇手段、正襟危坐，而是另有所圖，是一種策略選擇。其視野開闊，應該非常清楚相互間的利益取捨等問題的實質。所以，對於《孫中山全集》連篇累牘地宣傳排滿與那些新發現檔案史料中什麼大亞洲主義方式等內容，我們既要從歷史事實的實際出發，更要從歷史事實的整體出發。孫中山長期遊歷歐美國家和日本等地，接觸方方面面的人物，包括哥老會、三合會之類的民間社會組織，他不可能一視同仁。當然，孫中山在生活中是一個需要日用五穀而具有七情六慾的人，他的目光也會有許多局限，他不可能任何事情都勝人一籌，都那樣順理成章、得心應手。相反，他在革命行動中，失敗的次數遠遠大於成功的次數。因此，他愈挫愈勇，自強不息，更顯示出革命家的堅強意志與遠大目標。這不是為什麼所謂的孫中山強烈排滿和什麼出賣國家利益去作無謂的辯護，而是在強調歷史文化生活和時代發展之間的多重性聯繫。歷史事實不僅僅是白紙黑字，還包括許多應該與可能的內容。

孫中山曾經大談什麼所謂捨去滿洲作為代價，其實是說給人看的，意在通過極端方式引人注目。作為革命家，當時排滿是現實，更能激起社會思想文化情緒中的熱潮。其排滿的依據應該在於他早期思想中狹隘的民族主義。如其當年制定〈中國同盟會革命方略〉中解釋說：「一、驅除韃虜：今之滿洲，本塞外東胡。昔在明朝，屢為邊患。後乘中國多事，長驅入關，滅我中國，據我政府，迫我漢人為其奴隸，又不從者，殺戮一萬。我漢人為亡國之民者二百六十年於斯。滿政府窮兇極惡，今已灌盈。義師所指，覆彼政府，還我主權。其滿洲漢軍人等，如悔悟來降者，免其罪；敢有抵抗，殺無赦；漢人有為滿奴以作漢奸者，亦如之。二、恢復中華：中國者，中國人之中國；中國之政治，中國人任之。驅除韃虜之後，光復我民族的國家。敢有為石敬瑭、吳三桂之所為者，天下共擊之！」（〈中國同盟會革命方略〉，《孫中山全集》第一卷，第二九六至二九七頁，中華書局一九八一年版）。政治家因事而為，把政治鬥爭作為藝術，這是一種聰明智慧。孫中山的政治智慧遠遠超過他的同時代人，他絕不會作繭自縛，一味限制自己。人一生之中有許多不得已。孫中山明白自己面對的強大敵人既有清朝的皇權，又有新的專制政治，包括陳炯明這些首鼠兩端的新軍閥，而他何嘗不知道日本人侵佔中國、滅亡中國的狼子野心？他親歷了西方帝國主義列強侵略中國、瓜分中國的種種殘酷現實，他更明白落後就會挨打，就會亡國滅種，他如何不明白這些承諾的後果？

「東北三省是中國的領土，吾等堅決維護固有的主權，雖寸土亦不容侵略」，其「寸土亦不容侵略」，才是他的心裏話！

## 袁世凱與日本人

袁世凱與日本人的關係，由三個部分構成，一是在朝鮮時期與日本人的交鋒，二是平日與一些日本人的往來，三是與日本人簽訂《二十一》條，這也是袁世凱一生最重要的事情。

劉公島失陷，軍民皆被俘，曾被大屠殺。與日本人的交往，是袁世凱一生的心痛。因為他十分清楚，日本人早就在準備全面侵佔中國，而國人還癡人說夢般依靠日本，信賴日本，嚮往日本。至少是在近代社會，日本與中國沒有什麼平等相處，他們狂妄自大地將中國稱為「支那」，鄙視、侮辱中國人民。如，一八九五年的甲午海戰，日本人毀滅了中國的海軍力量，以《馬關條約》為羞辱中華民族的重要標誌，還製造了旅順大屠殺。然後是一九〇〇年，日本與西方列強一起組成八國聯軍，參與對北京的洗劫。有人統計，八國聯軍中，以日本派遣的軍隊人數最多，他們派遣士兵二萬三千人，軍艦十八艘，陸戰隊約五百四十人，其總派遣的軍隊人數為二萬三千五百四十人，成為八國聯軍的主力。更不用說日本侵佔青島，割占臺灣，等等。所謂《二十一條》，是日本人喪心病狂的陰謀，是他們實行的滅亡中國的戰略之一，費盡心機，饕餮無度。日本人給袁世凱帶來莫大的恥辱。

日本人是八國聯軍攻打中國的急先鋒，不知他們如何這麼仇恨中國。日本人虎視眈眈，一直在準備戰鬥。

## 袁世凱是日本人的敵人

袁世凱非常明白，也曾明確指出，日本是中國的敵人，而他本人，則註定要成為日本人的敵人。

對此，他是有根據的，其根據不僅僅是一種感覺，而是深入廣泛的觀察與細心的體會、理解、判斷、把握。他代表國家處理朝鮮問題時，正趕上日本人在經營他們的「上代三韓朝貢」與「大興皇國」，朝鮮發生李氏與閔妃之間親華還是親日的激烈鬥爭。袁世凱堅守國家和民族的立場，堅定不移地維護中國在朝鮮的利益，與日本人直接發生衝突。

在他懵懵懂懂地醉心於科考，一心一意求得進士及第而光宗耀祖的時候，或許他並不知道明治維新後的日本如何興旺發達，他更不知道日本人正在磨刀霍霍，正源源不斷地向中國派來大批情報人員，走遍中國，為來日侵佔中國作長久的打算。他成為日本人的敵人，是從他在朝鮮時期開始的。在這一點上，誰都無法否認他維護了並代表著國家的利益與尊嚴。從其一生與日本人的交往來看，說他心甘情願做日本人的奴才，後來以日本人支持他做洪憲皇帝為條件而接受什麼《二十一條》，這是不講道理的，也是一種無知。日本是世界的一部分，理解了世界，才能懂得日本的存在。

青年袁世凱知道日本國家，最初確實是與徐世昌他們的交往有關。但是，真正與日本人直接交往，是袁世凱在朝鮮，當時，他是一個二十六歲的小夥子。

從相關史料可知，時值中法戰爭爆發，袁世凱在朝鮮密切關注日本人的行動，他曾經寫給李鴻章密信：「朝鮮君臣為日（日本）人播弄，執迷不悟，每向王前煽動，王亦深被其惑，欲離中國而獨立。」此後，他又向李鴻章提出關於日本能夠廢琉球，中國可以廢朝鮮改行省的建議，說：「（此）許各國往來通商，各國必不與我為難。所與我爭者，日俄耳。俄不過欲在太平洋得一不凍海口，可慮與餌之；我之海陸軍尚可日本抗衡，日苟與我起釁，尚左券可操。卑職居此日久，密邇東瀛。彼國雖偏小，上下一心，其圖謀併吞高麗，形跡已彰。若復數年，羽毛豐滿，則難圖矣。且此次之變，日本擅自帶兵入韓宮，戕殺大臣，其荒謬無理，亦公法所不容。時哉不可失，惟憲臺裁之。」應該說，他對朝鮮所說的改行省，「許各國往來通商」未必可行，但他對日本人的判斷絕對是正確的。

他採取措施果斷遏制朝鮮上層親日派，親日派開化黨頭目金玉均逃跑到日本，他派人到日本刺殺，以及他採取的「遇事挑唆」策略，保衛中國利益，都盡職盡責。

筆者在長篇歷史小說中安排了這樣一個情節：

剛進入冬天，雪和雨一起攪著。

路面上的泥濘「吧唧吧唧」地響著。

袁世凱帶著一隊人馬正在奔忙。

适才駐朝商務委員陳樹棠，使人飛函袁世凱前往彈壓，說開化黨頭目金玉均與日本駐朝公使竹添相勾搭，要作廢中國和朝鮮的宗藩關係，很可能會宣佈獨立。

上午，郵政局一片嘈雜聲響過，金玉均發出通知，宣佈政府改組了格局。

「趕快，抓住李熙。若他讓日本人劫走，事情就不好辦了。」袁世凱督促著兵勇們火速包圍王宮。

日本士兵開槍了，有幾個清兵倒下。

袁世凱大喊了一聲：「打！打死打光他們，狠打！瞄準倭寇，朝死裏打！」

吳兆有和張光前他們率兵也趕來了。袁世凱請兩人協同作戰，從側面迂回包圍王宮。

天色將晚，有人提議將火把扔進去，趁火勢大時，把李熙劫持出來。

袁世凱說：「不行！李熙是一個寶貝，千萬不能丟掉。若亂中開槍，把李熙打死，我們還找誰來主事？」

天已經黑下來了，槍聲冷冷清清地響著。

袁世凱對吳兆有、張光前說：「兩位大人，我看還是撤兵，等明天再說吧！」

於是，留下人員警戒，大部人馬悄悄地回營了。

剛要停下來歇息，一個士兵闖進來，上氣不接下氣地喊著：「報告大人！北門關帝廟發現李熙！」

吳兆有和袁世凱迅速帶隊去接。吳兆有率人緊緊包圍住關帝廟，袁世凱帶人在週邊把守，防備意外。

找到李熙了。他正撅著屁股，往神像下邊鑽著呢。幾個新兵都分別躲起來了。吳兆有把李熙帶到了吳兆有的軍營內。李熙渾身直哆嗦，好半天才安靜下來。

袁世凱對李熙說：「郵政局那裏我們一起去吧，我們早就知道了情況。趕到王宮時，門卻緊閉著。我們三人給你寫信，請允許我們入宮護衛，而金玉均卻不允許。我們又給李中堂大人寫信，來不及回信，又有傳聞日本人要劫走你，怕你遭遇不測，所以就到處找你。誰知你一個人在拜關老爺。周倉、關平，他們卻都跑了！」

李熙擺擺手說：「嗨，別提了。我也是怕他們把我劫走了，才躲起來。不知是怎麼回事，想往你們宮內跑，卻跑到關帝廟來了。你們快去抓金玉均吧！別讓他跑掉，把那個日本駐朝公使竹添王八蛋也捉住！這幫子狗東西，他們真是把我氣壞了。」

袁世凱對吳兆有說：「事不宜遲，還是請李主儘快下詔，重新組織政府吧。舉國無主，一日不安啊！」

李熙當夜下詔，宣佈重新組織政府，要求全國臣民誅伐金玉均。

過了幾天，袁世凱擁李熙重新回到了王宮中。

金玉均逃走了！

竹添這個狗東西，前幾天袁世凱、吳兆有給他寫信，問及有無劫持李熙之說，他竟不予理睬！今天袁世凱要揍他！他卻逃至仁川，乘上往長崎的船溜了。

袁世凱把刀按在地上，望著南天，他在心裏說：狗日的日本鬼子，你們也怕挨打呀！

海風推聳著大堆的雲朵往朝鮮上空，舉目南國，袁世凱好像看到了小白山脈，好像看到了錦江、蟾津江、洛東江，看到了釜山和絕影島、巨濟島。再往南，隔著對馬島，就是日本，這片像打斷了肢節的蜈蚣似的島國，為何生了那麼多無情無義的狗雜種！他們會是徐福的後代嗎？如果真是徐福的後代，該與我中國世代修好，和睦相處，又為什麼這麼兇殘，這麼沒有一點兒人性、人情呢？

願太平洋的風浪再大些，淹沒了它，讓竹添這些傢伙成海底魚鱉！

他真想仰天大喊，操他們的祖宗——

前些天，袁保齡從旅順來信，談到海防的重要，鼓勵袁世凱投身北洋海軍，要繼續從科舉入手找到自己的前途。

袁保齡談及日本時，也很憤慨。他在信中講：同治十三年（一八七四年），日本就侵犯了臺灣，光緒五年（一八七九），又併吞了琉球島。日本參謀本部的山縣有朋，呈給天皇的《鄰邦兵略》中強調說，為了準備對中國的戰爭，擴充軍備是當務之急。有留學生從那裏帶回消息說，日本上上下下早準備了幾百年要佔領我中國，眼下正準備用十年的時間做最後準備，完成擴軍，要大舉侵犯中國、完全佔領我中國！（〈遠方的雲〉節選）

筆者如此描寫，是根據史料，並非完全杜撰。袁世凱在朝鮮與日本人交鋒，是出於國家利益。他當時已經注意到對伊藤博文是日本明治維新的元老，是中國人的敵人。袁世凱表現出對敵情充分的重視，派出人員更直接地觀察日本，是可能的。文中提到的「同治十三年（一八七四），日本就侵犯了臺灣，光緒五年（一八七九），又併吞了琉球島」與「開化黨頭目金玉均與日本駐朝公使竹添相勾搭，要作廢中國和朝鮮的宗藩關係」，包括「日本上上下下早準備了幾百年要佔領我中國，眼下正準備用十年的時間做最後準備，完成擴軍，要大舉侵犯中國、完全佔領我中國」，確屬歷史事實。袁世凱指揮人馬打敗了日本士兵，挫敗了日本人劫持朝鮮國王而廢除中國宗主國地位的陰謀，因而得罪了日本人。所以，後來伊藤博文堅決要求清政府嚴厲懲罰袁世凱，李鴻章嚴詞拒絕，同時也發現了袁世凱的傑出才能。其環顧宇內，人才無出袁世凱右者，並不是一句空言。

伊藤博文何許人也？一八九二年八月，伊藤博文受命進行組閣，積極準備發動對朝鮮和中國的侵略戰爭。他首先策動天皇發佈詔書，大力擴充軍備，實行英日結盟。接著，日本又對中國發動戰爭。伊藤博文作為內閣總理大臣直接參與、策劃了一八九四年對朝鮮的戰爭。日軍仁川登陸，佔領漢城，此時，袁世凱回國。日本人一直不願意放過袁世凱，袁世凱自然不會對日本人有什麼好感。

袁世凱在朝鮮的日子，是他一生歷練自我的轉捩點。從當年跟著叔父袁保恆賑災，學步於官場，至此時獨立行使權利，與族中長者指點有很大關係。如乃叔袁保齡就多次告誡他，無論人前人後，都不能說吳長慶一個不字。這是因為吳長慶與李鴻章有一些矛盾，袁世凱急於進步，難免在李鴻章面前說吳長慶的什麼。此時，袁世凱最感激的當然是李鴻章與吳長慶，而其最知心的除了二姐，還是袁保齡。此時他曾經寫給袁保齡書信，在信中即詳細論及自己對日本人與朝鮮時局等問題的理解與認識。

**（光緒十年十月十八日，一八八四年十二月五日）〈袁世凱稟叔父袁保齡函〉**

前稟已付「泰安」，乃於十七日事變突起，俱詳中堂稟中。乞即速打電至津，俟回電即派兵輪來東。此時軍情千變，一時不同。侄等俱不敢惜命，惟此地為第一要緊屏藩，設為東洋佔據，有傷大局，殊非淺鮮。

昨日至今，諸將俱欲與倭人開仗，而朝鮮練軍四將（閔、韓、尹、李）俱為殺，士卒亦思亂動，俱已撫循毋妄動。法人事未了，遽開釁於日本，中國力殊為支絀。開化黨徐光范、金玉均、洪英植、樸泳孝欲獨斷獨行，故先除此六人，以貪其權。此六人俱侄熟人，而尹泰駿交最深，一時俱殺，侄羽翼孤矣。惟金允植尚留在營中，以備有用。

日人既助開化人除中國黨，則朝鮮即不為日人所吞，亦叛將不久矣。聞日人已將添兵，其意將何在耶？乞電至津請兵，並乞速飭兵輪東渡，至叩。危地危時，亦只盡心力所能為而已。屢托陳茇南約各國公使，飭日人退兵出宮，明日仍當力言。如日內能退兵，至日人挾王殺大臣六人，罪大惡極，亦徐為設法辦理。如日內不退兵，小亭諸人亦決意引兵人保護。不允即行開仗，則啟釁殊為寒心。然人眾而我寡，盡力暗中斡旋，消患為好，不易措手。日兵□□□□□□□□□□□□□（此處模糊）力阻，殊可痛恨。事一決裂，不知伊於胡底。

軍事甚急，盼兵如渴。萬乞設法派兵撥船，以顧大局。此次須派大將如吳清帥者，方能有濟。李罡應亦可飭其同兵至，暗置營中，以收人心。此時人心大亂，如非防軍在此，亂兵亂民又起矣。國中俱不為然，國將亡，固如是也。自相殘殺，互爭權勢，亡無日矣。

今日所來各信及筆談均附呈清鑒，伏乞便寄天津，上之傅相，或不謂任坐失先機也。臨書匆率，不能盡詳。

十月十八日五更

袁世凱一生保持對日本人的警惕，不僅僅是私怨，而是出於公義和責任。如光緒三十四年（一九〇八），中國最早的鋼鐵聯合企業漢冶萍公司（漢陽鐵廠、大冶鐵礦和江西萍鄉煤礦）成立，盛宣懷執意由官督商辦轉為完全商辦，通過各種方式多次向日本人借款，日本人的借款逐漸變成投資，所以其借機要求得到其中的管理權，袁世凱則堅持將漢冶萍公司收歸為國有。想當初，袁世凱與盛宣懷結拜為兄弟，曾幾何時，東南互保，京津失控，李鴻章臨危受命，盛宣懷給袁世凱發電報，議論「合肥老矣」，稱「扭轉乾坤，中外推公（袁世凱）」。袁世凱與盛宣懷因為漢冶萍公司交惡，再後來，袁世凱通過端方與盛宣懷和解，稱「此前誤聽人言」，同時又論及日本「何足畏哉」，都是日本人惹的過節。所以，在許多方面，袁世凱總是與日本人過不去，日本人對袁世凱也就格外痛恨。

無論袁世凱做了多少壞事，他對日本人的警惕、抵抗、反對，則毋庸置疑地捍衛了國家與民族的利益。

## 袁世凱與日本人大隈重信

大隈重信是日本武士，是中華民族的罪人。大隈重信何許人也？

這個人不是中國人的朋友，正是這個傢伙組成的內閣向中國人提出臭名昭著的《二十一條》。

大隈重信曾兩次出任日本政府首相，即一八九八年第八任、一九一四至一九一六年第十七任內閣總理大臣。其初名八太郎，家世為佐賀藩士即武士出身。其早年在長崎學習蘭學，參加過著名的尊王攘夷運動。一八六六年，日本明治政府成立，大隈重信擔任明治政府的民部大輔、大藏大輔、參議等職，在財政、鐵路以及電信事業建設方面表現不凡。大隈重信在明治維新時期最引人注目的是其處理財政問題和修改不平等條約，主要是對外發動戰爭，與強國修好結盟，吞併弱小民族。一八七四年，大隈重信提出改變日本外交策略，發動侵略臺灣。一八八一年，他出任日本立憲改進黨總理。一八八八年，他出任黑田清隆內閣的外務大臣，著手進一步修改各種條約，主張將裁判條約和通商條約合為一體，簽訂「友好通商條約」，受到日本玄洋社等右翼社會力量的反對。一八八九年，大隈重信被玄洋社成員炸斷雙腿，這年的十二月，他不得不辭職。一八九六年，大隈重信組織進步黨，出任松方正義內閣的外務大臣，此後又與板垣退助一起組織憲政黨，建立日本史上最早的政黨內閣「隈（即大隈重信）板（板垣退助）內閣」，出任首相兼外務大臣。一九〇〇年，大隈重信以在野立場，出任憲政本黨總理。一九〇七年，大隈重信辭去憲政本黨總理，之後退出政界。一九一〇年後，他任日本早稻田大學校長，從事文化教育。在此之前，大隈重信參與了日俄戰爭與旅順大屠殺，極力鼓吹日本軍國主義思想。

大隈重信對中國野心重重，於一九一四年再次組成內閣，正是此次出任內閣總理期間，其內閣向袁世凱提出滅亡中國的《二十一條》。大隈重信著有〈日本開國五十年史〉全二卷。在這部書中，他詳細描述介紹日本自一八五四年開國後的五十年內，政治、思想、經濟、軍事、外交以及工業、商業、農業、礦業、傳媒業等各領域各產業，怎樣通過內部強有力的改革，步入世界強國之路。一八五三年七月，美國東印度艦隊遠征至日本江戶灣浦賀，帶來美國總統要求日本開國的國書。之後，日本最終與美國締結條約，結束日本國內世襲軍事獨裁者幕府將軍的鎖國政策，實行開國。從此，日本學習西方，脫亞入歐，五十年間，終於成長為世界強國。

大隈重信寫這部著作的時候，做出一番對中國友好的姿態，請袁世凱等中國政府的政要們為之撰寫序言。袁世凱為他寫了序言，這部書出版後他寄給了袁世凱。

袁世凱的序言以《道德經》中的「江海所以能為百谷王者，以其善下之」與《周易》中的「君子以虛受人」為開題，寫自己對於不能「深閉固拒，顓顓焉守一家之言，以應無窮之變」，如此既不能「治身」，「奚能治國」的感受，分為三大部分。

第一部分為袁世凱對日本「自孝德以來，凡八省百官之設，租用調之賦，禮樂行政之大，一以唐為師」與「漢學倡於王仁，佛學來於百濟，程朱陽明之緒，大昌於明季」歷史的理解，其稱曰：「惟其不恥相師，故能洗篳路藍縷之風，蔚然成東方君子之國。」

第二部分袁世凱總結了大隈重信「安政以後，外患內訌，岌岌不可終日」所做的努力，而對「痛國恥之未雪，慨乎悟攘夷鎖國之不足自存」，表示欽佩。他說，當年德川幕府「既衰」，「遂以雷霆萬鈞之力，舍其舊而新是謀」，自明治維新以來，「以五事誓與神明」，「開設國會」，其「漸漬於西洋主義為多焉」，最後「醞釀為文明璀璨之花，使旭日徽章照耀於太平洋岸」，此「何其盛焉」。

第三部分意在稱頌大隈重信〈日本開國五十年史〉的出版意義與特點，稱「是書一出，其助我東洋之進步者，豈淺少哉」云云。

其書寫時間與自身身份為「光緒三十三年（一九〇七）十月大清國軍機大臣外務部尚書袁世凱」。其時，袁世凱剛剛經受過一番驚濤駭浪，他與慶親王奕劻結成政治聯盟，戰勝了岑春煊和瞿鴻禨。岑、瞿聯盟希望利用慈禧的寵信在政治上打擊袁世凱集團，不想被袁世凱集團使用各種手段，包括製造岑春煊與逃亡海外的戊戌分子梁啟超合影假照片等，一舉反撲成功。而此時，即這篇序言寫成不久前，光復會發動安慶起義，滿人出身的安徽巡撫恩銘被刺殺，袁世凱借助此形勢誇大「逆黨嘯聚海外，熒惑僑氓」，與「尤欲滿漢自相猜忌」、「愚弄士民」，然後提醒朝廷「近歲湘贛兩粵迭聞揭竿」云云。其意當在自保，並進一步加強、鞏固他與奕劻、徐世昌等人政治集團的地位。或者可以說，這時的袁世凱未必有步入權力峰巔的想法。的確是在宣統之後，載灃他們面對辛亥革命而黔驢技窮，把家底完全抖摟給袁世凱，袁世凱才巧借他山之石，化作東風，演了一場火燒赤壁、擁兵自重、逼迫皇帝遜位的大戲！

此時，山雨欲來風滿樓。袁世凱是否從大隈重信的著作中嗅到了明治維新的另一番味道呢？到底是什麼滋味兒，只有袁世凱他自己知曉吧。

袁世凱接到書以後，給大隈重信寫了回覆的書信：

**宣統元年九月十七日（一九〇九年十月三十日）〈復大隈重信函〉**

敬復者：

頃奉賜函，具聆壹是。並承惠贈大著漢文貴邦《開國五十年史》一冊。展誦之余，曷任欽佩。貴邦變法維新，實為東亞先導。大著綱舉目張，紀述詳備，尤足資友邦取法。甚盛，甚盛。

副島提調，因送書之便，來游敝國。凱養病鄉居，未能迓晤，至深歉仄。顓復申謝，

祇頌

勳祺。

大隈伯爵閣下

袁世凱頓首九月十七日

其中的「貴邦變法維新，實為東亞先導。大著綱舉目張，紀述詳備，尤足資友邦取法」，算是袁世凱的評語。

從這裏也可以看出，袁世凱與大隈重信頗為友好，並不是完全一直劍拔弩張。當年伊藤博文要求懲罰年輕稚嫩、不乏冒失為清朝賣力的袁世凱，不想，幾年後，袁世凱做了外務部尚書，直接與日本人打交道。

袁世凱為大隈重信寫了序。值得玩味的是，兩個人都有足病，一個是被當年的玄洋社成員炸斷了雙腿，一個是被強說成病足而遭遇「開缺回藉」，他們都曾離開過炙手可熱的權力場。當年為這個日本人寫序的時候，袁世凱是春風得意、喜氣洋洋，而收到有其序文〈日本開國五十年史〉的時候，書的作者大隈重信辭去日本憲政本黨總理，退出政界，在早稻田大學辦教育；為人寫序，並收到書之後為其寫復信的袁世凱，被載灃他們趕出了朝廷，正以病足的名義隱居於洹上，天天拿著釣魚的魚竿吟誦著「勸君莫負春光好」。

其實，袁世凱正等待著遠天的春雷，他的耳邊正日夜響著「出山」的風聲。直到辛亥革命的炮聲在南中國響起，他喜出望外。

巧合的是，袁世凱出山的兩年之後，還是這位日本人，又做了內閣總理，兩人又分別代表著自己的國家打起交道。只是這一次不同了，袁世凱出山，面對的是清帝遜位後中華民族歡呼的中華民國，雖然是嶄新的國家，卻百廢待興、百業待舉。

當年，袁世凱接受的是日本人大隈重信不無得意的〈日本開國五十年史〉，而此刻，他不得不接受還是這個日本人送來的令他難堪之至的《二十一條》。

幾乎就在《二十一條》醞釀的同時，孫中山他們正在向日本人借錢討伐袁世凱。一九一四年五月十一日，孫中山曾經給這個大隈重信寫信說，「現在支那，以袁世凱當國，彼不審東亞之大勢，外佯與日本周旋，而內陰事排斥，雖有均等之機會，日本亦不能與他人相馳逐。近如漢冶萍事件、招商局事件、延長煤油事件，或政府依違其議，而嗾民間以反對，或已許其權利於日本，而翻援之他國。彼其力未足以自固，又憚民黨之向與日本親善，故表面猶買日本之歡心，然且不免利用。所謂戰國時縱橫捭闔之手段，對待日本。設其地位鞏固過於今日，其對待日本必更甚於今日，可以斷言」云云。此時的袁世凱正遭遇著中華民國建立以來的重重困難，險象環生，眾叛親離，四面楚歌。

歷史常常有太多的巧合，令人百感交集。

## 袁世凱與《二十一條》

袁世凱遭遇的最大罵名，除了稱帝，就是這個喪權辱國的《二十一條》。這是整個中華民族的恥辱與不幸。

辛亥革命後，清帝遜位，袁世凱走向政治的中天。日本人知道他在朝鮮時打死日本人的表現以及他後來與日本人的不合作，認定他是日本人的敵人，他們不能容忍他。所以，日本國內反對袁世凱的聲音一浪比一浪高！

《二十一條》是日本人為袁世凱精心設下的陷阱。

## 日本人的預謀與準備

山縣與伊藤他們無疑是日本人的英雄，中國人的仇恨。明治維新以來，日本人從來沒有停止過對中國政壇的關注，也從來沒有放棄過對中國親日政治力量的培養、發展和支持。如有歷史學家所說，日本一直在密切注意著中國社會的發展變化，尤其是中國軍事力量的變化。有材料顯示，一八八〇年，日本參謀本部長山縣有朋在向明治天皇呈送的關於中國軍隊的調查報告中指出，中國正在進行軍制的改革，正在仿效歐洲的軍事，改革徵兵制度，平時可徵兵四百二十五萬，如果發生戰爭，就能夠召集八百五十萬人，會對日本的行動造成極有力的抵抗和威脅。山縣有朋一再提出，要儘快採取相應的措施與準備，因為「鄰邦之兵備愈強，則本邦之兵備亦更不可懈」。一八九〇年後，日本迅速提高軍費開支，將國家財政收入的百分之六十用作發展海、陸軍。一八九三年後，日本明治天皇決定每年從自己的宮廷經費中撥出三十萬元，再從全體文武百官薪金中抽出十分之一，用作支持造船、購買軍艦。全體日本人積極回應，傳說還發生了全國老百姓每人捐出一碗米的「一碗米運動」。有人統計，甲午戰爭之前，北洋海軍的戰艦排水量二千噸位以上者有七艘，總共二萬七千多噸；當時日本海軍的戰艦排水量二千噸位以上者僅有五艘，共一萬七千多噸，遠不及中國。但是，僅僅兩年時間，甲午戰爭之前，日本提前完成所謂的十年擴軍、強軍計畫，擁有六萬三千名常備兵、二十三萬預備兵的陸軍，其戰艦排水量七萬二千噸，超過了北洋海軍。日本對中國的圖謀是幾百年的準備，他們的「大陸政策」也並非從日本近代開始的。早在十六世紀的豐臣秀吉時代，日本就曾多次發動侵略朝鮮的戰爭。至德川幕府末期，日本出現了有名的「海外雄飛論」，即有一批日本儒學家、國學家和研究西方社會政治文化的學者，從不同角度研究如何實施對外擴張，為政府提供技術支持、理論支持與思想支持，其矛頭首先指向朝鮮和中國。相比而言，日本人研究中國有很現實的目的，就是為了將來佔領中國，為了知己知彼，要弄清楚中國各方面的情況。例如，日本學者研究中國太平天國與義和團的著作，其調查與研究，都非常精細。他們特別注重中國各縣的地方誌與族譜等材料，包括中國的古籍，這些都是為了研究中國、瞭解中國、把握中國，為奪取和佔領中國作準備。而中國，如黃遵憲在《日本國志》中所講，我們對於日本的歷史與現實幾乎沒有任何關注，許多留學生到了日本，並不是尋找救國救民、富國強兵的道理與方法，而是尋找異國他鄉的生活滋味兒。

日本人密切關注著袁世凱的一舉一動。他們觀察到，當年在朝鮮時，袁世凱就以保護朝鮮政府為名，率二千軍隊攻入朝鮮王宮，日本公使竹添因為寡不敵眾，燒毀使館之後連夜潛逃回日本，其中有三十多個日本人被殺。後來，袁世凱一直沒有與日本人順利合作。而且，日本人看到，在中國政府的領導人中，袁世凱最務實，能力最強，在他的領導下，中國很快就會崛起，形成對日本的威脅。他們的許多材料中體現出這類內容。所以，袁世凱擔任中華民國臨時大總統後，日本社會和軍界人士，許多人組織或參與了不同形式的反對袁世凱的活動。

本來，日本人對袁世凱就沒有好感，他們在中國各地搜集各方面的情報，得出了袁世凱是日本國家和民族最大的敵人這一結論。佐藤鐵治郎炮製的《一個日本記者筆下的袁世凱》這本書就是一個典型。一方面，他們搜集情報，撰寫出不同歷史時期的袁世凱活動的材料，並搜集了袁世凱的傳說與各種資料，分析袁世凱被載灃罷去官職的各種原因、袁世凱在中國政治舞臺上的種種表現、袁世凱與各種人物的來往關係等；另一方面，他們在接納中國革命黨和各種反對清朝力量的同時，加緊和加強選派有經驗的軍事人員幫助他們在中國國內頻繁發動各種武裝起義，平山周等人就是例子。後來，梁啟超與袁世凱再次決裂，策劃廣西陸榮廷起義時，繞道香港、越南等地，一路上都有日本人給予非常細緻周密的幫助，這些現象連梁啟超自己都感到非常驚訝。在事實上，他們力圖把袁世凱作為日本人在中國發展他們利益的最大障礙，要加以消除。所以，換位思考一下，如果日本人熱烈歡迎袁世凱，那麼，這是否是中國人民的幸福呢？

俗語說，光頭的不一定都是僧人。渡海東去的不一定都是徐福和鑒真。當年留學日本的青年人，他們本來應該努力探索、借鑒日本明治維新之後如何走向富強的成功經驗，為自己的國家服務、效力，這時候他們討伐袁世凱的動機有可能是為了國家的前途，但是，如果無原則地幫助日本人為推翻袁世凱而推翻袁世凱，其後果就值得人深思了。海外勢力對袁世凱拒絕與反對現代文明、固守中國傳統專制政治的大力宣傳，使得袁世凱的形象被極力妖魔化。而且就在這一時期，發生了所謂的「北軍」侮辱日本事件，被一些人無限度地誇大、渲染，更進一步加劇和激發了日本國內掀起反對袁世凱的政治熱潮。日本人的倒袁與中國國內的倒袁行動在政治意義上是不一樣的。日本人是為了搞掉袁世凱，掃清他們在中國獲得最大利益的障礙，他們後來扶植滿洲國溥儀做皇帝，就是最典型的事實！而國內倒袁、討袁，是為了拯救和鞏固來之不易的共和政治，人們不願意再回到封建專制的獨裁政治時代，是對現代文明的嚮往。

日本街頭，婦女們忙著為將要出征他國的士兵縫製護身符，保護他們打中國，平安順利。這也使人想起第二次世界大戰時期，日本民眾歡呼他們在中國取得的勝利，他們的皇軍士兵在中國屠殺無數手無寸鐵的民眾，成為他們歡慶的內容，我們又該如何看待這些現象？應該看到，日本人的侵華戰爭，獲得了最廣大的日本民眾的支持。日本各界人士被鼓動起來，他們組成許多民間組織與團體，諸如國民外交同盟會、對支聯合會與日本浪人會等，以「有志大會」的形式，聲討袁世凱，在日本形成聲勢浩大、如火如荼的倒袁運動。「有志大會」煞有介事地高呼要打倒袁世凱，把袁世凱趕出中國政治權力中心。他們讓日本人形成一種共識，即（中國）各省為了誅除袁世凱之僭竊帝位而舉兵，乃中國國民之正當行動，務期盡速迫袁引咎而退。這與粗暴地干涉中國內政有什麼區別呢？

關鍵在於稱帝的問題上，日本人採用各種方式故意欺騙了袁世凱。這是日本人苦心經營的一個政治陷阱，目的就在於通過讓袁世凱錯誤判斷形勢而實行歷史的倒退，以此激起中國社會對他的嚴重不信任。最重要的是袁世凱是日本的敵人，而不是他們可以得到許多好處的朋友。如日本使節日置益、加藤等人都表示贊同。大隈重信也告訴中國駐日公使陸宗輿說，關於君主立憲事，請袁總統放心做去，日本甚願幫助一切。

而且，日本人向袁世凱遞送《二十一條》時，特意選取了第一次世界大戰的關頭，趁西方列強無暇東顧，偷偷摸摸，以秘密的形式送交，並以武力威脅的野蠻形式限期答覆。

## 袁世凱對國家民族權益的盡力爭取

日本人乘人之危，瞄準各種時機，一方面，他們陽奉陰違，欺騙、引誘中國政府接受所謂的「東亞全局之和平」，妄想獨吞中國領土；另一方面，他們加緊對中國派出越來越多的間諜，大力培養那些出賣民族利益的漢奸，搜集各方面的情報，製造各種混亂。其單方面制定了所謂保障日本人在中國權利的條約，有五份，共計二十一條，故史稱《二十一條》。原有日文原件，每頁均有手印，其白紙黑字，罪行昭昭，此轉錄如下：

**第一號**

日本國政府及中國政府，互願維持東亞全局之和平，並期將現存兩國友好善鄰之關係益加鞏固，茲以定條款如下：

第一款中國政府允諾，日後日本國政府擬向德國政府協定之所有德國關於山東省依據條約，或其他關係，對中國政府享有一切權利、利益讓與等項處分，概行承認。

第二款中國政府允諾，凡山東省內並其沿海一帶土地及各島嶼，無論何項名目，概不讓與或租與別國。

第三款中國政府允准，日本國建造由煙臺或龍口接連膠濟路線之鐵路。

第四款中國政府允諾，為外國人居住貿易起見，從速自開山東省內各主要城市作為商埠；其應開地方另行協定。

**第二號**

日本國政府及中國政府，因中國承認日本國在南滿洲及東部內蒙古享有優越地位，茲議定條款如下：

第一款兩訂約國互相約定，將旅順、大連租借期限並南滿洲及安奉兩鐵路期限，均展至九十九年為期。

第二款日本國臣民在南滿洲及東部內蒙古，為蓋造商工業應用之房廠，或為耕作，可得其需要土地之租借權或所有權。

第三款日本國臣民得在南滿洲及東部內蒙古，任便居住往來，並經營商工業等各項生意。

第四款中國政府允將在南滿洲及東部內蒙古各礦開採權，許與日本國臣民。至於擬開各礦，另行商訂。

第五款中國政府應允，關於左開各項，先經日本國政府同意而後辦理：

一、在南滿洲及東部內蒙古允准他國人建造鐵路，或為建造鐵路向他國借用款項之時。

二、將南滿洲及東部內蒙古各項稅課作抵，由他國借款之時。

第六款中國政府允諾，如中國政府在南滿洲及東部內蒙古聘用政治、財政、軍事各顧問教習，必須先向日本國政府商議。

第七款中國政府允將吉長鐵路管理經營事宜，委任日本國政府，其年限自本約畫押之日起，以九十九年為期。

**第三號**

日本國政府及中國政府，顧於日本國資本家與漢冶萍公司現有密切關係，且願增進兩國共通利益，茲議定條款如左：

第一款兩締約國互相約定，俟將來相當機會，將漢冶萍公司作為兩國合辦事業；並允如未經日本國政府之同意，所有屬於該公司一切權利產業，中國政府不得自行處分，亦不得使該公司任意處分。

第二款中國政府允准，所有屬於漢冶萍公司各礦之附近礦山，如未經該公司同意，一概不准該公司以外之人開採；並允此外凡欲措辦無論直接間接對該公司恐有影響之舉，必須先經該公司同意。

**第四號**

日本政府及中國政府為切實保全中國領土之目的，茲定立專條如下：

中國政府允准所有中國沿岸港灣及島嶼，一概不讓與或租與他國。

**第五號**

第一款在中國中央政府，須聘用有力之日本人，充為政治、財政、軍事等各顧問。

第二款所有中國內地所設日本病院、寺院、學校等，概允其土地所有權。

第三款向來日中兩國，屢起員警案件，以致釀成轇轕之事不少，因此須將必要地方之員警，作為日中合辦，或在此等地方之員警署，須聘用多數日本人，以資一面籌畫改良中國員警機關。

第四款中國向日本採辦一定數量之軍械（譬如在中國政府所需軍械之半數以上），或在中國設立中日合辦之軍械廠聘用日本技師，並採買日本材料。

第五款中國允將接連武昌與九江、南昌路線之鐵路，及南昌、杭州，南昌、潮州各路線鐵路之建造權許與日本國。

第六款在福建省內籌辦鐵路，礦山及整頓海口，（船廠在內）如需外國資本之時，先向日本國協定。

第七款中國允認日本國人在中國有布教之權。

日置益是最蠻橫的日本人，親手送來滅亡中國的《二十一條》。《二十一條》意在滅亡中國，是歷史上必然留下記錄的巨大後果，不亞於當年的宋徽宗、宋欽宗被金兵擄走的恥辱。無論是誰，接受了這個條約，都是不折不扣的賣國賊，都要留下喪權辱國的歷史罵名。對此，我們的一些教科書與許多歷史讀物堅持向世人交代這樣一種事實：日本駐華公使日置益把《二十一條》送交袁世凱時，說得很明白，若開成交涉，則日本希望貴大總統再高升一步。所以，袁世凱為了得到日本人的支持，為了稱帝，也就無恥地接受了。

歷史與法律一樣，需要用事實說話。

著名學者駱寶善說並非如此。他解釋道，日置益如此說「高升一步」，既不符合最基本的「外交禮儀」與「歷史常識」，也不符合歷史事實。從史料中可知，此前，中國駐日公使陸宗輿明確對日本人表示過大總統無帝政之意；日置益也沒有如此提出以此交換支持袁世凱稱帝的條件，而是表示願意幫助中國政府取締革命黨、宗社黨等在日本的合法性，包括為袁世凱等人保障安全。

袁世凱心知肚明，他絕對懂得問題的嚴重性，他沒有，也不可能輕易地完全接受，而是採取各種方式進行拖延，軟抵硬抗，盡力爭取自己的權益。有不少學者注意到原來條款與袁世凱爭取權益、修改後的條款，及其所作的批語。

中華民國四年（一九一五）五月七日，日本人向袁世凱提出最後通牒，要求在五月九日之前必須作出具體答覆。

現在，我們還能看到袁世凱於中華民國四年（一九一五）五月八日〈對日本「二十一條最後通牒」的答覆〉：

日本代表初交條款內，有損礙完全領土，如在南滿、東蒙內地有購土地所有，及營業、耕作之類；又侵涉獨立主權，如聘用有力各項顧問、合辦巡警、（警）察、限數採買軍械之類；有妨害機會均等，如各項優先權、指區專有權之類。以上各節，不僅中日兩國關係，故中國政府云云忽略者，實欲鞏固中日兩國友好之關係之基礎，以確保東亞永遠之和平。中國政府深信，日本政府同具此懷，當能諒我萬不得已之苦衷。乃〔於五月六號三時接准」接日本代表交到通牒，定立嚴重之限期，將執必要之手段，中國政府區區苦衷，未能見諒。中國政府處此時勢，不得不如期應諾。雖在中國政府，意見未能滿足，然重視東亞和平之大局，日本政府嚴重之勸告，即照四月廿六日本政府提出之修正案，完全承認，以期日本政府視為滿足永敦和好，特此答覆。

歷史無情而有言。天津歷史博物館、中國歷史檔案館等處保存了袁世凱對《二十一條》「朱批」。此依據天津歷史博物館、中國歷史檔案館等單位在各種宣傳材料中的資料，在此說明並表示感謝。這些珍貴歷史資料，讓後人能夠看到日本人的險惡用心以及袁世凱在歷史事實與歷史生活中的真實表現。如：

（一）《二十一條》「第一號」有「日本國政府及中國政府，互願維持東亞全局之和平」，袁世凱批道：「此項應候大會討論後再議。」

（二）《二十一條》「第一號」之「第一款」有「中國政府允諾，日後日本國政府擬向德國政府協定之所有德國關於山東省依據條約，或其他關係，對中國政府享有一切權利、利益、讓與等項處分，概行承認」，袁世凱批道「只可依據條約，之外應不在內，青島聲明交還中國應不在內」，並將「或其他關係」刪除，後袁世凱對這一條內容再次批道：「關係太含糊，應加一條：一、日後政府協商讓與等項倘或未能確定，此項預約作為無效。」

（三）《二十一條》「第一號」之「第三款」有「中國政府允准，日本國建造由煙臺或龍口接連膠濟路線之鐵路」，袁世凱批道：「由我自造，如借款俟第一條實行後可先盡日本商議。」

（四）《二十一條》「第一號」之「第四款」有「中國政府允諾，為外國人居住貿易起見，從速自開山東省內各主要城市作為商埠；其應開地方另行協定」，袁世凱批道：「現在財政困難，經費支絀，東省已開有濟南、龍口，某某若干處，毋庸再加，如不得已，可在東路再添一二處。」

（五）《二十一條》「第二號」有「日本國政府及中國政府，因中國承認日本國在南滿洲及東部內蒙古享有優越地位」一條，袁世凱批道：「無此向認。」

（六）《二十一條》「第二號」之「第一款」有「兩訂約國互相約定，將旅順、大連租借期限並南滿洲及安奉兩鐵路期限，均展至九十九年為期」，袁世凱批道：「因俄原定期無九十九年之久，展期至多照原訂之期不能超越。」

（七）《二十一條》「第二號」之「第二款」有「日本國臣民在南滿洲及東部內蒙古，為蓋造商工業應用之房廠，或為耕作，可得其需要土地之租借權或所有權」，袁世凱批道：「東部內蒙古應不在其內；耕作超出範圍，不行；所有土地有關領土，應刪去或所有權四字。」後日本提出修正案中將這一條改為：「日本國臣民在南滿洲為蓋造商工業應用之房廠或為經營農業可得租賃或購買其需地畝。」袁世凱將「或購買」三字圈去，批道：「購買有礙完全領土。」

（八）《二十一條》「第二號」之「第三款」有「日本國臣民得在南滿洲及東部內蒙古，任便居住往來，並經營商工業等各項生意」，袁世凱批道：「漫無限制，各國援引，尤不可行。」

（九）《二十一條》「第二號」之「第四款」有「中國政府允將在南滿洲及東部內蒙古各礦開採權，許與日本國臣民。至於擬開各礦，另行商訂」，袁世凱批道：「範圍太廣，應指名區地數礦章，並將商訂改為商辦。」

（十）《二十一條》「第二號」之「第七款」有「中國政府允將吉長鐵路管理經營事宜，委任日本國政府，其年限自本約畫押之日起，以九十九年為期」，袁世凱批道：「違背條約。」

（十一）《二十一條》「第三號」之「第一款」有「兩締約國互相約定，俟將來相當機會，將漢冶萍公司作為兩國合辦事業；並允如未經日本國政府之同意，所有屬於該公司一切權利產業，中國政府不得自行處分，亦不得使該公司任意處分」，袁世凱批道：「這屬商貿之事，並不同意相當機會、不得自行處分、任意處分之類的規定。」

（十二）《二十一條》「第三號」之「第二款」有「中國政府允准，所有屬於漢冶萍公司各礦之附近礦山，如未經該公司同意，一概不准該公司以外之人開採；並允此外凡欲措辦無論直接間接對該公司恐有影響之舉，必須先經該公司同意」，袁世凱批道：「附近二字近強」，「有影響之舉」，屬於「是不許中國另開礦也」，「此件應召集股董會討論」。

（十三）《二十一條》「第四號」有「日本政府及中國政府為切實保全中國領土之目的」一條，袁世凱批道：「保全中國領土的提法，獨立之國不能承認。」

（十四）《二十一條》「第四號」有「中國政府允准所有中國沿岸港灣及島嶼，一概不讓與或租與他國」，袁世凱將「他國」改為「外國」，認為「此當然之事」。

（十五）《二十一條》「第五號」之「第一款」有「在中國中央政府，須聘用有力之日本人，充為政治、財政、軍事等各顧問」，袁世凱對「政治、財政、軍事」六字加以圈點，批註「握政權」三個字。

（十六）《二十一條》「第五號」之「第二款」有「所有中國內地所設日本病院、寺院、學校等，概允其土地所有權」，袁世凱將「所有權」三字重筆點出，表示異議。

（十七）《二十一條》「第五號」之「第三款」有「將必要地方之員警，作為日中合辦，或在此等地方之員警署，須聘用多數日本人，以資一面籌畫改良中國員警機關」，提出「合辦員警」，《二十一條》「第五號」之「第六款」提出「在福建省內籌辦鐵路，礦山及整頓海口，（船廠在內）如需外國資本之時，先向日本國協定」，袁世凱都加了重筆塗改，不予認可。

袁世凱改動處甚多，尤其是對於日本政府提出的有關東部內蒙古借款、課稅、開埠、合辦農工業等方面的要求，他多處批道：「辦不到。」在《二十一條》的末尾處，袁世凱批道：「各條內多有干涉內政侵犯主權之處，實難同意。」同時，他還另文批示道：「歐戰相持不下，法比各有失地，將來大會支配，殊難預計，膠澳能否由強人讓交，此時尚無十分把握，訂此預約，尤足招強人之惡，他西人亦未必同意，殊屬吾謂縱能預交日人交還青島，亦是空人情。」他在最後通牒的文本中堅持自己的意見，說：「顧問、兵器、工廠（之事），大損主權，中國政府決難承認。」

白紙黑字，一切都是白紙黑字！無論什麼人都無可抵賴。

筆者在自己的長篇歷史小說《袁世凱》中，描寫了袁世凱在接受這一人生恥辱時的歷史場景：

寬敞、豪華的總統府純一齋中，袁世凱一進門，全體人員都立正站立，請他先入座。

袁世凱「嗯嗯」地擺手，請大家坐下。

黎元洪、徐世昌和政事堂的左右丞、各部的總長、各院院長、外交次長等，都沉默不語。他們你看看我，我看看你。

陸征祥，一個賣國的罪名放在了他身上。首先由外交總長陸徵祥介紹通牒的內容，並詳細報告他與朱爾典交談的情況。室內許久沒有一人說話，有人止不住哭起來。

袁世凱向大家點了點頭，掏出手絹，擦了擦眼，嗚咽著說：「日本人，薄情寡義、貪得無厭的日本人，他們早就想吞占我大中國。還是在朝鮮時，我就清楚這一點。前年夏天，熊希齡先生發電報給我說，犬養毅來華，鼓動國民黨與我們對抗，他們要讓岑春煊做總統，一南一北相割裂。現在，他們不是要分裂我們，而要蠶食、吞併我們。陸征祥諸君，極力與日本人，禽獸不如的日本人，相爭，終於使日本人撤回第五號，修正了許多。現今，天下混亂，我們力量不如人。我們的人，瞭解了日本人的軍力，他們準備了幾百年，要佔領我們的土地。我們不能跟人家打。朱爾典先生的話，我們當牢記，埋頭十年，臥薪嚐膽，或許來日能抬頭，否則，亡國之禍，不可免也！」

很快，像哭喪一樣，大家都哭成一片。

曹汝霖，是一個賣國的人。只有外交次長曹汝霖不動聲色。他不看眾人，也不看袁世凱。

袁世凱憤恨地望著曹汝霖。曹汝霖的脖子用力擰著，昂起頭，冷眼相對。前些天，曹汝霖吹噓說：「二十一條我早就知道。」袁世凱當時氣得怒罵：「既然早就知道，你為何不早來報告我！」此刻，袁世凱看著他那副得意樣子，真想命人把他斃了。

哭聲越來越痛。袁世凱提高聲音說：「經此大難，大家務必以此為奇恥大辱，臥薪嚐膽，奮發有為，刷新事業，定年限，下決心，群策群力，期達目的！絕不為亡國之民，匹夫有責……各位若有良知，當日以亡國滅種為警，摒除私見，恪盡職守，協辦成功。苟利於國，死生以之！」

黎元洪狠狠地望著曹汝霖，在心裏罵著，不覺脫口而出：「姓曹的，你不是人！你，身為中華民國外交次長，你是數典忘祖的無恥奸佞小人，是日本人養的狗！忘恩負義的狗啊……」

他高聲罵著，涕淚交加，拍案而起。許多人也都站立起，面對曹汝霖怒目而視，一齊厲聲呵斥道：「曹汝霖，出賣國家，背叛民族，無恥小人，民族敗類！」

曹汝霖開始還強硬，正要昂起頭，面對如山的人群，憤憤地將頭扭向一邊。

陸徵祥愁眉苦臉，不知該向著誰才是。一邊是副總統，一邊是背靠日本人的外交次長，得罪誰都不是。他向袁世凱望去。此刻，袁世凱正在擦著紅腫的雙眼。他長吁了一口氣，哀歎道：「如今辦外交，也真難啊。」

黎元洪大聲說：「曹汝霖，全天下的人都會記著你的！」

「哼！」曹汝霖騰地站立起來，惡狠狠地望瞭望眾人，用不屑的口氣說，「我不是中國的首相，我只是一個替人擔當了罪名的小卒子。我不怕落下千古罵名，將來，自然有人替我擔當。」

眾人瞠目結舌。

曹汝霖望瞭望袁世凱，又望瞭望段祺瑞。

嘈雜聲響起來。有人罵著曹汝霖，也有人罵著革命黨，罵革命黨勾結日本人，要用此等險惡手段逼退袁大總統。更有人大罵日本人，說日本人力圖吞食中國，不是一個人兩個人，也不是一天兩天，而是全日本上上下下都在做著吞食中國的夢，要滅亡中國，亡國滅種。

整個純一齋沸騰起來。

夏壽田哭得最痛，他唱起了〈湖南歌〉，用盡全身的力氣唱。但是，他的聲音早被這越來越沸騰的嘈雜聲所淹沒。（**〈曹汝霖出賣國家，背叛民族〉**節選）

筆者依據歷史，沒有太多的修飾。雖然筆者沒有親身目睹歷史的現場，但是，筆者深信自己能夠和許多人一起想像出那段歷史生活。如此，便可以想見袁世凱為何在生命垂危的關頭，怒寫「為日本去一大敵，看中華再造共和」的對聯。《二十一條》是歷史的恥辱，它不僅僅屬於袁世凱一個人，而是屬於一個民族；它是歷史的罪惡，它不僅僅屬於中國的歷史。知恥而近乎勇！

日本人對中國犯下了無數的罪行，《二十一條》只是其中的一件。其登峰造極，必然激起中華民族的誓死抗爭，所以，它被後來的九一八事變所代替，被《黃河大合唱》、《義勇軍進行曲》和《游擊隊之歌》等那些響徹大江南北的神聖而嘹亮的歌曲所代替，被海洋般的怒吼聲和隆隆的炮聲所代替。

筆者聽到了一個偉大的聲音響徹天穹：

三十年以來，在人民解放戰爭和人民革命中犧牲的人民英雄們永垂不朽！

由此上溯到一八四〇年，從那時起，為了反對內外敵人，爭取民族獨立和人民自由幸福，在歷次鬥爭中犧牲的人民英雄們永垂不朽！

是啊，你可以不相信眼淚，但是，你不能不相信歷史事實。在那白紙黑字間，有多少黑與白，還有多少紅色，被人不斷地述說。

# 滾滾長江東逝水
## ——袁世凱與他的親戚朋友

有一首歌唱道：人生難得是朋友，朋友多了路好走。有一首歌唱道：朋友來了有好酒。還有一首歌唱道：朋友啊朋友，你可曾記得我！兒時有歌謠唱道：找啊找啊找朋友，找到一個好朋友，敬個禮，握握手，找到一個好朋友。的確，一個人沒有朋友，就可能會孤獨，就可能會孤僻。而朋友的選擇，常常充滿僥倖與無奈。

袁世凱曾經多少次與外國人在一起，他卻從來沒有像李鴻章那樣走進歐美的土地。袁世凱是一個天生結交朋友的高手，從王公貴族到平民百姓，他一生朋友無數。滿族貴族，如慶親王奕劻，如榮祿、鳳山、世續、端方、那桐這些身世顯赫的王侯，都曾為他說好話。李鴻章、張之洞、吳大澂、李鴻藻這些大學士，還有徐世昌、黎元洪、聶士成、段祺瑞、馮國璋、王士珍、盛宣懷、張人駿、張勳等一批政要、將軍，嚴修、楊度、章太炎、梁啟超、張謇、周馥、張鎮芳、詹天佑等一批學者、科學家，以及莫理循、古德諾這些西方人，還包括孫中山、黃興、汪精衛等早期的革命家，都曾經與他成為朋友。所以，他的朋友遍天下，無論是在他得意時還是在他不得意時，他都因為朋友而自在。想當年，洹上的養壽園，也沒有什麼風光，卻因為袁世凱在這裏拿著一條魚竿裝模作樣地蹲在河邊，就那樣熙熙攘攘，中外人等齊聚在這裏，到底為了什麼呢？

袁世凱稱洪憲皇帝大典籌備處的成員聚首，一群泥胎！或許，這就叫做具有中國特色的朋友文化。中國文化無處不在，什麼都可以弄出一個文化來，喝酒有酒文化，喝茶有茶文化，而且有杜康、儀狄、劉伶之類的酒聖人，有陸羽、盧仝之類的茶聖人，是文化歷史久遠而神聖的象徵與證明。其實，朋友文化也有許多故事，如鮑叔牙一曲《高山流水》響徹千年，如干將莫邪一諾千金將頭顱做酒壺為復仇事業壯行，更有無數歃血為盟的動人傳說。有一種朋友文化更為耐人尋味：化敵為友，化干戈為玉帛，相逢一笑泯恩仇。朋友與敵人都是源於認同的內容不同，都是交往中形成的社會關係形式。

朋友不是天生的，但交朋友的歷史背景、社會背景卻具有極大的規定性。我們從較早的漢字構形上看，「朋友」兩個字都與肉體有關係，說俗一點，肉即人的身體，肉體背後自然是一顆火紅的心。並肩而立，心心相印，這應當是對於人與人之間相互關照等特殊關係的一種補充表現。所以，人們常常說，從一個人的朋友身上，可以看出一個人怎麼樣。或許，這就是物以類聚、人以群分的道理。好人交朋友便是志同道合，是革命友誼；壞人交朋友便是臭味相投，是狼狽為奸。

結交朋友是一個人所能夠具備的一種社會生活能力，因為朋友是一種特殊的社會關係。人來此世界走上一遭，有幾個朋友，能夠推心置腹，這是一件幸福的事情。世道如風，人情亦如滾滾長江東逝水，浪淘盡多少歲月，才有幾多真情！

人海茫茫，芸芸眾生，人與人相遇、相識、相知，情投意合，便成為朋友。佛家將此稱作緣分。俗語對此解釋說，有緣千里來相會，無緣對面不相識。更有夫妻結緣有月老牽線等美好傳說。農耕文明時代，男人稱為外面人，女人稱為屋裏人，共同養家糊口，生兒育女。夫妻之間是最好的朋友，相濡以沫，肝膽相照，有福同享，有難同當，在天願作比翼鳥，在地願為連理枝。有多少故事講述王寶釧住寒窯的佳話，又有多少故事講述陳世美的罪惡。家喻戶曉的牛郎織女故事、孟姜女故事、梁山伯與祝英臺故事、白蛇故事，被人稱為中國四大傳說。每一個傳說故事都是在以一種欲說還休的方式，淋漓盡致地展現這種特殊的情誼。又說，百年修得同船渡，千年修得共枕眠。這些俗語世代相傳，都是在強調珍重情誼。

俗語說，多一個朋友多一條路，出門在外靠朋友，朋友多了路好走。俗語又說，一個籬笆三個樁，一個好漢三個幫。而朋友多種多樣，或曰良師益友、真心朋友、知心朋友，遇到不容易做的事情共同擔當，如桃園三結義，雖不是一母同胞，卻也是手足相連；或曰酒肉朋友、狐朋狗友，無情無義，過河拆橋，甚至出賣良心。得到朋友幫助，感激涕零，世代結為秦晉之好，這叫慧眼相識。因為朋友交往而形成對自己的傷害，此為交友不慎。所以，人們在交往中特別看重誠實、高尚的品質。好朋友不需多，人生得一知己足矣！

親情，或相當於親情的社會關係，是朋友兩個字的原始性意義。朋友中，兄弟的名分尤為重要，備受人推崇。朋友又有老少之別，叫忘年交；有男女之別，便有男朋友、女朋友、異性朋友。紅顏知己難得，只可遇而不可求。其他諸如同學、戰友、老鄉等，與朋友或親戚的特殊意義能夠接近，但到底還是與朋友不一樣，不可同日而語。

親戚也是一種朋友關係，人們常常把二者連在一起，叫親朋好友。只是親戚這種關係以血緣相結，其意義更特殊，所以人們常說，娶親，即結親，要門當戶對。既然是親戚，就要經常走動，風俗中稱作「走親戚」。俗語中特別強調「老親」，即祖輩傳下來的親戚關係，俗語說「三輩兒不忘姥娘家人」，「老表」（外祖父親屬系列）與「堂兄弟」（同族親屬）之類成為社會關係的特殊結構。親上加親，是一種親情的加強與鞏固。如果這種親情關係得不到維持，俗語稱為「斷親」。俗語不俗，講的都是從日常生活中總結出來的經驗。重視交朋友，珍重情誼，以誠相待，不忘在節日相互問候，在特殊時期互幫互助，是中國人重要的生活傳統與文化傳統。俗語說，有情才有義，有情有義才是親，無情無義的人不如畜生。中國傳統講究報答，講究報應，把那些知恩不報、恩將仇報之徒列為不是人的東西！於是，就有了什麼好東西、壞東西、不是東西之類的俗語。

看人家宋江，個兒不高，官兒不大，卻被人稱作「及時雨」，走到哪裡都有兄弟與朋友。朋友加兄弟，難割難捨，講的是一個情，所以有「未必同年同月同日生，但願同年同月同日死」之類的佳話。

袁世凱固然是一個會結交朋友、會利用朋友關係的人，而他身邊的親戚朋友也都不是無緣無故地走進他的生活、成為他人生的一部分的。他因為朋友而平步青雲，左右逢源，或雪中送炭，或錦上添花，如徐世昌、奕劻等人以及他眾多兒女親家對他的幫助；他也因為朋友而開罪他人，遭遇罵名，如譚嗣同、梁啟超、康有為等人曾經是他的朋友，最後反目成仇；他也有化敵為友、化仇為友的本領，諸如盛宣懷、張謇等，一言難盡。梁啟超在戊戌變法失敗後，逃到日本，寫了《戊戌政變記》，有許多不實之詞，讓袁世凱背上出賣維新義士的惡名。民國建立，袁世凱不計前嫌，反而重用了梁啟超。應該說，人生有多少朋友，就會有多少未必說得清講得完的傳說故事。

## 袁世凱家的親戚朋友

袁世凱不是唯利是圖、薄情寡義的人。人常說，富在深山有遠親，窮在街頭無人問。這是說，親情的存在需要一定的物質利益作為基礎。人還說，窮親戚，富朋友。它告訴人們，親戚再窮，也是親戚，家產豐裕，才會有朋友來看望。俗語說，親戚盼著親戚富，鄰居盼著鄰居窮。這是說，親戚富有，可以幫助自己，使自己榮光，而鄰居之間，則總是希望自己比別人生活得更美滿如意，才能得到內心的滿足。換個角度說，也有遠親不如近鄰、街坊鄰居一家親的俗語。袁世凱家族推崇與鄰居修好，其廳堂中掛著「十三學劍十五學書，千金買田萬金買鄰」的對聯，成為家訓。在每一種俗語中間，都包含一連串的道理，需要用具體的風俗知識作解釋。

親戚與親屬，雖然都是親，但是區別還是很明顯的。親屬一般指具有直接的血緣關係，而親戚是連接成的親情關係，屬於結親。各種親，都是親情的表現，都是對親情的補充與發展，是連接在一起的紐帶。親情的劃分形式有近親、遠親、表親等。

袁世凱摯愛著他的兒女們。袁世凱家的親戚很多，按照河南項城的風俗，其親戚稱謂主要有祖父母、父母輩的老親，諸如外祖父母（姥爺、姥娘）、舅祖父母（舅爺爺、舅奶奶）、姨祖父母（姨姥爺、姨奶奶、姨姥娘）、姑祖父母（姑姥爺、姑老娘、姑爺、姑奶奶）等，還有大伯、大娘、叔叔、嬸子、舅父、妗子、姨、姨夫、姑、姑父、表叔、表兄弟、表姐妹、表侄兒、表侄女兒，等等。每一種親情的形式，都有相應的風俗生活作為其秩序空間結構。

袁世凱的夫人于氏不懂得世道，曾經深深傷害過袁世凱。對於袁世凱的成長，具有最直接影響作用的是其父輩，諸如養父袁保慶，叔伯袁保齡、袁保恆等人。他們為他提供了必要的生活與讀書學習環境，給予其嚴格的要求，鼓勵他，幫助他，指教他。其母輩，有生母劉氏、養母牛氏。雖然他被過繼給了牛氏，但劉氏畢竟是他的親娘。劉氏庶出的身份直接影響到他的生活的事件有兩個：一是他的結髮妻子于氏看不起他，嘲笑他沒有姥姥，即小老婆生養的，在家裏沒有地位，不能夠登堂入室；二是他的二哥袁世敦阻止他將劉氏埋入祖墳，使他丟盡臉面。舊時代不能進入祖墳的只有那些身份低賤、卑微的人，事實上這是在毀滅袁世凱的尊嚴。

在其政治生涯中，影響其命運與人生的親戚主要是兒女親家。他的做法與歷史上的和親制度有些相似，形成其家族與世系的特色。

## 兒子們的岳父

俗語說，有其父必有其子。一個父親後面有一個兒子，叫有後人；如果有一群兒子，叫人丁興旺，子孫興旺。這是中國傳統社會家族、宗族的理想。如果門戶弱小，就不僅僅缺少勞動力，更重要的是會受到欺侮。

所以，兒女常常關係父母的尊嚴。母以子榮，子以父貴，成為宗法社會的重要規則。一個兒子後面應該有一個父親，同時，一個兒子結婚成家，其後面有一個媳婦，一個媳婦後面有一個丈夫的岳父，即自己的親生父親、兒女們的外祖父。在風俗中，兒子的父母與岳父母之間，媳婦的父母與公婆之間，形成一個特殊的聯繫形式，叫做親家。

袁世凱與他眾多的親家形成不同的聯繫方式，編織成中國近代社會一張巨大的網。

袁世凱妻妾成群，兒女眾多，一生有十七個兒子。他深深地愛著他們，對他們抱有很高的期望。在他的兒子中，他操辦的親事，即找到親家的至少有十三個。另外幾個兒子由於太小，沒有等到他來操辦，因為他已經告別人世。

他的兒子們與他發生什麼故事並不重要，如他的大兒子如何欺騙他，誤了國家的大事等，重要的是他與他的兒子們背後的那些岳父大人之間的故事。在近代中國社會，帝國列強的炮聲，與革命者此起彼伏的喊殺聲，共同化作開場的鑼鼓，袁世凱與他的親家們攜手並肩，在中國政治舞臺上，演出了多少或平平淡淡，或驚心動魄的戲劇。

當然，這些戲劇，有喜劇，也有悲劇，其未必全都叫座。

種下龍種，收穫的可能是跳蚤。眾多小兒子，每個人都是一個故事。袁世凱和他的同志們守護著新華宮，這裏是袁世凱家的左鄰右舍、親戚朋友。這裏是中國的大舞臺。猶如鄉間的大廟會，到處是車水馬龍，熙熙攘攘的人群。那桐他們與袁世凱是鐵哥們兒，袁世凱格外珍重這些好朋友，他們許多人都是京華才子。他與他的兒子們之間發生的故事有許多，其中，最有品讀意義的是長子袁克定、次子袁克文和九子袁克久，還有娶了滿族貴族家女兒的五子袁克權、十三子袁克相等。誠如古人所說，龍生九子不成龍。種下的龍種，收穫的卻是跳蚤。這些養尊處優慣了的孩子，沒有吃過什麼苦，不像其父那樣南來北往，風裏來雨裏去，於荊棘中行走，所以就難免紈絝子弟少偉男了。其長子袁克定早年到德國讀書，後來在朝廷農曹做事，如果他不是因為摔斷了手，成了殘廢，按照專制社會的政治傳統，袁世凱做了皇帝，他是順理成章可以榮登大寶的。這種現象在國際上至今並未完全絕跡。袁克定這個人是一個典型的成事不足敗事有餘者，做什麼籌安會，搞什麼《順天時報》假報紙，欺騙其父，不僅耽誤了袁世凱個人的事業，更重要的是耽誤了如旭日東昇的中華民國共和事業的成長，既誤家，又誤國。更有甚者，他做著太子夢的時候，還動不動就要廢了他的大弟弟袁克文，要演什麼曹丕殺曹植的窩囊戲。他實在對不起他當年非常出眾的岳父吳大澂。次子袁克文，文采甚好，才思聰慧，雖然缺乏乃兄敢作敢為的風度，但一心要做一個真名士，清高之至，恃才傲物。他喜愛詩詞歌賦，喜愛琴棋書畫，要說也是一個雅士，只是太過了，人家演戲是以假亂真，以真亂假，他卻熱衷於以真為真，沉湎於藝術之中而不能自拔。這同樣讓袁世凱失望。後來，他不僅進了梨園，而且還進了上海黑社會，陷得更深。老五、老九、老十、老十三，都是有駙馬色彩的人，未必是他們自己要做攀龍附鳳的事情，而是袁世凱把他們拉進了政治漩渦，讓他們做了不尋常人家的東床。

從此，那桐也好，端方也好，身為滿族權貴，一人之下萬人之上，都成了袁世凱的親家，自然也就成為他的保護傘，成了當仁不讓的好朋友、好戰友、好親戚，必須走進一個戰壕。四子袁克端的岳父何炳瑩是天津數得著的大鹽商，有花不完的銀子。比如，袁世凱落難即被逼離開朝廷，來到洹上的時候，偌大一片養壽園，就是這個何炳瑩無償贈送給袁世凱這個親家居住的。至於徐世昌，與周馥等人一樣，與袁世凱是世交，可謂親上加親。黎元洪是被逼進京，做了中華民國大總統的副職，被袁世凱生拉硬拽做了親戚的。像孫寶琦、陳啟泰、張百熙這類尚書、巡撫級別的官員，自然也是袁世凱的盟友，都是袁圈子內的人。這個大圓圈，就是圓滿無缺的圓，就是滿族權貴的滿，就是袁世凱的那個「袁」。這也是一種巧合，似乎圓滿這個詞，好像多少年前已經專門為袁世凱他們造就好了一樣。

二十世紀七、八〇年代，筆者在河南項城聽到歌謠：「有金子有錢，看天下姓袁。」歌謠的意思就是說世界上沒有幾個像袁世凱他們那樣要錢有錢要人有人、如此風光的。

俗語說得好，完滿無缺。完滿就是圓滿，圓滿才能無缺，才能有備無患，才能更好地保護自己，發展和提高自己。袁世凱動輒講自己「世受皇恩」云云，是有背景的。他最精通這樣的可持續發展的策略。就從這來看，袁世凱真的不是什麼暴發戶。

世界上有許多令人玩味的巧合，卻從來沒有無緣無故的愛與恨。兒子們的背後是媳婦，媳婦們的背後是親家，親家這群人的背後，是另外一個家族，另外一種力量。的確，一切都不是無緣無故。

長子袁克定，娶著名金石學家、廣東巡撫、河道總督吳大澂之女；次子袁克文，娶天津鹽商捐官候補道劉尚文之女；三子袁克良，娶管學大臣郵傳部尚書張百熙之女；四子袁克端，娶鹽商、捐官候補道何炳瑩之女；五子袁克權，娶兩江總督、直隸總督、督辦粵漢川鐵路大臣端方之女；六子袁克桓，娶江蘇巡撫陳啟泰之女；七子袁克齊，娶山東巡撫孫寶琦之女；八子袁克軫，娶袁世凱故交周馥之女；九子袁克玖，娶中華民國副總統黎元洪之女；十子袁克堅，娶袁世凱故交徐世昌之女，傳說徐世昌女兒早逝，又娶陝西都督陸建章之女；十一子袁克安，娶天津富商李士銘之女；十三子袁克相，娶那桐之孫女。其他如十二子袁克度，十四子袁克捷，十五子袁克和，十六子袁克倫，十七子袁克有，皆為另說。其中，袁克有年齡最小，是葉氏在袁世凱去世之後所生，沒有見過父親。

梳理其中人物，如吳大澂、張百熙、端方、那桐、陳啟泰、孫寶琦、周馥，尤其是黎元洪、徐世昌他們，哪一個不是晚清到民國時期政治舞臺上炙手可熱的人物？這些人皆出身不俗，包括幾個鹽商出身的親家，也是有模有樣地捐了個什麼候補道。權勢、金錢與名望的結合，使袁世凱家的門庭更顯金碧輝煌。

這是中國文化的重要傳統。立像以言意，最形象的說明，就是千家萬戶門樓上、傢俱圖案上、年畫上，那些栩栩如生的福、祿、壽形象，日夜昭示並指引著人們熙熙攘攘，奔走於東西南北。對於袁世凱來說，福與祿都不用講，只有一個袁氏家族年不過六旬的坎兒，一直在折磨著他。

## 女婿們的身份

河南項城年節有一個重要的風俗，叫「初三的外甥初二的客」。自然，外甥是自家女兒所生，在大年初三來到姥姥家拜年。女婿被稱為「客」，雖是外姓，但畢竟娶了自己家的女兒，所以就成了自家人。新婚的女兒和女婿，在大年初二這一天來到岳父家拜年，是地方家族中非常重要的一件大事，邀請族內有威望的長者來陪女婿一起吃酒席，證明正式接納即認同了女婿在家族中的社會地位。

女兒袁靜雪、袁思禎她們都是袁世凱的心愛，都沒有嫁入尋常百姓家。女兒袁祜禎與曹錕的兒子結了婚。在文明進化的歷程中，我們可以看到從「仲春之月令會男女，於是時也奔者不禁」，到「泣血，漣如；白馬，斑如；匪寇，婚媾」，再到「納彩、問名、納吉、納征、請期、親迎」六禮婚姻形態的變化。六禮在周代就已確立，最早系統見之於《禮記・昏義》。以後各代大多沿襲。問名與納吉，就是通過詢問對方情況，求得吉利。八字進入風俗生活的時間比較晚，應該是在宋代程朱理學的建設過程中形成八字批排系統的，在南宋以後才廣泛應用於民間社會。六禮的實質在於通過一定的儀式，形成社會化，形成婚姻雙方的認同，即家庭與社會的共同認可與接受。

婚姻的社會意義是非常廣泛的。依附於高貴，相當於喜鵲攀了高枝，相當於鯉魚跳入龍門。在普通人家的新婚室內裝飾中，常常張貼「喜鵲登枝」、「鯉魚跳龍門」、「龍鳳呈祥」之類剪紙、木版畫等民間藝術圖像，其意義也在這裏。袁世凱家屬於顯赫門第，更看重這些內容，這也在情理之中。

顯然，女婿背後還有不同尋常的一群人，林林總總，有當朝的權臣，如端方、蔭昌，有當年的知心朋友，如楊士驤、楊士琦、曹錕，他們與袁世凱因為姻親關係而形成越來越穩固的政治聯盟。這個政治聯盟的存在意義並不遜色於他的兒子們背後站立的那群人。中國傳統社會宗法制條件下的社會認同，常常以這種「一家人」形式為認同的原則。一榮俱榮，一損俱損，如此循環往復，構成越來越大、越來越堅韌的圈。無論滿族官僚端方、蔭昌，還是舊知楊士驤、楊士琦、曹錕，都成了這樣有共同利益關係的「一家人」。一家人便不分你我。當然，這個圈仍然姓袁，是一個日益強大、完美的圓圈。

袁世凱的女兒所嫁的女婿自然也會因為袁世凱而非常風光。

袁世凱也深深地愛著他的女兒們，雖然不像莊戶人家那樣買個紅頭繩兒拴住女兒的心，在女兒出嫁的時候，送上什麼大騾子大馬，讓女兒家也殷實起來，少受一些風吹日曬的辛苦，但他同樣煞費苦心。他特別注意到她們人生的先天安排與後天經營的關係，把「命」這個字看得很重。

命運與緣分是一對雙胞胎，最重要的不僅僅是承認、認同，而且是及時把握。俗語說，人算不如天算。俗語也說，命中註定三兩米，走遍天下不滿升（一種傳統的度量衡）。俗語還說，人生三分靠天，七分靠命。這個「天」，是後來的天（日子），講一個人通過後天努力可以改變命運的道理。

蔭昌他們並不僅僅是袁世凱的親戚，而且是手足，救過袁世凱的命。袁世凱相信命運，相信緣分，所以對把握機遇、結交朋友等非常重視。他有十幾個女兒，未必都嫁了盡如人意的郎君，卻也都是門當戶對，所嫁人家都是袁世凱政治上的「哥們兒」。如其長女所嫁的是布政使張人駿的兒子，次女所嫁的是兩江總督端方的侄兒，三女所嫁的是直隸按察使楊士驤的侄兒，五女所嫁的是吏部尚書陸寶忠的兒子，六女所嫁的是山東巡撫孫寶琦的兒子，七女所嫁的是陸軍部尚書蔭昌的兒子，十四女所嫁的是北洋陸軍統領曹錕的兒子。

在傳統社會，女兒與兒子是有差別的。普通人家信奉的是男大當婚女大當嫁，女兒嫁出去，是潑出去的水，只希望所嫁人家知冷知熱、忠厚老實就行了。普通人家也講門當戶對，常常講，女怕嫁錯郎，男怕走錯行，姑爺只要不賭不嫖、不做敗家子兒就行了。但是，袁世凱他們家不是普通人家，他們可以指腹為媒，一切都要服從其政治聯盟的需要。對於他的女兒們，父母之命，也是媒妁之言。

普通人家嫁女兒並不是抬個花轎出了家門就算了，還要三天回門謝客，更有親迎等六禮的風俗，之前總要排一個八字，即算一算雙方命中是否相克。袁世凱也是風俗中的人，自然會遵循六禮。尤其是袁世凱親眼目睹了二姐人生的悲劇，看到了幾個姐夫中，特別是那個楊壽岩染上煙癮，最令他惱火，他曾經向二姐抱怨過。前車之鑒，袁世凱為兒女選擇婚姻，也是認命的。而且，當年他們家就有類似的故事，需要隱瞞年齡云云，都是為了一個如意。

民間信仰，講究命中有五行，八字即男女雙方出生時各有年、月、日和時辰，四項相加，如辛亥（年）戊戌（月）甲午（日）辛卯（時），正好與傳統時令的四時八節相應，又合於所謂的四面八方方位，共有八個字，所以叫「八字」。俗語中講，八字沒有一撇，並不僅僅是說這個字還沒有開始寫，而是說排八字還沒有進行。傳說年、月、日和時辰四項時間所用的天干地支概念，規定了一個人一生的命運，命不可測，如天機不可洩露。其排列組合的意義並不是數學上的運算，而是以五行金、木、水、火、土之間的邏輯關係為理論根據，民間就因此產生了算命先生、風水先生這樣的文化現象。因為算命先生、風水先生他們洩露了天機，所以算命的、看風水的多殘疾人，像瞎子算命，手拿鐵板一路叮叮噹當地敲打，成為一種風景。八字的相生相剋是民間社會極其普遍的生命信仰，不僅在婚姻中非常重要，而且廣泛用於各種風俗生活中，如生意場上，雙方問一問年庚是否相匹配，匹配才能入座；蓋房、修橋時，主持師傅要問一問首席工匠的八字是否與工程的進行相沖，才慎重行事。這是民間信仰的神秘性所在，更多的是民間社會自我安慰的心理調節。

袁世凱給二姐和弟弟袁世承等人的信中常常涉及親屬中八字與命運安排問題。如光緒二十三年九月廿九日（一八九七年十月二十四日）〈袁世凱致從弟袁世承函〉：

誠弟如晤：

來書均悉。此次吾家諸生均落孫山，只好以待來年。惟吾弟自此可與八股永別矣。兄近來時帶各營操演行軍對敵諸法，跑的頭暈眼黑，尚能耐勞。寓內均好。孔君媒事已囑君曼作書、景丈作冰。如能有成，甚好。昨告以四妹廿六七歲，擬告瞞一二歲，未知可否。望將八字送來為盼。沈家罷論，亦未始不好。匆匆，此詢雙吉。

四兄泐廿九日

袁世承是袁世凱叔父袁保齡家的大兒子，兩人來往甚密切。這裏的四妹不是袁世凱的親妹，而是袁世承的四妹妹，是個未嫁出去的老姑娘，被人說合於山東一個姓孔的人家。他們有意隱瞞年齡，是作假，而其信所謂八字則是真。其中的「作冰」與「望將八字送來為盼」，即風俗中婚姻的程序。前者指媒妁，即說媒者，遊說他人男女婚配，成百年好合，亦有紅娘、伐柯、作冰、牙婆、月老諸稱呼。後者指此年、月、日和時辰中天干地支相生相剋情況。不獨如此，袁世凱對他的兒女們關心愛護，也是從八字上下工夫研究並作決定的。如其在給張廣建的一封信中提到自己孩子的婚事有「八字昨已合過」與「合宜」。

袁世凱與奕劻、盛宣懷他們的交往，認乾親等形式，以及他把自己的乾女兒許配給有作為的部屬，與嫁了女兒一樣（自然，乾女兒出嫁不需要看八字），都是通過婚姻關係連接更廣泛的社會力量，形成更強大的權力利益集團。

也有傳說，袁世凱在小站練兵的時候，曾經專門請來徐世昌為他批排他與馮國璋他們的八字是否相配，甚至在後來登上中華民國大總統寶座的時候，他任用唐紹儀他們做各個部門的領導工作，也是如此。傳說他曾經非常得意地對人說，他手下的馮國璋、段祺瑞、王士珍八字尤其好，而且他們的名字中都有「玉」字，即「璋」、「瑞」、「珍」，是大吉祥，是北洋「三寶」，十分有益於他的事業云云。這與西方的星相學信奉什麼星座是一樣的道理，都有遊戲的成分。此亦如俗語所說，信神如神在，信則有，不信則無。信奉鬼神、風水之類，固然都是迷信，但是總有人信。世上廟宇雲集，金碧輝煌，巍峨壯觀，香煙繚繞，又如何不是如此？如此偏執，將一切都付之於所謂的「命」，絕對是荒唐的，與《周易》「仰則觀象於天，俯則觀法於地」的探索精神相違背，在現代文明中是不可取的。現代社會，人們在生活中的社會認同、文化認同以科學發展為重要依據，其價值意義也正表現在對這種探索精神的繼承與發揚光大上。今天，人們把許多傳統文化作為非物質文化遺產進行搶救、保護與研究、開發利用，是對文化認同條件下的文化選擇，主要看其存在意義，尤其是歷史文化價值。其實，完全簡單地把一切具有神秘性內容的傳統文化都視作與現代科學相悖的什麼封建迷信，這種做法本身也未必就符合科學的真實意義。

當然，我們評價歷史人物，也未必都提高到意識形態的高度。或許人家袁世凱是一種政治需要，或許人家就是為了兒女的幸福，為兒子找一個知根知底的好媳婦，為女兒找一個靠得住的好婆家。一個人除了對政治權利的嚮往與鍾愛，還有許多時候是生活中的一個人，一個普普通通的過客。況且，無論是什麼樣的人，有多大的能耐，也不可能每一天、每一件事情都那樣驚天動地、轟轟烈烈。

七情六慾，兒女情長，誰都不能免俗。

## 袁世凱的「走親戚」

「走親戚」，如俗語所說，不走動，就是不走不會動。動的意義在於發展、變化，在於改善環境，改變命運，使自己走出困境，走向更加幸福、更加光明的未來，有一個更好的發展。

在社會交往中，我們常常說，如果想讓人認同自己、接受自己，就應該盡力說服對方，曉之以理，動之以情。動情一詞，非常可貴。如果沒有走動，沒有必要的溝通，沒有相互間的來往與問候，哪裡會使人動情呢？

走的意義不僅僅是使用腳步丈量腳下的路程，還有通過一定的方式，形成人與人心靈的溝通。走親戚與外交活動在許多地方有相似之處，弱國無外交，結盟運動是一種涉及國家和民族安全的政治需要。記得有戲劇中唱道「我家的表叔數不清，沒有大事不登門」，革命情誼如此，普通人的生活更是如此。

袁世凱與他這些兒女親家們之間經常走動，建立起來的不僅僅是感情的大廈。也就是說，袁世凱與這些兒女親家的走動，都不是什麼家長里短的寒暄，而是與他們共謀大業。他們與袁世凱形成親密無間的親情的同時，還共同策劃著未來。

袁世凱的新軍會唱歌，唱〈行軍歌〉，唱〈感恩歌〉。與許多人相比，他們可能名聲好，但終究沒有袁世凱那樣的膽量。袁世凱有學有術，非常明白「國之大事，在祀與戎」的道理，一生傾注心血最多的就是練兵。當年小站練兵，為他贏得的不僅僅是聲譽和官職，而且形成他與小站兄弟無可替代的感情。他們永遠感激袁世凱給予他們發展的機會，所以，當袁世凱「回籍養痾」、隱居洹上時，他們冒著危險去看望他們這位老領導，表示他們不忘舊情。這種感情資本作為事業發展的運算成本，效益最顯著。他們不僅支持他大刀闊斧地練兵，而且常常啟發他不斷開闊自己的思路。如楊士驤，袁世凱三女婿的叔父，在當年袁世凱做了直隸總督的時候，鼓勵袁世凱擴訓新軍。他對袁世凱說：「今公（袁世凱）繼起，如能竭盡全力，擴訓新軍，以掌握新軍到底，則朝局重心隱隱望岱矣！他時應與曾（曾國藩）李（李鴻章）二公爭一日短長，南皮（張之洞）云乎哉！」在楊士驤的啟發下，他開動腦筋，很快成立了軍政司，進行發揚光大小站練兵的軍事事業，於是，他的麾下首先出現北洋第一鎮，使得天下人耳目一新。此後，北洋新軍成為國家戰略，袁世凱一鼓作氣，團結練兵處總負責人奕劻，緊密聯繫徐世昌這位兒女親家（清朝練兵處提調），又拉來小時候的表兄弟劉永慶與小站練兵時的龍虎狗三將軍馮國璋、段祺瑞、王士珍，把北洋新軍練兵事業做得有聲有色、如火如荼、蒸蒸日上。到光緒三十一年（一九〇五），他已經成功訓練出浩浩蕩蕩的北洋六鎮，可謂威震中天。而且，在六鎮新軍中，他任用的統制，諸如鳳山、何宗蓮、王英楷、張懷芝、段祺瑞、曹錕、吳鳳嶺、吳長純、張永成、王士珍、趙國賢等，要麼是昔日的朋友，要麼是表兄弟，要麼是兒女親家，幾乎清一色的自家人。此真正應了楊士驤那句不讓曾國藩、李鴻章、張之洞他們的話。

在袁世凱的這些親戚中，端方與徐世昌是他一生中最信賴的兩個人。他們之間的情誼在日常生活中形成和發展，不斷緊密化，他們在政治生活中結成攻守同盟，既是親密無間的兒女親家，又是情投意合的「革命」戰友，可謂同呼吸共命運。

## 袁世凱與端方

袁世凱與端方曾經是結拜兄弟，既是政治上的摯友，又是雙重身份的兒女親家，袁世凱五子袁克權娶端方之女，次女嫁與端方侄兒，是最典型的親上加親。

端方是個有學問的人，也是個有思想的人，是袁世凱的好朋友。端方與袁世凱來往密切，從一些書信中可以看出他們之間關係的不一般。如光緒三十三年四月十九日（一九〇七年五月三十日）的〈復端方密函〉：

午橋四弟大人閣下：

上、中兩旬間，奉讀三月二十三日、四月初八日兩次惠函，拜聆種切。

大謀此來，有某樞暗許引進，預為佈置臺諫。大謀發端，群伏回應。大老被困，情形甚險。幸大老平時厚道，頗得多助，得出此內外夾攻之厄。伯軒、菊人甚出力，上怒乃解。而聯合防堵，果泉亦有力焉。十六日，大老獨對，始定議遣出。上先擬遣，次日即發表。

公舉蘇盦本意，大老亦在上前說明，頗以為然。但大謀既去，位置蘇公，必將又鬆一步。為蘇計，大可趁此北來，在部浮沉數月，明此心跡，為將來大用地步。

大謀不肯去，十六日亦曾議及，當有對待之術。總之，伊眷已輕，勢大衰，無能為矣，不如不來為愈也。

舉武進、鄭、張，上均不以為然，人得藉口謂其推翻大老，排斥北洋，為歸政計。武進供給，亦有人言及，恐從此黃鶴一去矣。

兄久有去志，甚願大謀或武進來代，但大局攸關，受國厚恩，何堪任其敗壞也？

育公始頗受疑，此次全開差缺，由於某樞變弄，現已釋然。

默揣情形，大老絕不能動，同班中或不甚穩耳。人心太險，真可怕也！大老心地厚道，事理明白，閱歷深久，聲望遠著，想推翻之，何人替代！當今實無第二。兩宮聖明，必可鑒及，若輩何不自量耶？

匆匆此復，敬請

臺安。祈即付丙。

如小兄名心叩四月十九

孫道建林，已晤談，極幹練，甚佩，甚佩。

這封信是清朝歷史上著名的丁未案的見證材料。文中所提的幾個人物，都是這個案中的主角。「大謀」為端方，「大老」為奕劻，「伯軒」為世續（字），「上」應該是指慈禧太后，「菊人」、「果泉」都是指徐世昌（字），「蘇盦」、「鄭」是指鄭孝胥（字），「武進」是指盛宣懷（江蘇武進人），「張」應該是指張謇，「育公」是指載振（其字育周），「同班」是指瞿鴻禨。這是兩個政治聯盟之間的激烈鬥爭。

當時的端方是兩江總督。以四川總督、郵傳部尚書岑春煊和軍機大臣、外務部尚書瞿鴻禨為代表的一方挑起事端，以為慶親王奕劻與直隸總督袁世凱暗中搗鬼，整治了岑春煊，所以要報復，他們指使御史江春霖等人提出彈劾。袁世凱與奕劻一方，包括徐世昌、世續、載振等人，團結一致，裏應外合，說服慈禧太后，最後取得勝利。岑春煊被改任兩廣總督，之後與瞿鴻禨都被罷官革職。袁世凱從這場風波中看出岑春煊等人並不被朝廷信任，只有滿族官僚奕劻才是他們的鐵桿，所以才給端方寫此密信，一方面告訴事情進展情況，讓這位兄弟放心，另一方面在於示好，讓他們二人的友誼之樹長青。

又如宣統三年五月初十日（一九一一年六月六日）〈復端方函〉：

陶公四弟大人左右：

昨由京舍寄到惠賜食物、花綢等件，家分領，歡感同深。

路政想已籌商就緒，月內當可起節為盼。

何令棪有函致仲勤，謂一時未能脫身。昨來鄴（安陽）後，面詢情形，實有為難之苦衷。原函附呈清鑒。此令辦事雖甚結實，而才華稍欠開展，諒已早在洞鑒。現若須人驅策，有湖北候補道周學輝者，是鬱老愛子，上年隨鬱老（周馥字鬱山）來鄴，數與晤談；才識甚優，極有條理，與緝之（周馥之子周學熙字緝之）相似，其性情亦與路礦各業相近，湖北情形亦不隔膜，似可留意羅致。不妨詢商緝之，祈卓裁。

近聞湘人頗有風潮，大節似宜先駐漢陽，分投委員勘查，步步經營。想高明已籌之熟。肅此，祗請

雙安。

愚小兄凱叩上五月初十日

再如宣統三年五月廿六日（一九一一年六月二十二日）〈致端方函〉：

陶公四弟大人左右：

日前奉廿一日惠函，拜悉。感慰。兩日遣人往車站候駕，未遇。想因近日稍生風潮，須在京商定應付之略，乃可就道，以期內外協力，一線到底。此次朝廷一再宣佈，詢可謂仁至義盡，而仍然無理取鬧，亦足見人民程度之太低也。

兄曾有四願：一、收管海關，總稅司改用華員。一、收管郵政，不可附在稅政。一、收管乾路，以便國防交通。一、大借歐美債，大興實業，隱以抵制強鄰，使我得多延喘

息，專意振作。此四事經營數稔，迄無一成。而杏老任事數月，已舉其三，才略高下，判然可見。惜從前誤聽人言，又為人所持，未得與此老早共謀之，成此大舉，悔不可追。復承此老堅守初衷，殷勤期望，尤令人慚服無地。但兄衰病日增，行將就木，牛眠之區，去冬已卜得一段，志氣頹靡，此可概見，不足再言功名事業。惟有將杏老三大舉筆之於書，藏諸名山，以志景佩而示後人。惟望當道諸公，才略魄力多得如此老者，東、北兩大，何足畏哉。兄亦得長作治世老農，何幸如之。

兄因溽暑，伊邇常患頭眩心悸，亦衰朽之一端也。肅此，祗請
勳安。

如小兄凱頓首五月廿六日

這兩封信都是在宣統三年（一九一一）五月份寫成的。一封談到周馥兒子的事情，流露出對他們的關照，有向端方推薦的意思。周馥是袁世凱的親家，兩人是故交。然後談及「近聞湘人頗有風潮」，袁世凱向端方提出「大節似宜先駐漢陽，分投委員勘查，步步經營」的意見。一封談到「人民程度之太低」，與袁世凱的「曾有四願」，即「一、收管海關，總稅司改用華員。二、收管郵政，不可附在稅政。三、收管乾路，以便國防交通。四、大借歐美債，大興實業，隱以抵制強鄰，使我得多延喘息，專意振作」。應該說，所謂「四願」在近代中國社會的發展、建設中，都是非常有價值的。海關、郵政、乾路、借債，都是國家社會發展急需的實業，說明袁世凱不僅僅是一個精通政治、渴望政治權利的人，而且有事業心，無論是其眼光、能力，還是胸懷，

都比他的同僚們要高得多。因為這個時候袁世凱仍然在洹上隱居，還處於「養疴」的處境。其中「杏老」是盛宣懷，其字杏蓀。當年盛宣懷對袁世凱有知遇之恩，很看重袁世凱，稱其為弟。袁世凱受寵若驚，稱之「杏蓀仁兄世丈大人」。他在這裏所表示的，是對盛宣懷興辦實業的高度讚揚與嚮往。就這一點上說，袁世凱所結交的人物，包括他的兒女親家並非都是庸俗不堪之人。端方是一個有能力的人，他們的交往確實有惺惺惜惺惺的味道。

端方其實是個性情中人。端方等五大臣出洋考察，在古羅馬留下蹤跡。端方的頭被湖北新軍割下來，送到武漢。在兩封信中，袁世凱皆稱端方「陶公四弟」，是對端方的尊稱，陶公所指為端方字午橋，號陶齋，「四弟」之稱呼在於兩人是結拜兄弟，袁世凱在兄弟中行四，所以稱其為「四弟」。端方有才學，是有名的金石學家，著有《陶齋古金錄》。端方是滿族正白旗，屬於少年得志，與袁世凱甚為投機。他任湖廣總督、江蘇巡撫等職時，曾積極鼓勵學子出洋留學。之後，在立憲運動中，他帶領五大臣出使西方考察憲政，提倡學習西方文明，提出預備制定憲法。宣統元年（一九〇九），他調任直隸總督，因為在慈禧出殯之時攔路拍照，被朝廷罷官，其實真實原因應該是載灃嫉恨他與袁世凱有來往。此後，端方以侍郎銜出任督辦川粵漢鐵路大臣。宣統三年（一九一一年），端方從湖北開往四川，任渝漢鐵路督辦。此時，清政府強行將地方民辦鐵路收歸國有，激起地方社會反對，形成著名的保路運動。端方受命率新軍第八鎮入川鎮壓，袁世凱勸他不要貿然行動，他沒有接受。中間，形成保路運動的肇事者、受到朝廷處分的前四川巡撫趙爾豐為了給自己留後路，趁著機會做了許多手腳，給端方入川造成很大困難。結果當年的十一月二十七日，其所率新軍得到辛亥革命的消息後，很快發生嘩變，他們回應武昌起義排滿革命，因為端方是滿族人，因而被士兵以「驅除韃虜」的名義殺死了。

其實，就社會發展的貢獻而言，端方是有貢獻的。袁世凱把他當做知己，對他提出所謂四願，這「四願」是袁世凱深思熟慮的思想，他與端方的特殊情誼未必都是那樣污濁。

## 袁世凱與徐世昌

在袁世凱的政治生涯中，徐世昌是一個具有決定性意義的人。他們兩個相識很早，且情誼非同一般。後來兩人結為親家，至交與世交便合為一體。

徐世昌，袁世凱的諸葛亮。徐世昌（一八五五至一九三九），字卜五，號菊人，又號弢齋、東海、濤齋、水竹村人，傳說他是江南徐偃王的後代，其遠祖為浙江省鄞縣（寧波）人，落籍直隸天津衛。他出生於河南省衛輝府曹營街。徐世昌的父親徐嘉賢與袁世凱的父執輩袁保慶、袁保恆因為懷慶府的毛家而相識，有舊交。徐家曾在開封居住，在其舉家貧困之時，得到過袁世凱家人的接濟。他們最早是在河南陳州（淮陽）認識的，二人結拜為兄弟。袁世凱資助徐世昌參加科考，徐世昌光緒十二年（一八八六）中進士，任翰林院庶起士，授翰林院編修。

袁世凱在朝鮮的時候，曾經與徐世昌有書信往來，他給了袁世凱許多精神上的鼓勵。筆者在長篇歷史小說《袁世凱》中有意安排他們相互用白話文寫信，這是實有其事的。有材料顯示，徐世昌與袁世凱討論白話文問題，對八股文的弊端非常不滿。當然，近代中國社會文化潮流洶湧澎湃，白話文與白話報、通俗文學、通俗讀物如雨後春筍，這是普遍存在的，也是文化發展的大趨勢。而這至少說明他們都具有就俗、趨新的文化情懷。徐世昌對時局有獨到的理解與認識，常以舊知朋友的身份給袁世凱重要影響。

袁世凱與徐世昌兩人直接的政治合作是在天津小站，即袁世凱負責編練新軍時開始的。

光緒二十三年（一八九七），袁世凱在小站練兵，他曾經向清延奏請徐世昌兼管新建陸軍稽查全軍參謀軍務營務處總辦一職，得到同意答覆。徐世昌早有伸手的意圖，異常高興，很快離開北京，前往天津小站營中赴任。在這裏，他夙興夜寐，與袁世凱一起分析各種形勢，認真總結晚清以來的政壇變化與清朝軍事上的各種弊端，尤其對國外新興強國軍事制度非常關心。他積極為袁世凱出謀劃策，在袁世凱外出不在小站時，他常常代理其職，總攬全軍文案並參與機密。此時的徐世昌找到了一展身手的大好機會，與袁世凱的合作非常順利、融洽，這也為他們後來的政治合作打下了堅實的感情基礎。

徐世昌與袁世凱未必是一拍即合，但他們確實在許多事情上不謀而合。他對袁世凱鼎力相助，二人相互照應，共同排憂解難。傳說徐世昌剛到小站，就遇到袁世凱受御史胡景桂彈劾的棘手事情。袁世凱膽戰心驚，一直擔心練兵事業被毀於一旦。其所謂罪名是利用新軍編練的機會，巧立名目，克扣年餉，誅殺無辜。此時朝廷派來軍機大臣榮祿與陳夔龍親臨小站具體負責查辦。徐世昌與陳夔龍同為光緒十二年（一八八六）進士，私交甚篤，他避開榮祿耳目，巧妙地進行變通，及時為袁世凱說情辦正，講清事實，使袁世凱得以「乞恩姑從免議」，有驚無險，化險為夷。

袁世凱對徐世昌感激不盡。徐世昌在小站練兵工作兩年多的時間，精明強幹，兢兢業業，為袁世凱極度信任、敬仰、尊重。他足智多謀，兩人幾乎稱得上情同手足。徐世昌有翰林的身份，做事情非常低調，對袁世凱編練新軍排除各種干擾，特別是打點朝廷上下貢獻最多，受到小站人馬的普遍好評。徐世昌非常注意對袁世凱威信的維護和培養、加強，據說軍營中流傳的感恩袁世凱的〈練兵歌〉、〈出操歌〉，皆出自徐世昌之手。甚至有傳說徐世昌為袁世凱經營了從士兵底層開始供奉袁世凱生辰的牌位、帖子等個人崇拜形式，這當是政治思想工作建立在基層的創舉。或者說袁世凱一直受到小站舊人的擁戴，徐世昌勞苦功高。

徐世昌善於動腦筋，在練兵的煩瑣事務之中抽出時間讀書、寫作，幫助袁世凱編撰出《新建陸軍兵略存錄》、《訓練操法詳晰圖說》等軍事著述，他與袁世凱一起探討新軍與現代軍事之間的結合以及中外古今軍事思想的融合。《訓練操法詳晰圖說》是中國兵書的集大成者，是袁世凱軍事學實踐與理論相結合的代表作，熔鑄了袁世凱與龍虎狗將軍們的共同智慧。其參與者言敦源在此書〈題記〉中說得非常明白：「以下各葉（頁），皆光緒己亥夏秋之交，督辦新建陸軍時幕僚給事之作。商榷文字，以徐公（徐世昌）為首，而合肥段公（段祺瑞），正定王公（王士珍），河間馮公（馮國璋），皆在給事中。」

小站練兵，確實是中國軍隊從古代冷兵器作戰方式與傳統思維方式迅速走向近代化的一個里程碑。徐世昌協助袁世凱，從編練實踐中提出系統而深入完整的中國近代軍事思想，對於新軍軍制、法典、軍規、條令和戰略戰術原則等內容的制度化、系統化起到了十分重要的作用。袁世凱的軍事思想與軍事路線，主要是徐世昌貫徹、豐富發展和規範運用起來的。

袁世凱也時刻牽掛著他這位親密戰友。

袁世凱受到榮祿的賞識，在政治上飛黃騰達，與榮祿的交往情況，他總是及時地講與徐世昌，讓他提出建議。如其光緒二十四年七月二十日（一八九八年八月二十六日）給徐世昌的信：

菊哥大人賜鑒：

迭奉手書，拜悉，感慰。

到津時，行宮、演武廳均未包定，計期不及兩月，殊為焦灼。連日催商，昨日始全定局，聞（榮祿）九月初間來津，此時亟須趕造，八月內必須完工，始可不至誤事。諸公互相推諉，辦事人多，每有此弊也。

相待甚好，可謂有知己之感。蔭（蔭昌）已委總辦學堂，金波委總辦營務處，嚴復會復水師，大致頗有頭緒。親繕面呈之件，大以為然，並甚感悦。惟內廷政令甚糟。吳懋鼎、端方、徐建寅同得三品卿銜，督理工商農三事，津上譁然，他處亦可想見。

今上（慈禧）病甚沉，有云為百日癆，殊為牽念。

南皮向不與此老通書，故各有意見，婉為排解，少有活動，將來必可疏通，未可太急也。

四卷已呈請做序，下四卷能早成為盼。

弟待功帥、裕方伯來晤後即回營。

孔明燈可暫存，用時再發。陣圖已詳告曹錕矣。

承示後序，拜讀，感佩交深。
在此惟奔走應酬，實屬無謂，幾乎不暇搦管。不盡之言，容俟面罄。此請
禮安。

如小弟凱頓首

少臣兩信悉，可照辦。請囑此後不許用夾單手本，白八行最好。
漢卿問好。凱臣昨赴京就醫。

這是袁世凱準備迎接慈禧太后與光緒皇帝天津閱兵，在京期間忙著聯絡相關事宜時寫給徐世昌的一封信，從中可看出袁世凱與徐世昌無話不談的親密關係。

光緒二十五年（一八九九），天下大亂。山東發生義和團起義，袁世凱被派往山東做巡撫，徐世昌在天津小站留守。袁世凱來到山東之後，很快抽出時間，在當年臘八之前的初六日（一九〇〇年一月六日）給徐世昌寫了一封信：

菊人大哥大人賜鑒：
別來甚悵。在站行時曾奉手書，讀悉一切。渥承指示周詳，感佩交深。
到此廿四接印，即辦理匪案。先以解散曉諭為主，次再緝其匪首，以清禍根；如其抗拒不散，再派兵彈壓；倘來格鬥：再相機擊殲，已可謂格外慎重。
正在派吉劍華（因其穩練持重，故令往）督率防營馳往辦理間，即奉廷寄抄示京官奏

請，戒弟以意氣用事，徒恃兵力等語。此奏即在廿四日接印之期，似未免太早。東省事從何辦起，只好暫作停頓。

查義和拳實係匪類，以仇教為名而陰逞不軌。初起時專掠教民，尚有良民附和之者。近則掠及良善，綁票勒贖，專以搶掠為生計。良民有集團協捕者。現平民已知其為匪，有業者各歸農田，只剩數十悍匪，隨處糾合無賴少年，或百餘人或數十人，任意搶掠，直掠至距省卅里（計搶五百餘家，殺英人一名，焚教堂多處，如何得了）。地方懍遵京官之奏，均不敢派兵剿除，胥役又不能捕，未知鬧到何時始能了事。前任一味縱容，並出示諷煽。匪民自謂奉官所允，又為法所不禁。兵吏均不敢逼前，安得不猖獗也。

此處公牘每日不過一百五六十件，尚不甚忙。而前任公事積有二千五六百件，內有三、四月尚未批者，又有請示正法案數起久未批者，並題本數十件未辦者。此為大吏，時事可知矣。從來未聞有此懶人，何亦升任封圻耶。

司道等均甚相得，月舫事已揭開說和，以安其心。此人甚明爽，的係好幫手，值此時局，尚鬧意見，尚復成何人物。弟絕不為此也。

東省民教不和，大半由於地方官辦理未能持平。前任自己怕洋人而煽動百姓與人鬧事，未免太左。弟抵任即擬示兩件、通飭一件，分刊發。抄呈誨政。

友梅二哥數次見，真結實可靠，大可助我。此來最可喜者，得數好友。至此局無可展布。以辦三營每年支晌七十五萬，機器局年支四萬，而司庫如洗，將從何練兵，甚盼賢者來代，可藉藏拙耳。

郭友琴二哥處未暇作書，請送往同鑒，並為請安。

此處郵政局可通信，又有天津馬撥，大可時惠德音也。匆匆。此請

升安。

如小弟名心頓首十二月初六日

這是袁世凱講自己來到山東之後工作情況的書信。其中講及自己對山東發生義和團事件的背景、原因的認識和自己的平定辦法。

徐世昌也是政治嗅覺極其靈敏的人。庚子事變，即八國聯軍攻入北京，慈禧太后逃往西安，名為西狩。徐世昌作為隨行護駕，及時與袁世凱通風報信，告訴慈禧他們的行蹤與處境。這是一條非常重要的內線，為袁世凱見機行事提供了極大方便。

徐世昌自庚子事變之後，曾經涉足政務、財務、軍務、學務等事項，做事井井有條，內外交贊。這為他日後在政治舞臺上的大有作為積累了重要經驗。他是一個讀書人，但是，他通曉政治，這與袁世凱和他的合作密不可分。實踐是最好的老師。光緒三十年（一九〇四），袁世凱創建員警，極力保舉徐世昌為巡警部尚書，具體負責京師的治安。因為政績突出，光緒三十一年（一九〇五），徐世昌奉旨入職軍機處，成為軍機大臣，署滿兵部尚書。這在以滿族人為核心的清朝歷史上是不多見的。

袁世凱有事總是要找徐世昌。袁世凱在山東任上回鄉葬母，丁憂期滿，回到任上，此時，朝

廷將袁世凱署理直隸總督改為實授，即轉入實際執行。袁世凱得到消息之後，力請徐世昌為其通融、打點榮祿，讓榮祿方便行事，即「請酌量情形能否婉陳於相國（榮祿）或請旨緩來，又或批飭不拘常例，遇有公事，隨時來京」，「當免去許多擾攘」，給予關照。光緒二十八年五月初六日（一九〇二年六月十一日），袁世凱給徐世昌寫了這樣一封信：

知止齋主人（徐世昌）左右：

迭奉手書，拜聆種切。材輇任重，悚惕方殷，復荷真除，慚懼交集。總之受恩愈重，圖報愈難，清夜捫心，莫知所措。且以去年自遭大故，精力甚差。值多事之秋，居多事之地，竭蹶不遑，光陰恨短，日計不足，月計亦未必有餘。明知才力不逮，而受恩深重，何敢預計利鈍，惟有鞠躬盡瘁耳。

日內具折謝恩，並循例籲懇陛見，亦頗欲瞻仰天顏，面陳近事。惟周公交卸，藩、臬均非老手，省垣事務冗雜，恐署任兩司一時難知頭緒，且羅教士案，兇手尚未獲完，仍未議結，未便久懸。此次入覲，與尋常因公入都不同，必須拜客酬應，計須半月二十日始可出京。前因迭次入京，未多拜客酬應，已為都下眾論所不容，如再不理，恐又惹出許多是非，添出許多煩惱。請酌量情形能否婉陳於相國（榮祿）或請旨緩來，又或批飭不拘常例，遇有公事，隨時來京，但能避開實授入覲一層，月內仍可藉公赴都，不過三五日即可出京，當免去許多擾攘。現有下月交還天津之說，須趕將津、保各事分別安置，實不啻一刻千金，如在京奔走半月，恐誤事不少也。請酌量試陳為叩。此請

臺安

名心頓首五月初六日

實授入覲應酬必不可免，至少亦須萬余金（不必告略相），實在辦不了；且現正多事，亦無此功夫在京久住。謝折擬初九發，請在初八、九內務將此意達略相（榮祿），或出原信示之，而加以說詞。弟不怕晉京，只怕循例入覲，須拜客久住耳。即專拜各部堂官已不勝其跑矣。但免去入覲，只為因公晉京，即時前往亦無妨也。

承示期望太大，深恐不克負荷，並非謙讓，實覺才力不及也。

周馥是袁世凱在朝鮮時的好朋友，他的兒子們受到袁世凱的關照。二哥事已向鬱老（周馥）切言之，必可相得也。

部款廿萬，俟撥出再說。

王乃徵又露面，好在弟面皮已甚厚，付之一笑可也。

雨蒼大可為，勸毋介意。

曹事已撤歸案，務向邸一言。相（榮祿）曾托過，亦可一說。

回領事已去矣。

先母周年，承惠祭筵，感甚。惟轉瞬一年，慈顏永絕，迄今未葬，殊難為情耳，不堪設想，徒呼奈何。

部撥款項，各省均無確數，亦有始終不答一字者。見江南電，有九成，甚喜。如皆有九成，所差不過三十萬，尚可設法挪挹。恐其將來另有難處。尊論極是，當再隨時持之。

孫多祺已撤回，仍呶辯不已，可恨。

學堂保案，擬俟段芝泉回省再辦，大約人數亦不甚多也。

又叩

袁世凱請徐世昌為自己在榮祿面前講情的同時，主要講了另外兩種情況：一種情況是官場極為繁瑣，袁世凱為了省事，也為了減少各種額外負擔，像信中所說「實授入覲應酬必不可免，至少亦須萬餘金（不必告略相），實在辦不了」，「且現正多事，亦無此功夫在京久住」，可見袁世凱雷厲風行、乾脆俐落的工作作風；另一種情況是官場黑暗，言語之中，多處流露。

徐世昌能夠得到袁世凱高看，是因為徐世昌卓越的才幹。他並不是處處仰仗袁世凱才能大顯身手，而不乏獨立行使大權有作為時。其最得意者當屬東北之行。

徐世昌在東北時大有作為。光緒三十二年（一九〇六），經過日俄戰爭之後，東北一片混亂。載振、徐世昌皆為軍機大臣，被朝廷派往東北考察，要求他們提出解決實際問題的具體方案。徐世昌向清廷提出了《通籌東三省全局疏》。翌年，東北改設行省，徐世昌被任命為欽差大臣、東三省總督，兼管三省將軍事務。徐世昌務實行事，採取廣開商埠，大力向外國人借國債、大修鐵路等一系列措施，推行新政，堅決抵制日俄對東北的控制。同時，徐世昌多方搜集情報，任用與日交涉「著為功勞」的吳祿貞解決「界務問題」等事務的督辦，遏制日本的「滿洲政策」。他曾經得意地對袁世凱說，東北之事，便可以興國。

此後，徐世昌任郵傳部尚書，對鐵路、電力、郵政、航運事業發展貢獻尤多。當袁世凱被載澧趕出朝廷「回籍養疴」時，徐世昌卻連連得意。宣統元年（一九〇九）八月，他任協辦大學士，補援軍機大臣，很快又援體仁閣大學士。而無論如何得意，他都沒有忘記自己與袁世凱的密切聯繫，時刻保持著與袁世凱的書信往來。

袁世凱隱居洹上時，國家發生許多重要變化，呼籲袁世凱「出山」的聲音接連不斷。著名學者駱寶善作過統計，說從袁世凱舉家來到彰德（安陽），至辛亥革命爆發，兩年多時間內，《天津大公報》、《盛京時報》兩家媒體報導袁世凱的消息達一百多篇，其中關於袁世凱「出山」的消息佔據一半，有六十多篇。徐世昌是呼籲袁世凱「出山」最力者。袁世凱不可能無動於衷。

嵩山四友首推徐世昌，嵩山意為袁世凱。辛亥革命爆發，袁世凱等來了他命運轉折的驚雷。徐世昌聯繫眾多人士，力薦袁世凱出山平定，一聲聲爭相喊出「非袁莫屬」。這是袁世凱得以走出洹上的重要背景與機遇。

徐世昌更重要的傑作是通過官方文件，使袁世凱被名正言順地規定為「值此新陳代謝之際，宜有南北統一之方」，「以全權組織臨時共和政府」。一九一二年二月十二日，清帝遜位詔書稱：「今全國人民心理多傾向共和，南中各省既倡議於前，北方諸將亦主張於後，人心所向，天命可知。予何以忍因一姓之尊榮拂兆民之好惡。是因外觀大勢，內審輿情，特率皇帝將統治權公諸全國，定為共和立憲國體，近慰海內厭亂思治之心，遠協古聖天下為公之義。袁世凱為總理大臣，值此新陳代謝之際，宜有南北統一之方，即由袁世凱以全權組織臨時共和政府，與民軍協商統一辦法。」其中最後一句話非常關鍵，即接受這個政權的人非袁世凱莫屬。而「由袁世凱以全權組織臨時共和政府」這句話是徐世昌堅持加上去的。袁世凱的背後站立著許多人，在此，最關鍵的人物無疑是徐世昌。

投之以木瓜，報之以瓊琚。一九一四年五月，袁世凱執行新的約法，改責任內閣制為總統制，特意任徐世昌為國務卿，兩人又握緊了合作共事的雙手。其時袁世凱稱呼徐世昌、趙爾巽、李經義、張謇為嵩山四友，給足了他風光。一九一五年五月，徐世昌任國務卿，世人呼之「徐相國」。徐世昌不是得意忘形的人，尤懂得明哲保身的道理，在袁世凱公開推行帝制的時候，他看到了此舉危險性所在，遂作別昔日的親密戰友，悄悄回到了河南衛輝老家水竹村。

徐世昌做了總統。之後，徐世昌再次出山時，袁世凱已經去世。他幫助袁世凱料理了後事，不枉朋友一場。接著，他幫助北洋政府的頭頭腦腦們調節紛爭，又陰差陽錯、糊裏糊塗做了中華民國大總統。

徐世昌不是做事情毛毛躁躁的軍閥，而是學養深厚的儒士，有「總統詩人」之稱。人為他輯印《水竹村人詩集》十二卷、《歸雲樓題畫詩》六卷等，其一生詩情盎然，著作有洋洋灑灑近百卷之多，人稱其詩歌「優漸而閒適，簡潔而清遠，抒寫性情，曠然無身世之累」。尤其是他識得大局，能屈能伸，在袁世凱、黎元洪、段祺瑞之後登上中華民國大總統的寶位，在那樣一個混亂不堪的日子裏，他指揮若定，籌畫天下，也不枉袁世凱把他列入總統候選人。這也是他曾經與袁世凱並肩而立、形影不離、志趣相投的結果吧。

張鎮芳是個讀書人，未必會做事。能夠與端方、徐世昌相比的還有這個張鎮芳。張鎮芳與袁世凱是姑表兄弟，少年時代的好朋友。但是，在袁世凱的眼中，他也就是一個姑表兄弟，是一個走得近的親戚，是一個來往多了一些的朋友，當然，未必是那種完全信得過的知心朋友。

庚子事變的時候，張鎮芳也曾隨慈禧西狩，即逃往西安，曾經在慈禧身邊做過袁世凱的耳目。後來，袁世凱讓他做了家鄉河南的總督，而他學問扎實，執政能力卻十分有限，沒有很好地完成袁世凱交給他的看好後院的任務。張鎮芳做得出色的只是與楊度他們一起為袁世凱做皇帝搞了一個籌安會，結果把袁世凱也籌了進去，落了一個罵名。袁世凱對朋友看得很清，就是沒有看得清張鎮芳只會讀書，不會做事。張鎮芳給家鄉河南項城做了一些好事，與國家大事相比，都是小事。他子嗣不旺，過繼了弟弟家的兒子張伯駒，是民國四公子之一，後來為新中國文化事業作出了貢獻。

袁世凱的朋友雖然很多，能夠被人記起的似乎都是有那麼幾下子的人，俗語說，都不是菜鳥。如果我們認真研究他與這些朋友的交往，會發現他其實是一個頗有魅力和魄力的人，並非完全像人說的那樣惡貫滿盈或臭不可聞。俗語說，一俊遮百醜。也有俗語說，大惡生百羞。袁世凱稱帝，遭到時代的唾棄，所以渾身上下便沒有一處好地方。這樣說不符合歷史事實。

## 袁世凱廣交朋友

袁世凱一生廣交朋友，為自己鋪展開一條通向權力峰巔的金光大道。這是他成功的重要因素。在中國傳統社會，朋友是一個人走向成功的重要資源、資本、條件。這與現代企業管理中的公關頗為相似，都是為了爭得更多的資源，獲取更多的利益。

從歷史檔案來看，袁世凱結交朋友確實有許多出於利益關係，但也有許多是出於公益。他並非一味地靠自己的經營意識，而是以自己的才學贏得了別人的賞識，如吳大澂、盛宣懷兩人就是例子。吳大澂、盛宣懷都應該是袁世凱的父執輩，才學修養和個人品格也都不錯，而他們主動結交袁世凱，高看他，這不是什麼醜事。況且，袁世凱那時候還沒有飛黃騰達，也就是說，吳大澂、盛宣懷都不是什麼勢利之徒，甚至可以說人家確實有遠見，有眼光，能夠看出袁世凱具有遠大前途。既然是朋友結交，就需要一定的機會相遇。吳大澂是在朝鮮發生甲申事變之後，以會辦北洋軍務職前往朝鮮，在吳長慶軍營中認識袁世凱的。他們在一同回國的路途中有一番交談，袁世凱對他分析當時的朝鮮形勢，談吐不凡，引起了吳大澂的注意。同時，吳大澂從吳長慶和慶營將領那裏瞭解到袁世凱處亂不驚等非凡表現，再加上更直接的觀察，他更加堅信自己的判斷，認定袁世凱將來會大有作為。中國古代社會有見賢思齊、引才為友、互幫互助、共同發展的傳統，如當年歐陽修把王安石、曾鞏、蘇軾他們引以為「國士」，目的是為國家培養人才、推薦人才、保護人才，是人才儲備。同時，中國也有發現人才後引以為親的傳統，即或結拜為兄弟，或結為兒女親家。此類例子更多。吳大澂對袁世凱的才學談吐與德行能力的認同，是基於長期的人生歷練，既是發現袁世凱，也是培養、保護袁世凱。他主動提出與袁世凱結為秦晉之好，在並不知道袁世凱兒子是什麼樣子的情況下，不無屈尊地將自己女兒許配給他。他知曉袁世凱回鄉探母，還特意為袁世凱寫了「凡秀才當以天下為任，求忠臣必於孝悌之門」的對聯，並以「跋」的形式稱袁世凱為「仁弟」，希望他「遠大自期」。應該說，他們的情誼沒有什麼雜念。盛宣懷也是如此，他與吳大澂一樣，年齡在袁世凱之上，輩分比他高，也是具有屈尊的色彩。他們都無太多私利。

盛宣懷與袁世凱是幾分幾合的兄弟。盛宣懷是李鴻章的乾兒子，其父是李鴻章的鐵桿哥們兒，與袁世凱的父親袁保慶他們曾經在淮軍中是舊交。當時他在山東煙臺，於登州、萊州、青州道上任道員，也是在工作交往中逐漸認識、發現了袁世凱非凡的才能，提出以兄弟相稱。袁世凱確實有受寵若驚的感覺，他在光緒十四年四月（一八八八年六月）一封回覆盛宣懷的信中，鄭重講述道：

拜讀附示，猥承獎譽過情，而虛沖謙抑，益令人愧赧無地。竊維長者學識經濟，望重一世，建牙開府，指顧間事。如侄駑駘，正所謂望塵不及，為執鞭而欣慕者也。況以家叔與執事同僚至交，敢不從實稱謂，冀邀訓誨，又安敢稍涉客氣，甘蹈自外。至若引列志年，訂交管鮑，在大君子，謙光下逮，固無所不可，而使侄景仰後進，驟躋同儕，悚惶殊深，萬萬不敢。且金蘭契合，占在同心，既荷長者勗以道義，敢不自策以副厚望。謬蒙垂愛，用抒微衷，尚乞鑒宥。

從書信的時間上看，此時的袁世凱年未過三十周歲，盛宣懷高看他，引以為兄弟，結此金蘭之交，他誠惶誠恐，最擔心的是「承獎譽過情，而虛沖謙抑，益令人愧赧無地」。同時，他尊重盛宣懷，珍重這份難得的情誼，表示「金蘭契合，占在同心，既荷長者勗以道義，敢不自策以副厚望」。時光荏苒，如白駒過隙，袁世凱與盛宣懷的朋友關係在時間長河中不斷遭遇考驗。後來，他們之間由於種種原因形成過結。有學者說是袁世凱發跡過快，慢待了這位當年的仁兄；也有學者說，是因為袁世凱奪取了盛宣懷經營的鐵路、招商等事業。後來，他們又修好了，這是在袁世凱隱居洹上，就要聽到辛亥革命隆隆炮聲的前夜，或者說是在袁世凱政治生命的又一個黎明前，他與盛宣懷的手因為端方對雙方的問候又握在一起。有學者說，盛宣懷在徐世昌之後接任郵傳部尚書，是袁世凱做的工作，清政府已經任命的唐紹儀拖延不赴任，把機會留給了盛宣懷。盛宣懷非常高興，通過他們共同的好朋友端方給洹上的袁世凱寫了一封問候信，稱讚袁世凱庚子年（一九〇〇）以來的突出政績，說「回念庚子以後，公揚歷十年，禁煙，廢八股，興學，練兵，大端悉舉，方之歷朝賢將相罕有其匹」，並表示希望袁世凱「東山再起」，實現遠大抱負。盛宣懷說的是實話，符合歷史事實，其中「廢八股」、「興學」、「練兵」，確實是袁世凱最值得說而被人有意無意忽略的功績。

袁世凱亦不失時機地寫了一封信表示感謝。他在信中寫道：

杏公宮保大哥左右：

一別四秋，時懷饑渴。鄉居數稔，衰病侵尋，未能常貢音訊為歉。陶公（端方）過鄴，面交惠書，並備述不遺在遠，垂念殷勤。拜聆之下，慚感交深。

我公領部不過數月，而收路、收郵，籌借鉅款以維大局，卓識毅力，空前絕後。草野聞之，欽佩無地。以弟十年經營，庶事僅具皮毛，罕有成效。謬承獎許，愧何如之。

弟初病左足，嗣病右臂，頭眩心悸，益以失眠，精神日見頹靡，志氣更不待言。承大哥期望之厚，當銘諸肺腑。惟久病衰朽，心與世違，願長作鄉人，以了餘年，有負厚愛，無任悚漸。

弟病眼昏花，不能具丹莊書，敢祈諒之。肅覆，祗請
勳安。

如小弟凱叩上六月十一日

其時為宣統三年六月十一日（一九一一年七月六日）。袁世凱的稱呼為「杏公宮保大哥」，既然是「大哥」，就是修好如初。袁世凱所說有的是實話，如其稱讚盛宣懷「領部不過數月，而收路、收郵，籌借鉅款以維大局，卓識毅力，空前絕後。草野聞之，欽佩無地」，自述「十年經營，庶事僅具皮毛，罕有成效」，以及自身「初病左足，嗣病右臂，頭眩心悸，益以失眠，精神日見頹靡」，其非實話者，只是「心與世違，願長作鄉人，以了餘年」。時不過百日，即發生了辛亥革命，袁世凱終於「東山再起」。

作為一個普通人，袁世凱有七情六慾，喜怒哀樂出於本來面目，發自內心，講究禮尚往來，講究滴水之恩當以湧泉相報。如袁世凱與周馥，他們之間的交往同樣如此。

袁世凱得到他人的厚愛，與人成為至交，他也曾厚愛他人，一樣是無私，成為佳話。如唐紹儀、詹天佑這些海外歸來的青年，就是在袁世凱的特別關照下迅速成長起來的。唐紹儀成為外交上的幹將，詹天佑成為鐵路建設的功臣，都與袁世凱的發現有密切關係。當年的洋務運動也曾經使人耳目一新，中國向歐美派出一批十一二歲的少年，讓他們去盜火，去取經，但是，等到他們回到祖國的土地上的時候，一個個卻無所用，或留在北洋衙門中聽憑時光流逝，或做雜務，碌碌無為。袁世凱在朝鮮的時候，偶然結識了青年唐紹儀，把唐紹儀引為朋友，常常促膝談心。後

來，袁世凱官越做越大，任用了更多的留學生，讓他們發揮獨特的作用。

交友是形成人生文化生態的重要方式，朋友常常相互影響。大人物因為地位、能力非凡，常常影響許多小人物的成長，給他們帶來人生難得的機遇。小人物也能夠影響大人物，作為耳目，作為手足，提供各種資訊，或真或假，都不同程度影響到大人物對時局與事物的具體判斷。袁世凱得到許多好朋友的幫助，對社會歷史發展作出貢獻，也受到一些朋友的蠱惑，犯下了歷史不願意輕易饒恕的錯誤與罪過。袁世凱是歷史的鏡子，是後人共同的明鑒。

總之，人能夠有一些好朋友是幸福的，應當珍重友情，相互勸善，做一個與人為善的人。

# 後記

感謝秀威的約稿，這不僅是對我的信任，也是對我的支持。一個人的發展，需要必備的環境條件，其中，相互間的信任與支持非常重要。而目前，這種情誼卻極其難得。君不見，坊間正流行著王倫們的哲學，它堅持著奴才主義，讓你行你就行，不行也行，不讓你行你就不行，行也不行。梁山那時候，林沖他們無法無天，刀劈了這個白臉書生，未必受什麼法律制裁。現代文明要大家遵守法紀，便沒了轍。所以，人們只能唱著「我勸天公重抖擻，不拘一格降人才」，希望有一展身手的那一天。其實，都是牢騷，人人都可以擺脫王倫的枷鎖，走出自我即可。像秀威這樣的朋友非常多，只是需要遇到而已。當然，許多事可遇而不可求，全靠緣份。

我寫袁世凱，說袁世凱，都是巧合。一九九八年，我的《袁世凱》（一、二、三）出版後，洋洋百萬言，任人評說，人們什麼話都說，或以為把袁世凱從鬼變成了人，或以為把袁世凱從鬼變成了神。甚至有朋友說，你為何鼓搗了什麼《走向共和》的電視劇？我無言。一切都是白紙黑字，鐵證如山。仁者見仁，智者見智。秀威讓我接著說，想了想，應該這樣說，說出道理來，或者啟發人，或者讓人一笑了之。

你說，我說，他說，大家都在說，這才是自由與繁榮。如果說錯了，你可以批評，但請你不要罵，如人所說，辱罵和恐嚇不是戰鬥。辱罵是語言暴力，卻不是語言的革命；動輒即罵，不是文明。大家共說一個話題，可以讓心胸更寬闊，總比背後下毒手強。說吧。

歷史常說常新，其在於公正。歷史總是需要不斷評說。謝謝！

作者記於二〇一二年一月二十三日夜，窗外泛明

血歷史17　PC0218

新銳文創
INDEPENDENT & UNIQUE

# 你所不知的袁世凱

| | |
|---|---|
| 作　　者 | 高有鵬 |
| 主　　編 | 蔡登山 |
| 責任編輯 | 陳佳怡 |
| 圖文排版 | 楊尚蓁 |
| 封面設計 | 王嵩賀 |

| | |
|---|---|
| 出版策劃 | 新銳文創 |
| 發 行 人 | 宋政坤 |
| 法律顧問 | 毛國樑　律師 |
| 製作發行 | 秀威資訊科技股份有限公司<br>114 台北市內湖區瑞光路76巷65號1樓<br>電話：+886-2-2796-3638　傳真：+886-2-2796-1377<br>服務信箱：service@showwe.com.tw<br>http://www.showwe.com.tw |
| 郵政劃撥 | 19563868　戶名：秀威資訊科技股份有限公司 |
| 展售門市 | 國家書店【松江門市】<br>104 台北市中山區松江路209號1樓<br>電話：+886-2-2518-0207　傳真：+886-2-2518-0778 |
| 網路訂購 | 秀威網路書店：http://www.bodbooks.com.tw<br>國家網路書店：http://www.govbooks.com.tw |

| | |
|---|---|
| 出版日期 | 2012年6月　初版 |
| 定　　價 | 350元 |

國家圖書館出版品預行編目

你所不知的袁世凱 / 高有鵬著. -- 初版. -- 臺北市：新銳文創, 2012. 06
面； 公分. --（血歷史 ; PC0218）
ISBN 978-986-6094-71-2（平裝）

1. 袁世凱 2. 傳記

782.882 101005286

# 讀者回函卡

感謝您購買本書，為提升服務品質，請填妥以下資料，將讀者回函卡直接寄回或傳真本公司，收到您的寶貴意見後，我們會收藏記錄及檢討，謝謝！

如您需要了解本公司最新出版書目、購書優惠或企劃活動，歡迎您上網查詢或下載相關資料：http:// www.showwe.com.tw

您購買的書名：________________________________

出生日期：________年________月________日

學歷：□高中（含）以下　□大專　□研究所（含）以上

職業：□製造業　□金融業　□資訊業　□軍警　□傳播業　□自由業

□服務業　□公務員　□教職　□學生　□家管　□其它_____

購書地點：□網路書店　□實體書店　□書展　□郵購　□贈閱　□其他

您從何得知本書的消息？

□網路書店　□實體書店　□網路搜尋　□電子報　□書訊　□雜誌

□傳播媒體　□親友推薦　□網站推薦　□部落格　□其他__________

您對本書的評價：（請填代號　1.非常滿意　2.滿意　3.尚可　4.再改進）

封面設計____　版面編排____　內容____　文／譯筆____　價格____

讀完書後您覺得：

□很有收穫　□有收穫　□收穫不多　□沒收穫

對我們的建議：________________________________

________________________________________

________________________________________

________________________________________

請貼
郵票

11466
台北市內湖區瑞光路 76 巷 65 號 1 樓
**秀威資訊科技股份有限公司** 收
BOD 數位出版事業部

............................................................................................................

（請沿線對折寄回，謝謝！）

姓　　名：________________　年齡：________　性別：□女　□男

郵遞區號：□□□□□

地　　址：________________________________________

聯絡電話：(日)____________________ (夜)____________________

E-mail：________________________________________